解读盘口信息

精准捕获短线黑马

刘益杰 ◎ 编著

中国铁道出版社有限公司
CHINA RAILWAY PUBLISHING HOUSE CO., LTD.

图书在版编目（CIP）数据

解读盘口信息：精准捕获短线黑马/刘益杰编著.—北京：中国铁道出版社有限公司，2024.6
ISBN 978-7-113-31168-1

Ⅰ.①解… Ⅱ.①刘… Ⅲ.①股票交易-基本知识 Ⅳ.①F830.91

中国国家版本馆CIP数据核字（2024）第076899号

书　　名：	解读盘口信息——精准捕获短线黑马
	JIEDU PANKOU XINXI: JINGZHUN BUHUO DUANXIAN HEIMA
作　　者：	刘益杰

责任编辑：	杨　旭	编辑部电话：（010）51873274		电子邮箱：823401342@qq.com
封面设计：	宿　萌				
责任校对：	苗　丹				
责任印制：	赵星辰				

出版发行：中国铁道出版社有限公司（100054，北京市西城区右安门西街 8 号）
印　　刷：三河市宏盛印务有限公司
版　　次：2024 年 6 月第 1 版　2024 年 6 月第 1 次印刷
开　　本：710 mm×1 000 mm　1/16　印张：11.5　字数：171 千
书　　号：ISBN 978-7-113-31168-1
定　　价：69.00 元

版权所有　侵权必究

凡购买铁道版图书，如有印制质量问题，请与本社读者服务部联系调换。电话：（010）51873174
打击盗版举报电话：（010）63549461

前言

股市中的盘口是指股票、指数的各种交易窗口及其包含的各项数据信息等。投资者要想高效操盘、抓住短线黑马，就要学会看盘，也就是对盘口中的多样化信息进行筛选、整合和分析，最终得出判断结果。

但是股市中的盘口信息可谓海量，除投资者最常观察的实时盘口信息外，许多历史盘口信息也对技术分析有重要作用，一些对市场风向比较敏感的投资者可能还需要观察基本面盘口信息。那么如何从众多盘口信息中筛选出自己需要的部分，是投资者需要重点研究的。

首先，投资者需要对各种类型的盘口信息及盘面结构有基本的认知，知道哪些盘口信息具有预测效果或分析价值，以及会出现在哪些位置，才能更好地观察。除此之外，分辨大盘K线图、个股K线图、大盘实时分时图、个股实时分时图与历史分时图之间的盘口信息差异，也有助于投资者快速、高效作出决策，进而及时介入黑马股拉升之中。

其次，要学会一些常用且关键的盘口信息应用方法。比如五档盘口的结构和观察方法，又比如量比指标、换手率等数据发生变动时意味着什么，以及常见的看盘方法有哪些等。

再次，投资者还需要学习一些典型且有效的技术形态应用。比如K线筑顶筑底形态、中继形态、助涨形态；量价的配合形态、背离形态；技术指标的反转形态、突破形态；分时走势中的短期买卖形态等。

最后，投资者就可以将所学内容综合起来，用实战来验证所学知识是否牢靠，自己又是否真正理解了其中的含义。

由此作为讲解顺序，就得出了本书的基本结构，如下图所示。

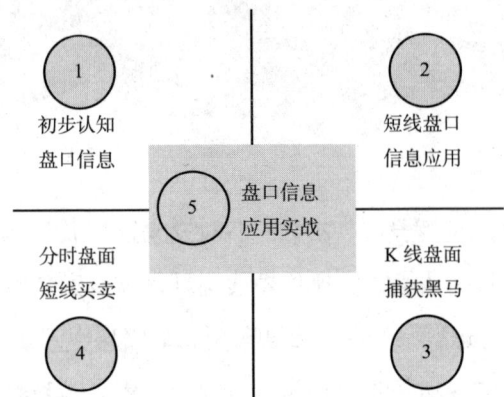

本书共五章。每章分别对上述内容进行了详细解析。为了方便读者理解，书中在每一章内容的每一个知识点中都穿插了一个真实的个股案例，在实际操作与理论相结合下，相信读者学习起来会更加轻松。

最后，希望读者通过对书中知识的学习，提升自己的炒股技能，收获更多的投资收益。但任何投资都有风险，也希望广大投资者在入市和操作过程中谨慎从事，规避风险。

编　者

2024 年 3 月

目录

第1章 初步认知盘口信息

1.1 盘口信息与术语解析 2
1.1.1 个股K线图中的盘口信息 2
1.1.2 大盘指数K线图的盘面 9
1.1.3 实时与历史分时图的盘面 12
1.1.4 看盘常用术语解析 16

1.2 看盘窗口的调整与设置 18
1.2.1 多盘面的价格周期调整 19
1.2.2 K线图与分时图的指标叠加 22
1.2.3 数据窗口的调整与显隐 28

第2章 短线盘口信息应用

2.1 常见的短线看盘方法 32
2.1.1 从外到内逐步分析 32
实例分析 强瑞技术（301128）从外到内的看盘分析 32
2.1.2 从大盘到个股进行观察 35
实例分析 凤竹纺织（600493）从大盘到个股的看盘分析 36
2.1.3 看机构投资者持仓情况 39
实例分析 根据泰信行业精选混合A（290012）持股情况分析 41
2.1.4 用长周期K线定趋势 47
实例分析 文一科技（600520）用长周期K线定趋势 48

2.1.5 分析技术指标 50
实例分析 首创证券（601136）利用技术指标看盘分析 50
2.2 盘口核心概念应用 53
2.2.1 五档买卖盘与买卖力道 54
实例分析 莱特光电（688150）和天承科技（688603）五档买卖盘
与买卖力道看盘 55
2.2.2 换手率透露出的信息 59
实例分析 易天股份（300812）通过换手率看盘 60
2.2.3 量比数据的变动 64
实例分析 量比数据排名前列的个股看盘 66

第 3 章 K 线盘面捕获黑马

3.1 K 线看盘抓住黑马 70
3.1.1 下跌末尾筑底预示形态 70
实例分析 大港股份（002077）加速下跌后接 V 形底形态解析 71
3.1.2 底部反转形态 73
实例分析 玲珑轮胎（601966）和帝科股份（300842）的早晨之星
及塔形底形态解析 75
3.1.3 起涨后的拉升形态 77
实例分析 文一科技（600520）和合众思壮（002383）的低位五连阳及多方炮
形态解析 78
3.1.4 上升期间横向整理 81
实例分析 天晟新材（300169）和江特电机（002176）的上档盘旋及超越覆盖
线形态解析 82
3.1.5 下跌式整理形态 84
实例分析 三棵树（603737）和天银机电（300342）的仙人指路及下降旗形
形态解析 86

3.2 盘中量价关系的短线意义 88
3.2.1 下跌期间的量价背离 89
实例分析 精锻科技（300258）下跌期间的整理阶段 90
3.2.2 反转后量价背离转配合 91
实例分析 翔丰华（300890）上涨初期量缩价涨转量增价涨 92

3.2.3　单日巨量推涨 93
　　实例分析 翰宇药业（300199）上涨过程中单日巨量推涨 94
3.2.4　突兀的地量 96
　　实例分析 金科股份（000656）不同阶段的突兀地量 97

3.3　技术指标短线寻黑马 99
3.3.1　均线型指标看盘 99
　　实例分析 天孚通信（300394）均线五大特性的应用 102
　　实例分析 臻镭科技（688270）布林指标的短线应用 105
3.3.2　超买超卖型指标看盘 106
　　实例分析 先导智能（300450）KDJ 指标的短线应用 107
3.3.3　其他常见指标看盘 109
　　实例分析 北方华创（002371）MACD 指标的短线应用 109

第 4 章　分时盘面短线买卖

4.1　股价线走势助力黑马买卖 112
4.1.1　高开、低开与平开 112
　　实例分析 万润科技（002654）不同的开盘价分析 113
4.1.2　开盘后半个小时内的走势 117
　　实例分析 赛摩智能（300466）开盘后半个小时内的特殊走势 118
4.1.3　盘中股价线涨跌趋势 121
　　实例分析 中贝通信（603220）盘中的股价线特殊走势 122
4.1.4　临近收盘的市场表现 126
　　实例分析 众泰汽车（000980）尾盘放量暴涨走势 127
4.1.5　股价线多种筑顶形态 129
　　实例分析 龙津药业（002750）股价线筑顶形态解析 130
4.1.6　盘中筑底形态解析 133
　　实例分析 新元科技（300472）股价线筑底形态解析 134

4.2　均价线的支撑与压制 137
4.2.1　均价线与股价线的交叉 137
　　实例分析 三诺生物（300298）股价线对均价线的穿越 138
4.2.2　均价线长期支撑及压制股价 142
　　实例分析 中孚信息（300659）均价线对股价线的支撑与压制 142

4.3 分时量价关系短线应用 ... 145
4.3.1 缩量下跌走势 ... 145
实例分析 唐德影视（300426）分时缩量下跌解析 ... 146
4.3.2 放量压价跌停 ... 148
实例分析 迎驾贡酒（603198）分时放量压价跌停解析 ... 148
4.3.3 单根大量柱 ... 150
实例分析 天马科技（603668）分时对倒量解析 ... 151

第5章 盘口信息应用实战

5.1 短线捕获黑马起涨点 ... 154
5.1.1 横盘震荡后期的突破 ... 154
实例分析 横盘后期K线对中长期均线的突破 ... 154
5.1.2 回调整理结束后量能的异动 ... 156
实例分析 回调式整理后期的突破 ... 156
5.1.3 持续上升过程中的买入点 ... 158
实例分析 持续上山爬坡走牛 ... 159
5.1.4 突破后回踩确认再跟进 ... 160
实例分析 K线连续突破两条压力线 ... 160

5.2 黑马拉升及时止盈 ... 162
5.2.1 压力线清晰后的止盈 ... 163
实例分析 通过横盘震荡期间的压力线止盈 ... 163
5.2.2 技术指标预示卖出信号 ... 164
实例分析 技术指标的止盈信号 ... 165
5.2.3 上涨高位注意反转 ... 167
实例分析 上涨高位震荡区的止盈策略 ... 167

5.3 见顶下跌及时止损 ... 169
5.3.1 错过高位卖点后的二次卖点 ... 170
实例分析 反弹高点的止损位置 ... 170
5.3.2 反弹失败跌破中长期均线 ... 172
实例分析 反弹结束后跌破均线支撑 ... 172
5.3.3 筑顶形态助力止损 ... 174
实例分析 筑顶形态形成后的持续下跌 ... 174

第1章

初步认知盘口信息

　　盘口是一个股市术语，一般指的是股票、指数的各种交易窗口及其包含的各项数据信息等。通过看盘和分析，投资者能够获取大量的交易信息，但要从中筛选出能够为自己所用的内容却并不容易，投资者首先需要做的就是熟悉各种盘面结构，认识盘口信息代表的含义。注意，投资者在使用书中的分析技巧时需要结合实际进行分析，不可盲目按照理论操作。

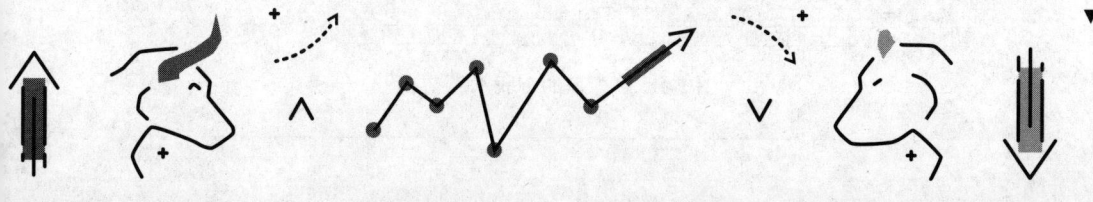

1.1 盘口信息与术语解析

盘口也称盘面，是投资者能够在炒股界面中获得的所有信息的集合。对盘口的分析被称为看盘，是投资者在股市交易时对于价格或指数走势的观察、对数据的分析、对走向的预判等行为的统称。而盘口术语就是由专业的炒股术语和股市中约定俗成的语言表述集合而成的具有特殊指示意义的一系列名词。

在学习利用盘口信息捕获短线黑马之前，投资者很有必要先深入了解盘口信息包含的内容及每种信息所代表的含义，这样才能做到灵活运用，进而扩大收益。

1.1.1 个股K线图中的盘口信息

个股K线图中的盘口信息相当丰富，其中包含各种关键交易价格、买卖盘挂单数量及当前交易情况等，无论是在短线还是在中长线技术分析中都是投资者需要重点关注的部分。

下面先展示一只股票的K线界面，如图1-1所示。

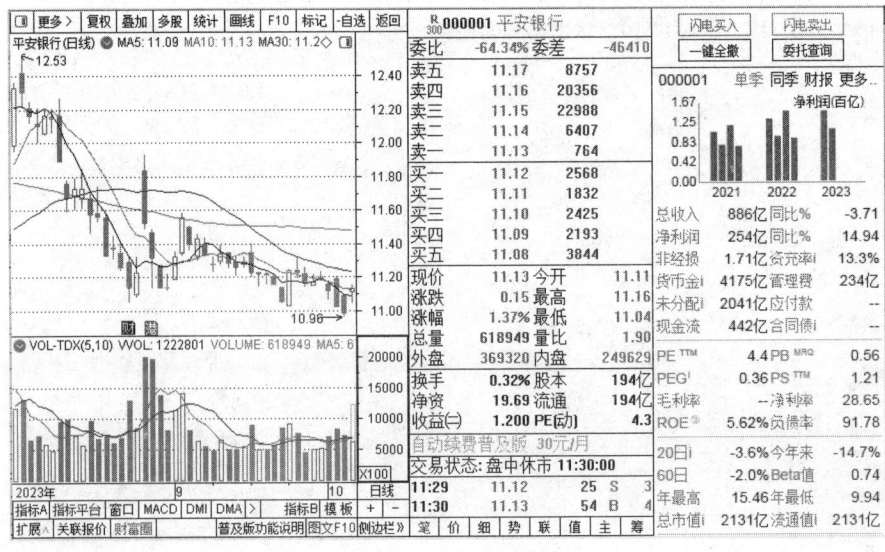

图1-1 多窗口的个股K线界面

图 1-1 中将个股 K 线界面中能够展示的窗口都列示了出来，看起来不仅十分繁杂，还大幅挤压了 K 线窗口中的显示内容。因此，在大多数情况下投资者都不会这样看盘，而是只观察最左侧的 K 线窗口和中间的数据窗口。至于最右侧的基本面信息，投资者在需要的时候调出分析即可。

本节要重点介绍的是左侧的 K 线窗口结构及中间的数据窗口信息。

首先来观察 K 线窗口。将右侧的两个窗口隐藏后，K 线图会显示为图 1-2 中的情形。

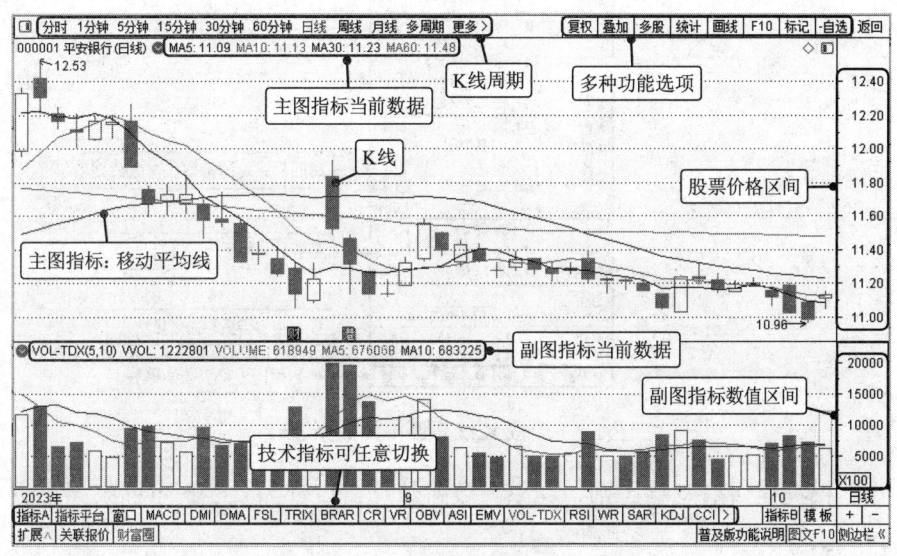

图 1-2　单一窗口的个股 K 线界面

从图 1-2 中可以看到，仅仅在 K 线窗口中就存在大量的盘口信息，其中最重要的自然是 K 线、主图指标及副图指标。

主图指标是直接叠加在 K 线上使用的技术指标，一般炒股软件中都会默认为移动平均线，也就是人们常说的均线，它的实时数据会显示在左上角，即股票名称和代码右侧。

副图指标会单独在 K 线界面下方增加一个窗口来展示，一般是一些不能直接叠加在 K 线上使用的指标，比如成交量、MACD 指标等，其实时数据显示在当前副图指标窗口的左上角。在其下方还有供投资者快速切换副图指标的菜单栏，单击其中的技术指标选项即可切换。

除此之外，在整个窗口的最上方还有切换K线周期的菜单栏，最右侧是炒股软件自带的功能区，不同的软件可能会有所差异。

下面来看一下数据窗口中的信息，如图1-3所示。

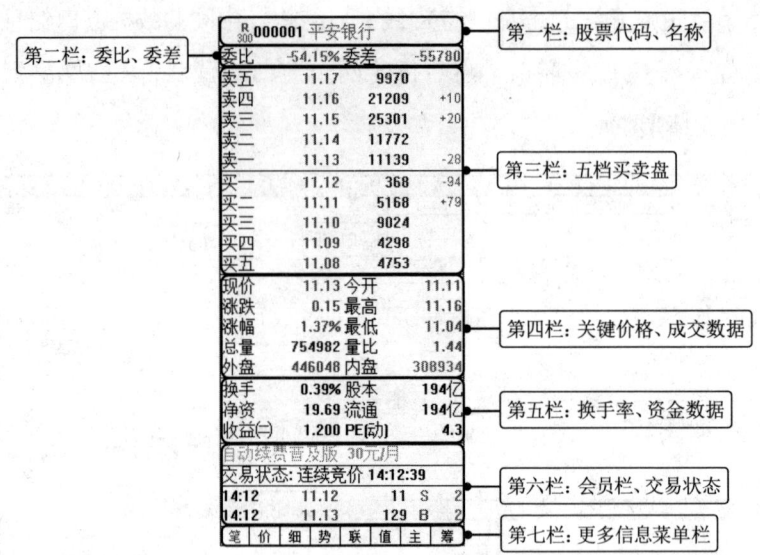

图1-3　个股K线界面中的数据窗口

根据盘口信息的类别，这里大致将数据窗口分为七栏，下面来逐一进行介绍。

（1）第一栏：股票代码、名称

在这一栏中，除了个股代码和名称外，股票代码前面还有一个" "的标注，这是什么意思呢？

它其实代表了两重含义，上方的"R"意味着该股可以进行融资融券，下方的"300"则说明该股是沪深300的成分股。

不同的个股根据所属板块和性质的不同，股票代码前面的标注也会相应改变。比如有些标注为" "，意味着该股可以融资融券，并且是中证500的成分股；有些标注为" "，意味着该股在市场中还存在关联品种，如可转债，同时它可以融资融券，并且是沪深300的成分股。

而有些个股的代码前面没有任何标注，就意味着该股既不可以融资融券，也不是重要指数的成分股。因此，通过这一信息，投资者可以大致判断出个股的市场地位和投资价值。

（2）第二栏：委比、委差

委比和委差代表的都是市场中买盘与卖盘力量之间的对比关系。其中，委比是个股自开盘后截至目前盘内的买卖量差额与总额的比值，计算公式如下：

委比＝（委买手数－委卖手数）÷（委买手数＋委卖手数）×100%

公式中的"委买手数－委卖手数"就是委差，它的数值正负决定了委比数值的正负。当委差、委比数值为正时，说明委买手数更多，买盘力量较强；反之，则说明委卖手数更多，卖盘力量更强。通过这两项数据，投资者可以大致判断出市场对待个股的态度及注资力度的强弱。

（3）第三栏：五档买卖盘

五档买卖盘也被称为五档盘口，中间线划分出卖盘和买盘，上下窗口分别显示买卖盘的五个价格。

从图1-3中可以看到，买盘位于五档盘口下方，从上至下列为买一、买二、买三、买四、买五，尚未成交的最高买价为买一，买二到买五价格递减；卖盘位于五档盘口上方，从下至上列为卖一、卖二、卖三、卖四、卖五，尚未成交的最低卖价为卖一，卖二到卖五价格递增。价格右边的数字代表当前该价格上的总委托数量。

显然，五档买卖盘是根据股市中"价格优先、时间优先"的原则进行排布的。价格越高的买单越能优先成交，而同一价格上的买单，先挂单的先成交；至于卖单，则是价格越低的越先成交，同一价格上的卖单，也是先挂单的先成交。

根据五档买卖盘的买卖单量和价格对比，投资者就能大致判断出短时间内价格可能会产生的变动及个股的资金流向。

（4）第四栏：关键价格、成交数据

第四栏的盘口信息中包含了多个关键价格及一些关于成交量的数据，下面直接通过表1-1来了解各个数据的含义。

表1-1 第四栏盘口信息含义

数据	含义
现价	股票当前的价格
今开	股票当日的开盘价格
最高	股票当日截至目前所达到的最高价格
最低	股票当日截至目前所达到的最低价格
涨跌	当前股价相较于前日收盘价的差值。若现价相较于前日收盘价位置更高，那么涨跌值显示为正；若现价相较于前日收盘价位置更低，涨跌值则显示为负
涨幅	当前股价相较于前日收盘价上涨或下跌的幅度。若现价位于前日收盘价上方，则涨幅显示为正；若现价位于前日收盘价下方，则涨幅显示为负
总量	股票当日截至目前所有的成交数量
量比	股票平均每分钟的成交量与过去五个交易日平均每分钟成交量之比。量比值呈红色且数值越大，表明盘口成交相较于往日越活跃；量比值呈绿色且数值越小，表明盘口成交相较于往日越冷淡
内盘	以买进价成交的交易单，数字代表成交数量
外盘	以卖出价成交的交易单，数字代表成交数量

投资者对这些盘口信息中的关键价格、涨跌幅度和成交总量等应该都很好理解，只有量比、内盘和外盘稍显晦涩。不过投资者不必担心，其具体的内涵和使用方法将会在后续章节中细讲，这里只是先简单介绍概念。

（5）第五栏：换手率、资金数据

第五栏中也存在很多盘口信息，具体含义见表1-2。

表1-2 第五栏数据含义

数据	含义
换手率	在一定时间内市场中股票转手买卖的频率。换手率越高，意味着该股的交投越活跃；反之，股票的交投越冷淡

续上表

数　据	含　义
股本	上市公司发行的全部股票所占的股份总额
净资	股票净资产，即每股股票所拥有的净资产现值。每股净资产值越大，表明上市公司每股股票代表的价值越高；反之每股股票代表的价值就会越低
流通	流通股本，即上市公司在外发行的、可以通过二级市场流通交易的股票数量，包含在股本之中
收益	该术语后缀会根据上市公司最新公布的季度数据出现（一）、（二）、（三）或（四）的标识，代表上市公司某一季度的每股收益
PE［动］	股票动态市盈率，是股票价格除以每股收益的比率。当股票市盈率过高，说明市场估值偏高，有向下修复的可能；当股票市盈率过低，说明市场估值偏低，有向上修复的可能

这些盘口信息更偏向于对上市公司基本面信息的注释，对于一些会涉足基本面分析的短线投资者来说还是有不少参考价值的。不过，只靠窗口中显示的六项数据来分析上市公司的近况显然是不够的，若投资者有需求，可以双击这一栏的任意位置，即可调出该上市公司的部分财务数据、资产负债及权息资料等，如图 1-4 所示。

平安银行(000001)基本资料

总股本:	1940591.9万股	流通A股:	1940554.8万股
B股:	0.0万股	H股:	0.0万股
总资产:	550052416.00万元	流动资产:	0.00万元
固定资产:	1032600.00万元	无形资产:	653500.00万元
流动负债:	0.00万元	资本公积金:	8075700.00万元
净资产:	45207300.00万元	营业收入:	8861000.00万元
应收账款:	0.00万元	营业利润:	3193700.00万元
投资收益:	728700.00万元	经营现金流量:	4424100.00万元
总现金流量:	7438600.00万元	存货:	0.00万元
利润总额:	3193300.00万元	扣非净利润:	2521600.00万元
净利润:	2538700.00万元	未分配利润:	20405400.00万元
所属地区:	深圳板块	细分行业:	银行
每股净资产:	19.690元	每股未分配:	10.515元
每股收益(二):	1.200元	每股公积金:	4.161元
股东权益比:	8.22%	资产负债率:	91.78%
少数股权:	0.00万元	每股现金流:	2.280元
流动比率:	0.000	速动比率:	0.000
净益率ROE(二):	5.62%	销售毛利率:	36.04%
营业利润率:	36.04%	净利润率:	28.65%
股东人数:	536701	报告类别:	半年报

平安银行(000001)权息资料

权息日	类别	送转股	分红	配股	配股价	流通股变动	后流通股	总股本变动	后总股本

图 1-4　双击第五栏调出的个股基本资料

(6) 第六栏：会员栏、交易状态

在第六栏中，第一行显示的是炒股软件的升级使用信息，投资者可以理解为软件会员，有需要的投资者单击该行文字即可调出购买界面。

第二行显示的是个股当前的交易状态，以标明是集合竞价还是连续竞价，交易时间也精确到了秒。其中，集合竞价时间为每个交易日的9:15—9:25，连续竞价时间为每个交易日的9:30—11:30及13:00—15:00。

第三行显示的是当前分时成交明细，从左到右的五列数字和字母分别代表交易时间、成交价格、委托数量、买卖方向及成交数量，更具体的会在1.1.3中有关分时图的盘口信息中进行介绍。

(7) 第七栏：更多信息菜单栏

第七栏中横向排列着一系列选项，分别是笔、价、细、势、联、值、主、筹，这些选项分别对应着不同的功能与数据，有一些还需要升级炒股软件功能才能使用。每一个选项的具体含义见表1-3。

表1-3 第七栏选项含义

选项	含义
笔	分时成交明细，指的是每一分钟的委托单，其中包含交易时间、成交价格、委托数量、买卖方向及成交数量，双击内容区可放大观看
价	分价表，指的是当天的成交笔数在每个价位的分布，其中包含在各成交价位上成交的总手数、各价位成交的笔数、平均每笔手数及各价位上的成交量占总成交量的比例
细	逐笔成交明细，指的是股票当日截至目前所有的成交单明细，这一功能需要开通Level 2行情才能使用，其中包含每一笔交易的成交时间、成交价格、成交量、主动性和被动性，以及这笔交易的主动单、被动单如何组成，对于分析主力意图来说十分有用
势	分时走势图，指的是股票当日的实时分时走势
联	关联品种的走势，指的是与个股相关的指数走势，如上证指数、深证成指、科创50等
值	相关数值，指的是与股票交易有关的一系列数值数据，主要包括涨（跌）停价、股票细分行业、市值、人均持股、总资产、市盈率、股息率等
主	主力监控精灵，这是通达信软件的一个预警功能，设置监控范围后，就可以自动列示监控范围内股票中的大资金流动及操作手法

续上表

选项	含义
筹	移动筹码分布，简单来说就是每一时期的市场成本分布，在 K 线图中移动光标，就能查看每一个交易日内成本的分布情况，对分析主力的建仓与出货行为非常有用

1.1.2　大盘指数 K 线图的盘面

大盘指数的 K 线界面中的盘口信息有许多和个股 K 线界面是一样的，比如 K 线窗口中的内容、数据窗口中的一些关键价格（指数点）等。但还有一些盘口信息只能在大盘指数中显示，投资者需要了解。

图 1-5 为 2023 年 10 月 12 日收盘后上证指数（999999）的盘口信息。

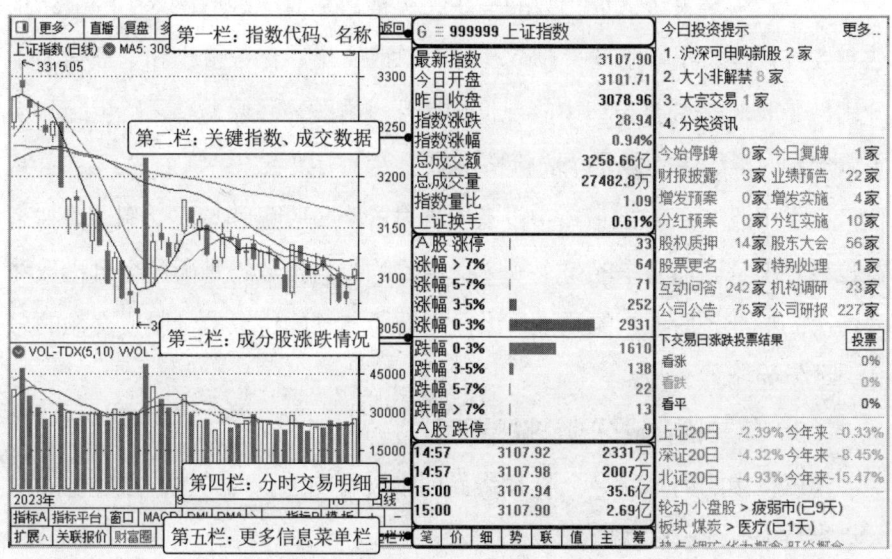

图 1-5　2023 年 10 月 12 日上证指数的盘口信息

在上证指数 K 线界面的左侧，依旧如个股 K 线界面一般显示出 K 线窗口；中间的是数据窗口；右侧显示的是交易当日上证指数成分股的各种变动情况、市场数据和分类资讯等，投资者可将鼠标光标移动到该窗口任意位置，上下滚动鼠标滚轮查看。

下面重点讲解数据窗口中的内容。

（1）第一栏：指数代码、名称

这一栏显示的是大盘指数的代码和名称，指数代码左侧依旧有特殊标注，不过与个股 K 线界面中的有很大区别。

投资者单击"G≡"中的"G"，可以查看个股对该指数的贡献度，简单来说就是个股走势对大盘指数走势造成的影响，贡献度越高，影响越大。

而单击右侧的"≡"，则可以切换到分档涨跌家数界面，这一操作通过双击下方的信息区也可以实现。切换后的数据窗口更侧重于显示大盘指数成分股的涨跌情况，具体的将会在介绍完默认数据窗口中的信息后解析。

（2）第二栏：关键指数、成交数据

第二栏中是关于大盘指数的一些关键指数和成交数据，其中的最新指数、今日开盘、指数涨跌、指数涨幅、总成交量、指数量比和上证换手，分别与个股 K 线数据窗口中的现价、今开、涨跌、涨幅、总量、量比和换手概念相对应，区别只是个股价格换成了大盘指数点。

至于个股 K 线数据窗口中没有出现过的昨日收盘和总成交额，单独来看也很好理解。前者指的是上一个交易日的收盘指数，是衡量今日指数涨跌情况的标准，后者指的是当日大盘指数所包含的每只成分股成交额的总和，单位为元。

（3）第三栏：成分股涨跌情况

第三栏中的内容就是个股 K 线界面中没有的了，因为这一栏显示的是大盘指数中成分股涨跌情况。

从图 1-5 中可以看到，该栏被整体划分为上下两个部分，每一部分都用不同的涨跌幅区间进行了更加细致的划分。右侧的数字代表的是当日涨跌幅达到某一区间标准的成分股数量，中间的柱状图则是更加直观的成分股涨跌情况比例展示。

（4）第四栏：分时交易明细

第四栏中是大盘指数的分时交易明细，含义与个股 K 线界面中的基本一致，只是股票价格变成了指数点，最右侧的数字则代表成交额。

（5）第五栏：更多信息菜单栏

第五栏依旧是更多信息菜单栏，与个股 K 线界面中的一致，有些可能会因为个股与指数的不同而产生新的变化，感兴趣的投资者可自行探索，这里不再赘述。

下面来简单介绍一下前面提到过的，可以通过单击大盘指数代码左侧的"☰"切换而成的分档涨跌家数界面，如图 1-6 所示。

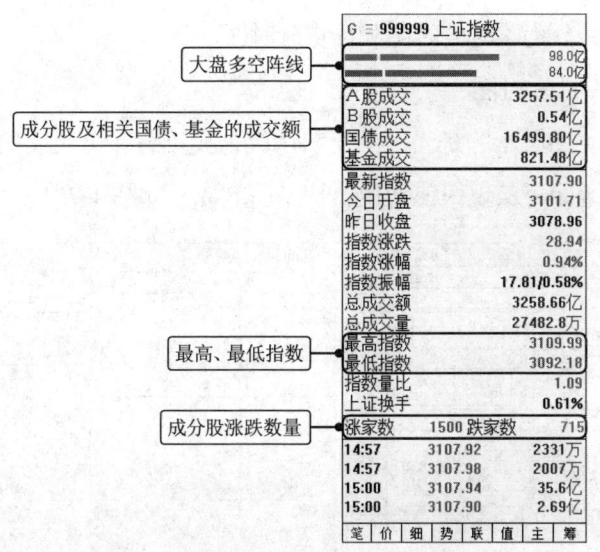

图 1-6　上证指数分档涨跌家数界面

从图 1-6 中可以看到，分档涨跌家数界面相较于默认的数据窗口更加侧重于对大盘指数成分股涨跌情况的展示。

指数代码和名称栏下方的红绿柱线是大盘多空阵线，其中，绿线表示当前市场中的五档卖盘总金额，前面的小条表示市场中挂卖一的总金额；红线表示当前市场中的五档买盘总金额，前面的小条表示市场中挂买一的总金额。

再下方一栏展示的是大盘指数中的 A 股、B 股及与该指数相关的国债、基金的成交额。

其下方的数据栏中，相较于默认数据窗口来说多出了最高指数和最低指数，其含义与个股的最高价、最低价类似，都是当日形成的数据。再往下还有一栏成分股涨跌数量对比，后面跟的数字即为成分股涨跌家数。

除此之外，分档涨跌家数界面的其他信息都与默认数据窗口中的一致。

1.1.3　实时与历史分时图的盘面

分时图中显示的都是单个交易日的股价或指数走势情况，根据展示日期的不同，可分为实时分时图和历史分时图。

（1）实时分时图

实时分时图展示的是当天的交易情况，投资者在个股或指数 K 线界面中按【F5】键即可实现快速切换，切换后的界面如图 1-7 所示。

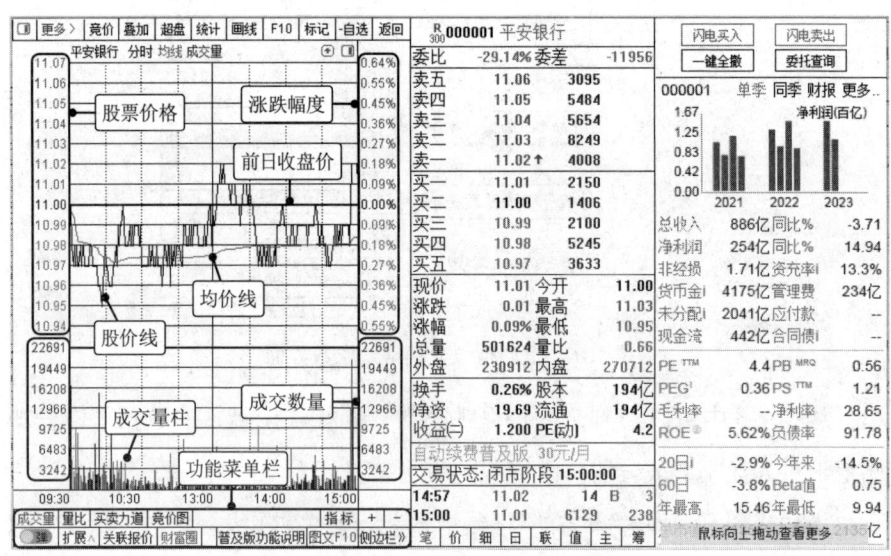

图 1-7　个股实时分时界面

从图 1-7 中可以看到，在个股实时分时界面中，除了左侧的 K 线窗口变为当日分时交易窗口以外，中间和右侧的数据窗口及基本面信息窗口都没有发生变化。不过即便只变化了一个窗口，界面中增加的盘口信息依旧丰富，下面来详细解析。

分时图中主要包含股价线、均价线和成交量三大部分。其中，股价线和均价线是叠加在一起使用的，显示在窗口的上半部分，左右两侧的数据分别代表了股票价格和相较于前日收盘价的涨跌幅度。成交量则显示在下半部分，每分钟的成交量都会以量柱的形式呈现，左右两侧的数据为具体成交数量。

关于个股分时图中三大构成要素的含义，具体见表 1-4。

表1-4　个股分时图中三大构成要素

构成要素	含　　义
股价线	代表该股每分钟的实时成交价格，波动幅度大
均价线	代表该股当日截至目前的成交平均价格，波动幅度小，是判断股价运行方向的重要趋势线
成交量	代表个股每一分钟的成交数量，一般会呈现三种不同的颜色。以红绿灰三种颜色为例，当量柱呈现为红色，代表这一分钟的价格相较于前一分钟上涨；当量柱呈现为绿色，代表这一分钟的价格下跌；当量柱呈现为灰色，则代表这一分钟的价格相较于前一分钟没有变化（系统设置不同，色彩显示会有所不同）

主界面下方则是交易时间和功能菜单栏，投资者通过单击功能选项可观察多样化的盘口信息。关于其中的"量比"和"买卖力道"的具体含义和使用方法，将会在下一章中详细介绍。

在大盘指数的实时分时界面中，数据窗口与其 K 线界面中的也是一致的，但分时窗口中的盘口信息与个股的有所差别，如图 1-8 所示。

从图 1-8 中可以看到，在大盘指数实时分时界面的分时走势窗口中，除去一些常规应当包含的构成要素外（即与个股分时走势窗口中对应的部分），还有围绕前日收盘指数上下波动的红绿柱线及一条与指数线走势相近的曲线，具体含义如下：

- **红绿柱线**：是上证指数中所包含的所有股票即时的买盘与卖盘数量的比率，用来反映指数上涨或下跌的强弱程度。当横线上方出现红色柱线，代表大盘向上运行，红色柱线出现的时间越长、比率越大，表示买盘力道强劲，上涨的能量越强；当横线下方出现绿色柱线，代表大盘向下运行，绿色柱线出现的时间越长、比率越大，表示卖盘占据优势，下跌的动量越强。

- **曲线**：是不考虑样本股股本大小的不加权指数线。由于大盘股与小盘股的股本大小差异，加权指数线（即另一条指数线）更偏向于反映大盘股或权重股的走势，而不加权指数线也就从一定程度上反映了中小盘股的运行情况。

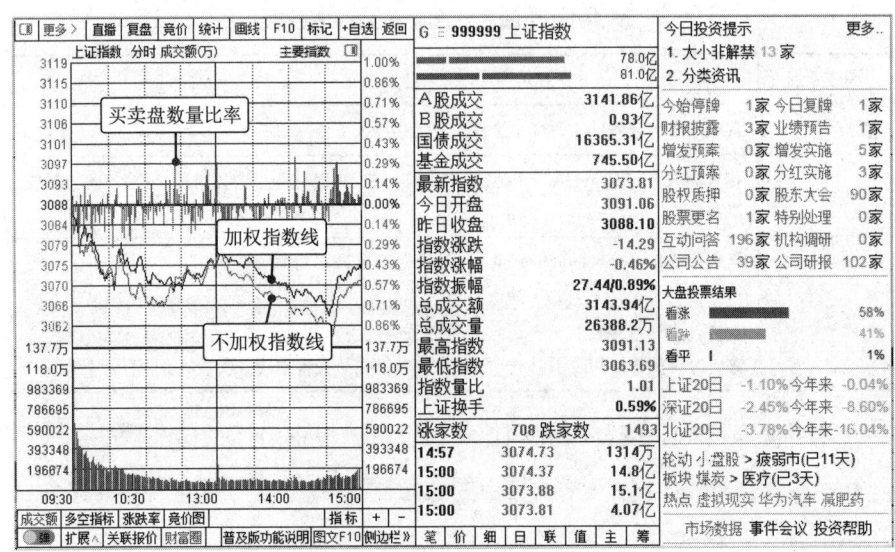

图 1-8　大盘指数实时分时界面

（2）历史分时图

历史分时图展示的是往日的交易情况，投资者在个股或指数 K 线界面中双击任意 K 线即可调出该交易日的历史分时图，如图 1-9 所示。

历史分时图中的分时走势及其构成要素、坐标轴等基本与实时分时图一样，这里就不再逐一叙述了。

下面要重点介绍的是右侧的数据窗口及下方功能菜单栏中对应的盘口信息。

图 1-9　历史分时界面

从图 1-9 中可以看到,在"分笔"数据窗口中有五列信息,自左向右分别是委托时间、委托价格、委托数量、买卖方向及成交笔数,具体含义见表 1-5。

表 1-5　"分笔"数据窗口中的盘口信息

盘口信息	含　义
委托时间	买卖单委托的时间,每一笔都会单独显示一行
委托价格	买卖单委托的价格,按照时间顺序显示
委托数量	每一笔买卖单的挂单数量,其中单笔超过 500 手的委托单都会标为紫色,以示这是一笔大买(卖)单
买卖方向	字母"B"为 Buy 的缩写,意为买入,代表这是一单买单,呈现为红色;字母"S"为 Sell 的缩写,意为卖出,代表这是一单卖单,呈现为绿色
成交笔数	表示这一单实际成交的笔数,简单来说就是用多少笔成交消化了这一个买(卖)单

在数据窗口下方,除了上面介绍的包含买卖单的"分笔"功能选项外,还有"分钟"和"数值"两个功能选项,投资者单击这两个选项就可以将"分笔"数据窗口切换为对应的数据窗口。

图 1-10 为历史分时图中的"分钟"和"数值"数据窗口。

14:46	10.98	1201		开盘价	11.03
14:47	10.98	1364		最高价	11.07
14:48	10.99	3164		最低价	10.95
14:49	10.98	2506		收盘价	11.00
14:50	10.99	1370		成交量	684483
14:51	10.99	2484		成交额	7.53亿
14:52	10.98	5416			
14:53	10.99	2173		涨跌	-0.11
14:54	10.99	4393		涨幅	-0.99%
14:55	10.99	6564		振幅	1.08%
14:56	11.00	2597		换手率	0.35%
14:57	10.99	112		总股本	194亿
14:58	10.99	0		流通股	194亿
14:59	11.00	8365			

图 1-10 历史分时图中的"分钟"（左）和"数值"（右）数据窗口

从图 1-10 中可以看到，"分钟"数据窗口中有三列数字，从左到右分别代表了每一个交易分钟、每一分钟最后一笔的成交价格及这一分钟内成交的数量总和。

"数值"数据窗口中则是一系列数据和指标，这些盘口相关信息在个股 K 线界面中都有所体现，不过历史分时图中的盘口信息展示的都是那一个交易日的交易数据，而个股 K 线界面中展示的是目前的实时情况。

1.1.4　看盘常用术语解析

在实盘分析过程中，投资者经常会听到或看到一些或专用或约定俗成的术语，这些术语和盘口数据共同构成了盘口语言，因此，也是投资者有必要掌握的。

股市中流行并使用的术语极多，有些还是投资者自创的，本节就只针对一些常见的及在后续内容中可能会涉及的术语进行解析。

根据看盘的过程和不同的分析对象，可将盘口术语大致分为有关盘面的、有关股价走势和涨跌的及有关多空和仓位的几类，具体见表 1-6。

表 1-6　盘口术语分类与解析

盘口术语		解　析
有关盘面	崩盘	重大利空消息或其他事件突然出现，对个股市场造成影响，导致持有者大量抛售，股价进而产生连续暴跌，有时候也被称为闪崩

续上表

盘口术语		解析
有关盘面	护盘	主力在行情低迷、市场参与度不高的情况下投入大量资金支撑价格,防止股价继续下滑的行为
	压盘	主力在行情积极、市场参与度较高的情况下通过大批量卖出或其他方式压价,使股价涨势不至于过快的行为
	盘档	股价当天波动幅度较小,市场多处于观望状态的情形
	盘坚	股价缓慢上涨,呈坚定上升的状态
	盘软	股价缓慢下跌,呈疲软下滑的状态
	红盘	当天收盘价高于前日收盘价,股价整体上涨
	盘整	股价在经过一段快速的上涨或下跌后进入一段相对平稳的运行期,股价波动幅度较小,为下一次大幅变动做准备
	试盘	主力在完成吸筹,即将进行下一步操作之前进行的对盘口的全面试验行为。主要测试的是盘内筹码锁定的程度、盘内大户或其他主力情况、浮筹情况及市场追涨杀跌的意愿
	获利盘	股票交易中,能够卖出并盈利的一部分
	套牢盘	买入的股票亏损的部分
有关股价走势和涨跌	牛市	市场前景看好,股价持续上涨的行情
	熊市	市场走势消极,股价持续下跌的行情
	猴市	市场不断变动,股价如猴子一般持续上下震荡,难以判断后市走向的行情
	跳空	股票当日的开盘价与前日的最高价或最低价之间产生的一个空白区域,两根K线之间形成的缺口称为跳空缺口
	补空	股价在跳空后不久价格回升或回落,将跳空的缺口补上,有时也称回补
	高开	个股当日以高于前日收盘价的价格开盘
	低开	个股当日以低于前日收盘价的价格开盘
	阴跌	股价在阴阳线交错中缓慢下跌,如阴雨一般绵绵不绝
	杀跌	行情进入下跌状态后,场内投资者不论盈亏迅速卖出,以求降低损失的行为
	跳水	股价在短时间内迅速下滑,幅度较大,造成暴跌走势
	反弹	在下跌行情中,股价突然脱离跌势出现上涨的状态
	回调	在上涨行情中,股价阶段见顶出现下跌或横盘的状态

续上表

盘口术语		解析
有关股价走势和涨跌	探底	股价寻找最低点的过程，在接触到底部后就会开始回升
	企稳	股价到达底部后稳住，不再继续下跌的情形
有关多空和仓位	多方	看好股票后市发展，挂出主动性买单的买家
	空方	认为股票前景欠佳，挂出主动性卖单的卖家
	看多	这里的"看"指的是投资者对于股票走势的判断，如果对股票后期的发展持乐观态度，持股待涨，就是看多
	看空	对股票后期的发展持消极态度，希望迅速卖出的行为
	利多	各种因素或基本面消息的出现，对股价的上涨和市场的多方产生有利影响
	利空	各种因素或基本面消息的出现，导致股价下跌，对市场的空方产生有利影响
	多翻空	多方认为股价即将见顶，或将受不利因素影响下跌，进而大批卖出手中股票，由多方转为空方的行为
	空翻多	空方认为股价即将见底，或将受利好因素影响而上涨，进而大批买进股票，由空方转为多方的行为
	踏空	投资者错误判断后市，认为即将出现下跌进而卖出股票，但在卖出后股价却一路上涨，导致错过获利机会的行为
	建仓	投资者看多某股后买入的行为
	囤仓	投资者在买入大量股票后并不急于交易，而是将所有筹码囤积在仓内的行为
	倒仓	主力自身的多个账户之间，或是多个主力之间的筹码转移行为
	全仓	在买入某只股票时投入所有的资金，不留剩余资金的行为
	清仓	在卖出股票时全额抛售，仓位清空的行为
	斩仓	在股价下跌后，投资者及时卖出，避免损失扩大的行为

1.2 看盘窗口的调整与设置

要进行高效、快捷的看盘和分析，只了解以上介绍的盘口信息还不够，投资者还要学会对看盘界面进行适当的调整和设置，以帮助自己获取更多、更精准的盘口信息。

这些调整不仅有针对看盘界面布局的,也有针对股价周期和指标叠加的。下面先来看一下对多种看盘界面的价格周期的调整方法。

1.2.1 多盘面的价格周期调整

多盘面的价格周期调整涉及了 K 线图和分时图两大部分,由于个股和大盘指数在两个界面上的调整方式一致,因此,本节就在通达信软件中以个股 K 线图和分时图为例进行讲解。

(1) K 线图中的周期调整

要调整 K 线图中的 K 线周期非常简便,投资者只需要进入 K 线界面中,选择最上方代表 K 线周期的选项即可实现快速切换,如图 1-11 所示。

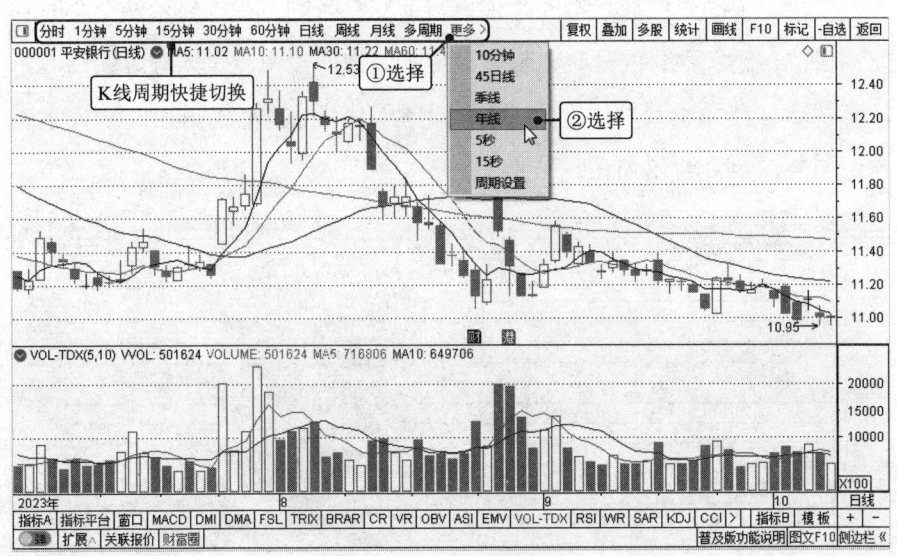

图 1-11　K 线周期切换

在周期切换菜单栏中,短的有 1 分钟 K 线、5 分钟 K 线等,长的有周线、月线等,可以满足大部分投资者的需求。当然,如果投资者找不到自己想要切换的周期,可选择右侧的"更多"选项,在下拉菜单中选择对应的周期，或者选择"周期设置"选项进行进一步设置即可。

注意，这里切换的是每一根K线代表的周期。一般来说，炒股软件中的默认K线周期为"日"，即一根K线代表一个交易日。如果投资者将其切换为1分钟K线，那么一根K线代表的就是一分钟内的交易情况；如果投资者将其切换为月线，那么一根K线代表的就是个股一个月的交易情况。

（2）分时图中的周期调整

分时图其实就相当于1分钟K线图，只是表现形式是曲线，而不是连续的K线。而在时间周期已经如此短的分时图中，投资者依旧可以细化走势。不过分时走势的周期不像K线走势那样丰富，它只有两种切换方式：一是早盘、午盘分段显示，二是闪电图。

早盘、午盘分段显示指的是根据当前交易时间，单独显示两个小时的交易情况，比起整日的分时走势来说更加细致。投资者进入分时图后右击任意位置，在弹出菜单中选择"分段走势切换"选项或直接按【Tab】键即可切换，如图1-12所示。

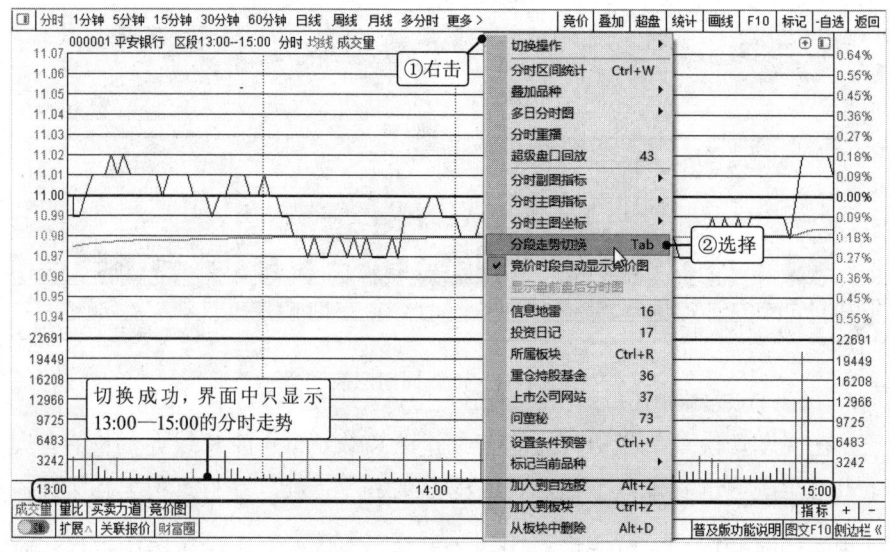

图1-12 分时分段周期切换

如果当前的交易时间在早间，那么按照上述方式切换出来的就是9:30—11:30 的分时走势。若投资者想回到原有展示界面，按照同样的操作步骤切换即可。

闪电图展示的是每一笔成交价格的变化情况，也就是说，每一笔成交单都会在闪电图中留下一个点，可见其包含的信息量之大。也正因如此，将常规分时走势切换为闪电图后，投资者将无法调出原有的分笔、分钟和数值窗口，毕竟所有的信息都已经包含在闪电图中了。

不过，很多投资者根本没有必要，也没有精力和时间去观察每一笔成交价格的变化，因此，闪电图在实际操作过程中基本上是用不到的，偶有使用也多是用于细化股价线走势，方便观察整体情况，所以，投资者只需要了解其切换方式即可。

投资者进入分时图后，右击任意位置，在弹出的菜单中选择"切换操作"选项，在子菜单中选择"进入闪电走势图"选项，或者直接按【F8】键即可切换，如图 1-13 所示。

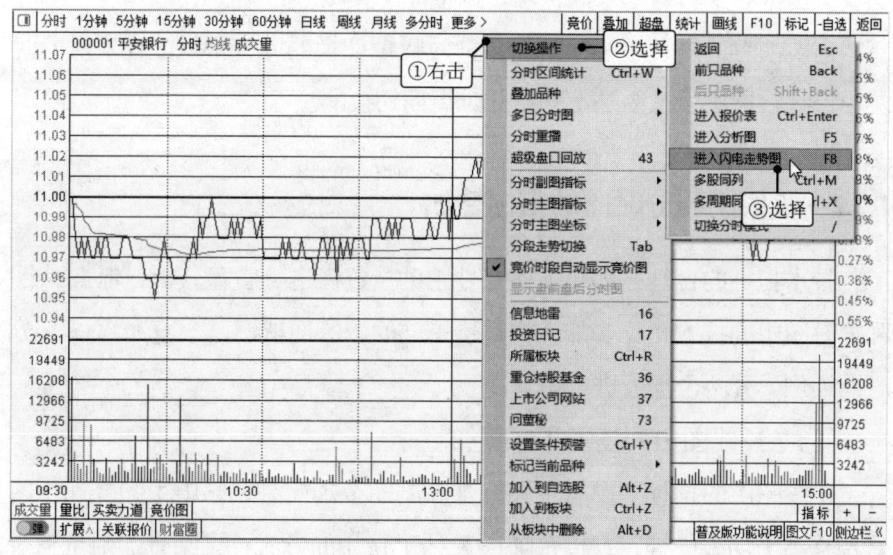

图 1-13　分时闪电图切换

切换成功后，分时闪电图就会变成图 1-14 中展示的那样。

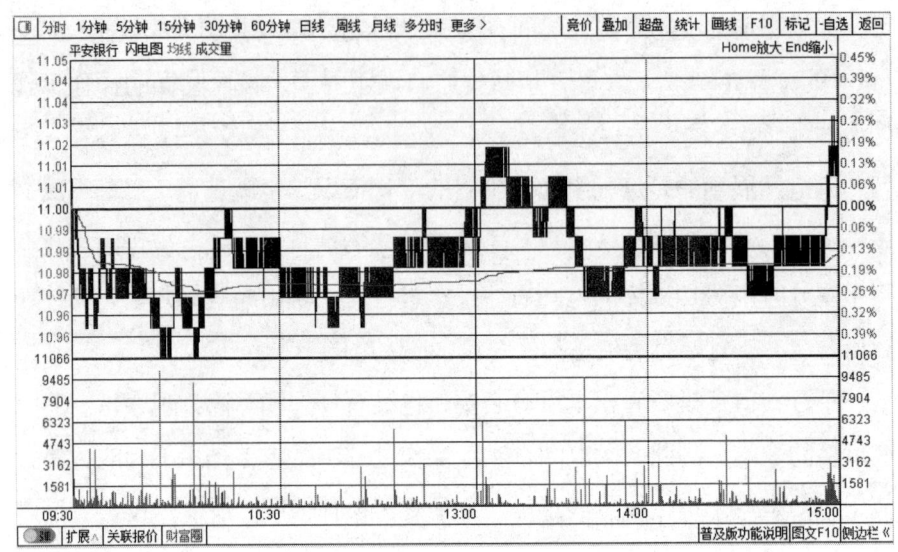

图 1-14　切换成功的分时闪电图

由于数据量十分庞大,原本清晰的分时走势已经变成了密集震荡的折线图。投资者可按【Home】键放大,按【End】键缩小,以细致观察每一笔成交价格。要回到原来的状态,按【F8】键即可。

需要注意的是,上述所有关于分时周期切换的内容都只能在实时分时图中进行,历史分时图是不支持分时周期切换的。

1.2.2　K 线图与分时图的指标叠加

技术指标的合理叠加也能很好地帮助投资者进行看盘分析,但 K 线图和分时图中的技术指标叠加方式是不一样的。下面依旧以个股 K 线图和分时图为例,分两个部分进行讲解。

（1）K 线图中的技术指标叠加

K 线图中的指标主要有主图叠加和副图叠加两种,其中主图叠加指的是像移动平均线一样,直接叠加在 K 线上使用的方式;副图叠加则是指在 K 线界面下方单独开一个指标窗口放置指标的方式。

每种技术指标的特性有所不同,因此,有的可以进行主图叠加,有的

第 1 章 初步认知盘口信息

只能被限制在副图窗口中使用。一般来说,能够叠加在主图上的都是趋势性指标或均线型指标,具体的指标种类在炒股软件上会有明确显示。

首先,投资者进入 K 线图中右击任意位置,在弹出菜单中选择"主图指标"选项,在右侧下拉菜单栏中选择"选择主图指标"选项,调出"请选择主图指标"窗口如图 1-15(上)所示。

其次,鼠标光标移动到弹出的"请选择主图指标"窗口左侧,滚动鼠标滚轮,选择目标指标选项,右侧会显示出对该指标的简述,确定指标后,投资者单击右下方的"确定"按钮即可完成设置,如图 1-15(下)所示,或者投资者直接双击指标选项,也可以快捷完成设置。

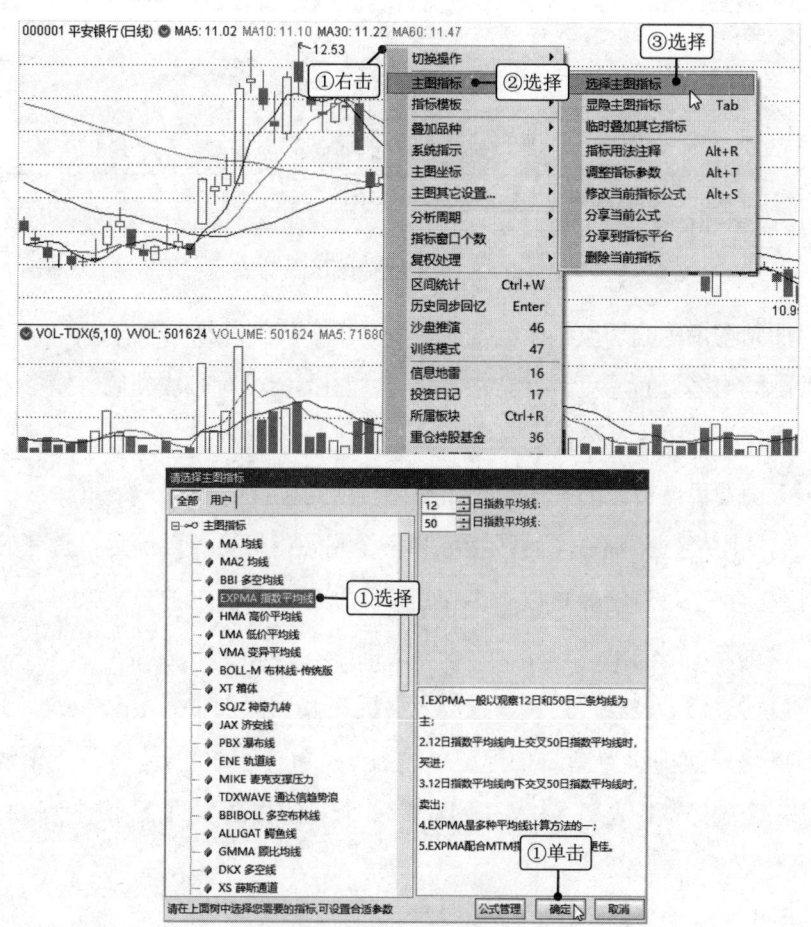

图 1-15　主图指标选择

除此之外，回到 K 线图中，投资者还可以通过下方的指标菜单栏进行主图指标设置。在默认的指标菜单栏中显示的都是"指标 A"类别，即副图指标，要快捷设置主图指标，投资者首先需要选择指标菜单栏右侧的"指标 B"选项，将指标菜单栏切换到"指标 B"，也就是主图指标类别，然后在"指标 B"菜单栏中选择对应指标即可，如图 1-16 所示。

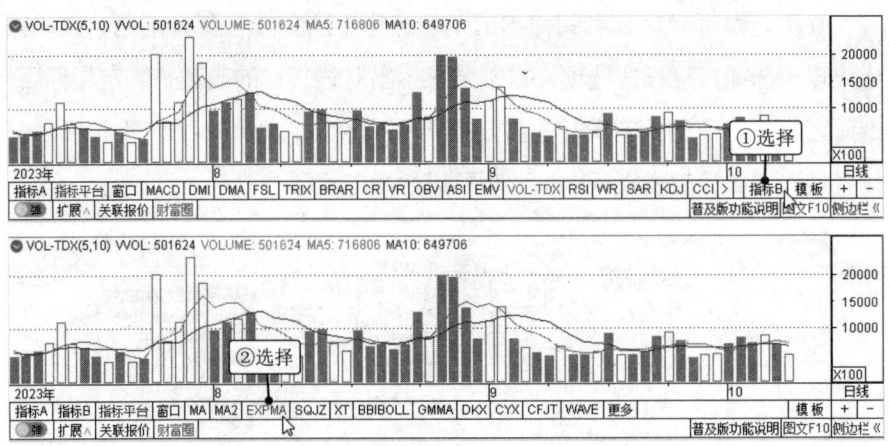

图 1-16　另一种主图指标设置方式

而副图指标的切换和设置就主要依靠指标菜单栏及菜单栏右侧的">"选项中的更多设置了。具体方法与上述主图指标设置方法类似，投资者可自行操作，这里不再赘述。

下面要重点介绍的是多个副图指标窗口的设置。

有些时候，单靠一个主图指标和一个副图指标不足以满足投资者的看盘需求，那么投资者就可以考虑使用多个副图指标叠加的方式来丰富信息量。设置方法很简单，只需要依靠快捷键。

以通达信炒股软件为例，投资者直接在 K 线界面中按【Alt+ 数字】组合键就可以快捷设置副图指标窗口的数量。如【Alt+2】是指一个 K 线界面和一个副图指标窗口，【Alt+3】是指一个 K 线界面和两个副图指标窗口，以此类推。

至于每一个窗口中指标的设置，投资者只需要单击想要设置的窗口，确定选中后再通过指标菜单栏进行设置即可。

图1-17为主图指标和两个副图指标设置成功的个股K线界面。

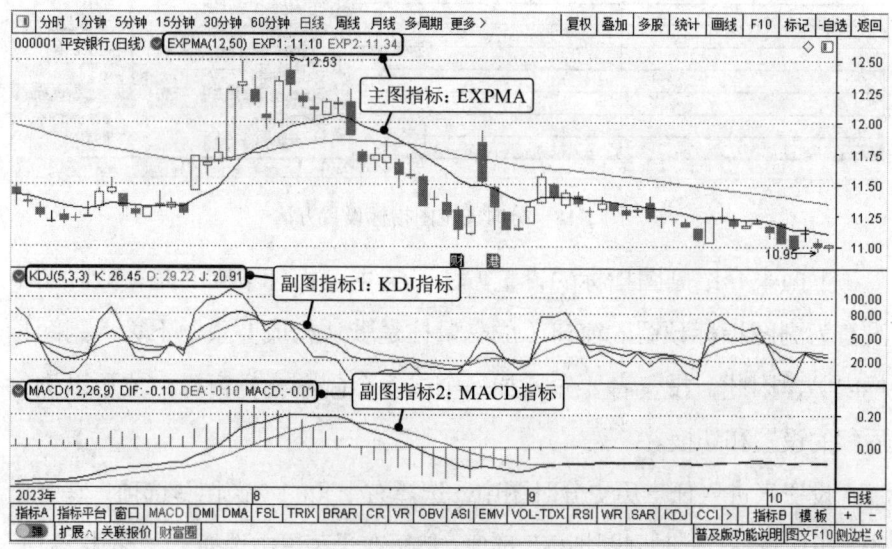

图1-17　主图指标与副图指标都切换后的K线界面

（2）分时图中的技术指标叠加

在分时图中，同样存在主图指标和副图指标两种叠加方式，并且实时分时图和历史分时图中都能够使用。

下面就以历史分时图为例，展示分时图的两种指标叠加方式的设置。

分时图中的主图指标叠加方式与K线图中的十分类似，只是前面的几个操作步骤有所差别。投资者进入任意历史分时图中，选择右下角的"操作"选项，在弹出的菜单中选择"分时主图指标"选项，在子菜单中选择"选择主图指标"选项，就可以调出"请选择主图指标"窗口，如图1-18所示，后续的操作就和K线图中的一样了。

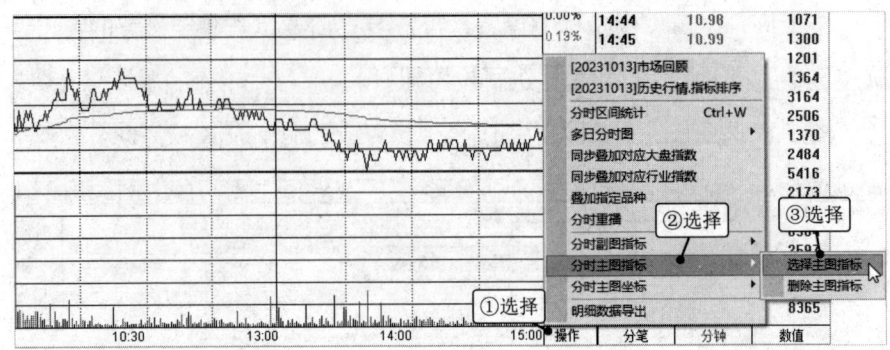

图 1-18　分时图主图指标设置方法

下面来介绍副图指标的设置方法。与主图指标不同的是，分时图中没有为副图指标预留的窗口（成交量柱是默认构成要素，不算入副图指标内），因此，投资者要先增加一个或多个副图指标窗口，才可以进行后续的设置和切换。

投资者进入任意历史分时图中，选择右下角的"操作"选项，在弹出的菜单中选择"分时副图指标"选项，然后在子菜单中选择"1 个指标窗口"命令（想观察多指标就选择对应数量的指标窗口选项）即可调出一个副图指标窗口，如图 1-19（左）所示。

要切换副图指标，投资者只需要右击副图指标窗口中的任意位置，弹出的菜单中会显示一些常用指标，单击即可切换，如图 1-19（右）所示。若投资者想选择其他指标，还可以单击左侧的"选择分时指标"选项，寻找更多技术指标投入使用。

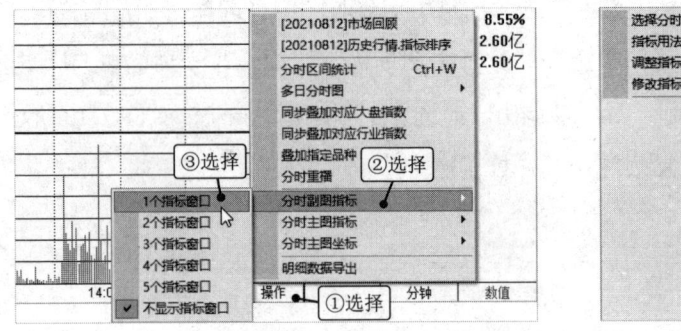

图 1-19　分时图副图指标设置方法

图 1-20 为主图指标和一个副图指标设置成功的个股分时界面。

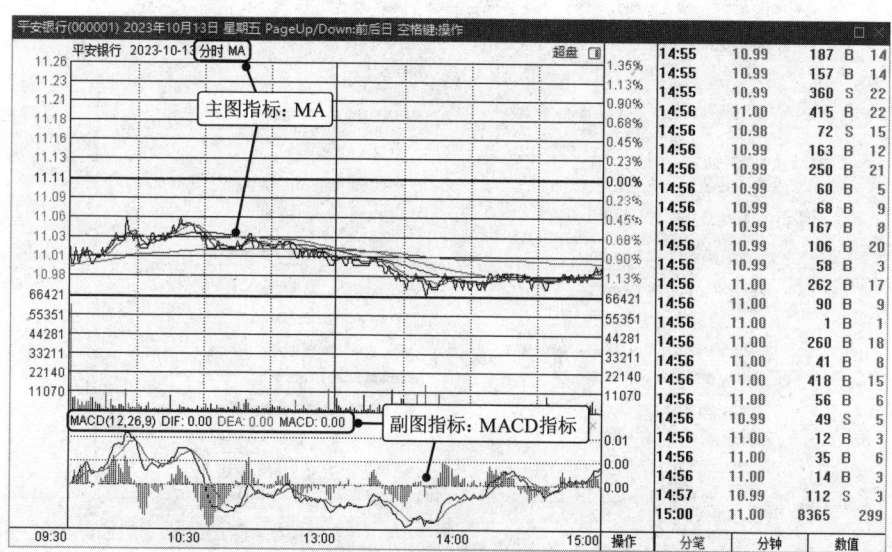

图 1-20　主图指标与副图指标都切换后的分时界面

拓展知识　*K 线图与分时图在指标设置上的差别*

　　需要注意的是，在 K 线图中，默认叠加在 K 线上的主图指标移动平均线和默认显示在 K 线界面下方的副图指标成交量都是可以进行替换和显隐的。也就是说，投资者按照本节所述的方法切换 K 线图中的主图指标，会将原本的均线指标替换为新指标。副图指标也是一样，除非投资者新增指标窗口。

　　但分时图不一样，均价线和成交量柱都是分时界面的固定构成要素，投资者无论是设置主图指标还是副图指标都不会对它们造成影响。也就是说，若投资者选择了主图指标，它就会直接叠加在股价线和均价线之上，而不会替换掉均价线。成交量柱也是一样的，副图指标窗口会显示在成交量窗口之下，而不会将其替换。

　　正因如此，在分时图中叠加主图指标可能会导致股价线和均价线显示不清晰，反而会影响投资者看盘。所以，大部分时候投资者只需要在分时图中叠加副图指标即可，最好不要叠加主图指标，即便要叠加，也最好先将均价线取消。方法很简单，投资者在 K 线界面中按【Ctrl+D】组合键，在弹出的"系统设置"窗口中选择上方选项卡中的"设置 4"选项，然后取消左下侧的"分时图显示均线"复选框，单击右侧的"确定"按钮即可删除分时图中的均价线，如图 1-21 所示。

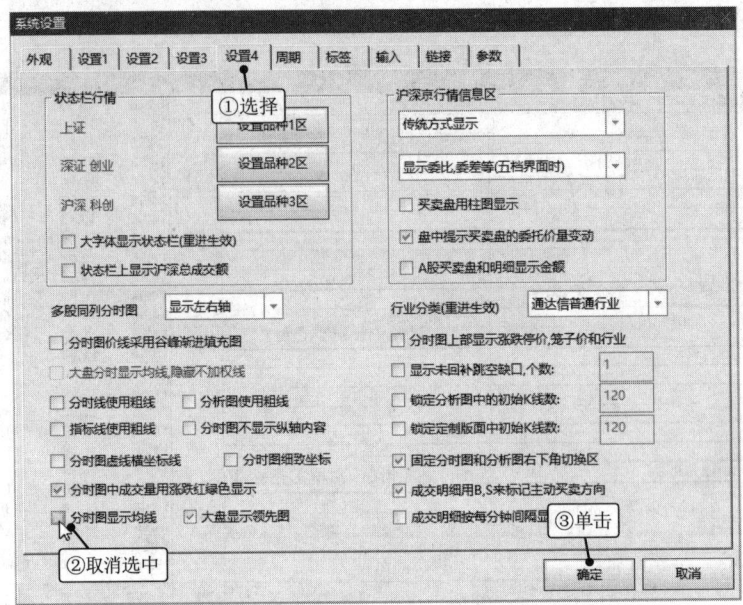

图 1-21　分时图取消均价线的方法

1.2.3　数据窗口的调整与显隐

数据窗口的调整与显隐也是需要投资者掌握的一项能力，毕竟干净整洁的或是符合个人习惯的看盘窗口能够在很大程度上影响投资者对盘口信息的吸收和消化。

在前面的内容中投资者了解到，无论是个股还是大盘指数，K线图中默认显示的都是K线窗口、数据窗口和基本面信息窗口三个部分。有些投资者可能确实需要三窗口同步显示并分析，但一些专注于分析技术形态的投资者可能就不希望有多余的窗口来挤占K线的位置。因此，投资者就需要知道如何快捷显隐另外两个窗口。

具体方法有三种，下面根据图 1-12 中标注的内容来逐一学习。

从图 1-22 中可以看到，隐藏右侧窗口的第一种方法是单击K线窗口右上角的"显隐行情信息"按钮。单击一次只隐藏基本面信息窗口，单击两次（非双击）可以将两个窗口全都隐藏。

第 1 章　初步认知盘口信息

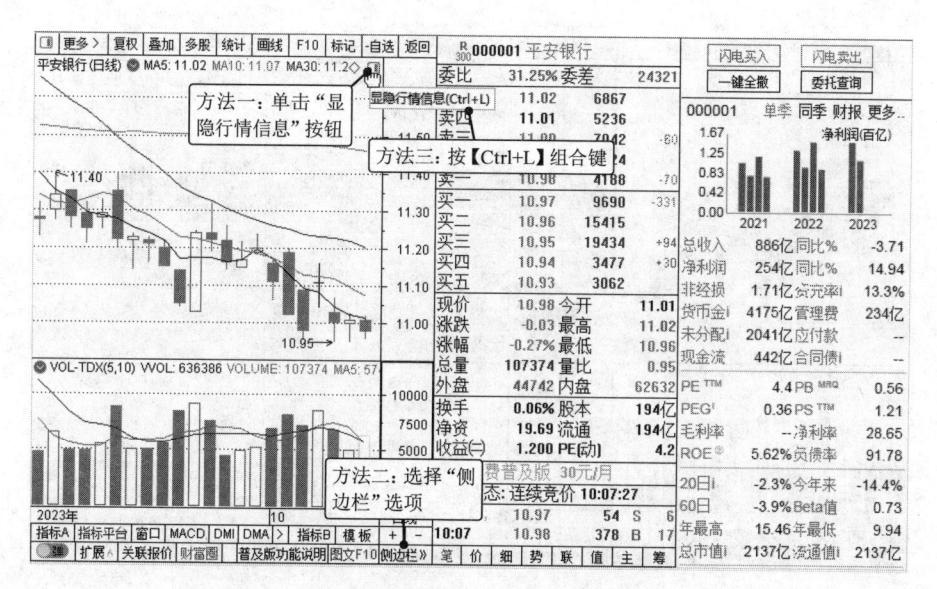

图 1-22　显隐 K 线界面窗口的方法

　　第二种方法则是选择下方功能菜单栏右侧的"侧边栏"选项，可隐藏基本面信息窗口，但不可隐藏数据窗口。

　　第三种方法是按【Ctrl+L】组合键，效果和方法一一样，单击一次只隐藏基本面信息窗口，单击两次可以将两个窗口全都隐藏。

　　若投资者想恢复到三窗口同时显示的状态，只需要反方向操作即可。

　　实时分时图和 K 线图中的窗口显隐调整方法一致，历史分时图中则只有分时窗口右上角的"显隐行情信息"按钮可以调整。不过因为历史分时图中只有一个数据窗口，因此，投资者只需要单击一次即可，方法与 K 线图中的一样，这里就不再截图展示了。

　　除了窗口显隐外，窗口的大小（或宽度）也是可以调节的。在 K 线图或实时分时图中，投资者将鼠标光标移动到窗口分界线上，待鼠标光标显示为横向双箭头时就可以按住鼠标左键不放，然后左右移动鼠标光标，移动到预期位置后松开鼠标左键即可调整窗口的宽度，如图 1-23 所示。

　　K 线图中的副图指标窗口也可以按照同样的方式来调节，只不过副图指标窗口调节的是高度，投资者需要进行上下拖动。

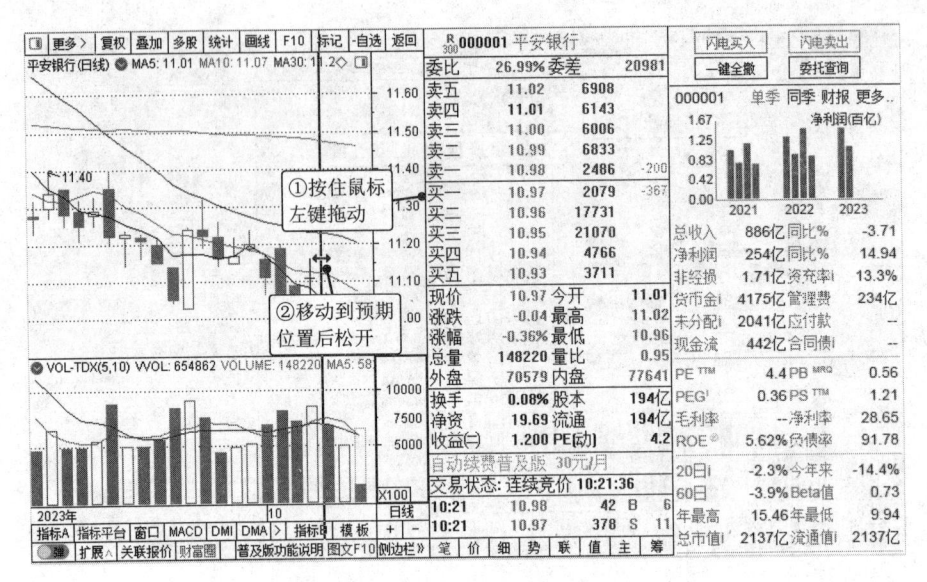

图 1-23　调整 K 线界面窗口的方法

历史分时图也可以通过同样的方式来调整数据窗口宽度，但副图指标窗口的高度不支持调整，投资者需要注意。

拓展知识　关于案例中炒股软件窗口时间轴显示问题的说明

　　本书会涉及大量案例的解析，关于案例截图中 K 线图下方的时间轴显示的问题，这里提前做一个大致说明。

　　一般情况下，炒股软件窗口大小发生调整或对 K 线图进行缩放时，都会造成软件底部的时间轴发生相应的变化，所以，书中的案例截图可能存在时间轴上显示的起止日期与分析内容描述的起止日期不一致，或案例截图中的时间间隔不是很连续的情况。这是软件自身原因造成的，本着客观陈述的原则，为了让读者能够更准确地查阅，本书在进行分析时仍然以实际 K 线走势的起止日期为准进行描述。

　　除此之外，中国沪深股市的交易时间为每周一到周五，周六周日及国家规定的其他法定节假日不交易，所以，炒股软件中的 K 线图时间轴仅显示交易日。

第 2 章

短线盘口信息应用

盘口信息的应用主要集中在一些重要的盘口衍生数据上,以及投资者如何利用各种盘面进行分析研判,辅助作出恰当的短线决策。本章就针对一些常见的看盘方法及关键盘口核心概念进行详细的短线应用解析。

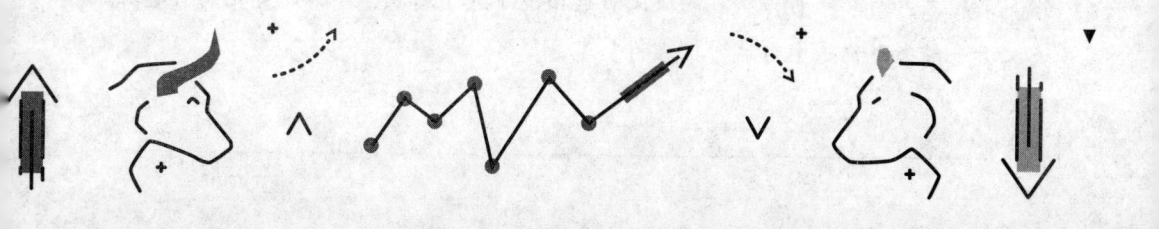

2.1 常见的短线看盘方法

短线投资具有资金流速快、买卖间隔时间短及受震荡影响较小等特性，因此，能够使用的看盘方法非常多。有些看盘方法即便是在中长线分析中常用的，也能够为短线投资提供有关趋势方面的参考。下面来进行逐一解析。

2.1.1 从外到内逐步分析

从外到内的看盘方法简单来说就是先观察 K 线走势，确定可以进行短线操作的范围后再进入分时图中寻找更具体的买卖位置。

这种看盘方法属于最基础的，也是短线操盘不可忽略的操作步骤。而如何确定 K 线走势，又要在何时进入分时图确定买卖点，就是投资者需要深入钻研的了。更具体的研判方法将会在第 3 章和第 4 章中讲到，本节就先针对这种看盘方法进行简单的介绍。

下面来看一个具体的案例。

实例分析

强瑞技术（301128）从外到内的看盘分析

图 2-1 为强瑞技术 2023 年 3 月至 5 月的 K 线图。

从强瑞技术的这段走势中可以发现，该股在 2023 年 3 月处于弱势下跌的过程中，虽然跌速并不快，但无论是持续下行的 K 线还是量能偏低的成交量都显示出市场交投冷淡。在此期间，短线投资者就不可以轻易介入，以免被套。

等到下跌靠近 28.00 元价位线后，股价开始横向震荡，并于 4 月中旬下探，创出 28.20 元的阶段新低。不过在此之后一周左右的时间内，股价依旧在低位窄幅震荡，仅表现出企稳迹象，拉升时机还未到来。

4 月 20 日，股价突然大幅拉升并收出了一根阳线，实体相较于前期明显增大。与此同时，下方的成交量也出现了急速增长，而如此突兀的放量拉升一般来说都是主力注资推涨的表现。

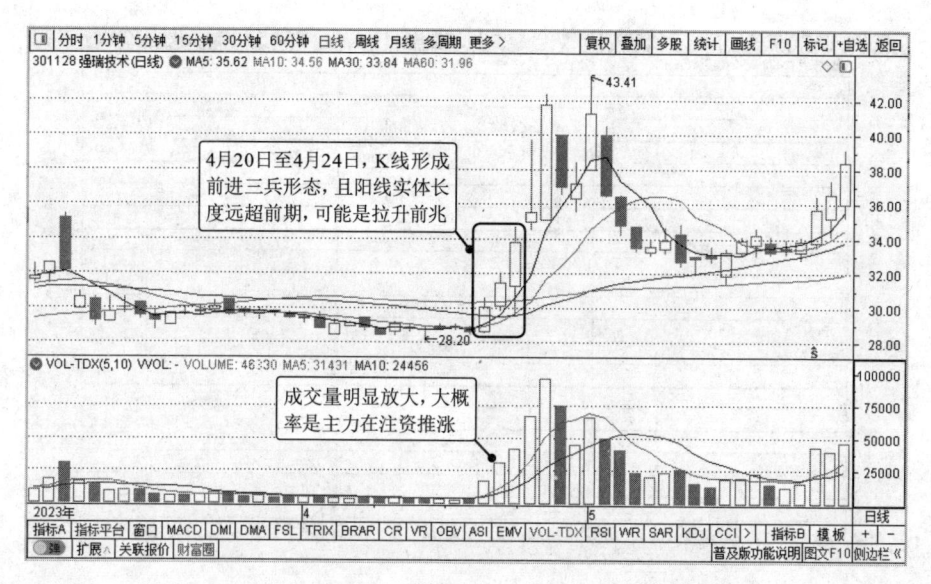

图 2-1　强瑞技术 2023 年 3 月至 5 月的 K 线图

继续来看后面的走势。在 4 月 20 日开启拉升之后的两个交易日，K 线持续收阳上涨，并且阳线实体越发拉长，直至 4 月 24 日，股价彻底突破到中长期均线之上，表现出明显的上涨迹象。

从 K 线表现来看，4 月 20 日至 4 月 24 日的三根阳线构成了 K 线看涨形态中的前进三兵，买进信号十分明显。从成交量来看，连续放大的量能配合推涨股价，形成的是量增价涨的形态，进一步证实了买进信号的有效性。而从分时走势来看，投资者又会有怎样的收获呢？

图 2-2 为强瑞技术 2023 年 4 月 20 日至 4 月 24 日的分时图。

先来看 4 月 20 日的分时走势，从图 2-2 中可以发现，该股在早间开盘后的很长一段时间内都在均价线之下运行，成交量也相对低迷，看似与前期的低位震荡走势别无二致。不过在临近早间收盘时，成交量突然形成了连续、集中的放量，成功将股价快速推高，直至突破到 29.65 元价位线附近。下午时段开盘后股价更是接连上升，在创出当日最高价 30.66 元后小幅回落，随后长期高位震荡，最终以 30.07 元的价格收出一根大阳线。在 K 线图中，这根大阳线是股价即将拉升上涨的标志，对于短线投资者来说自然也是很好的跟进机会。

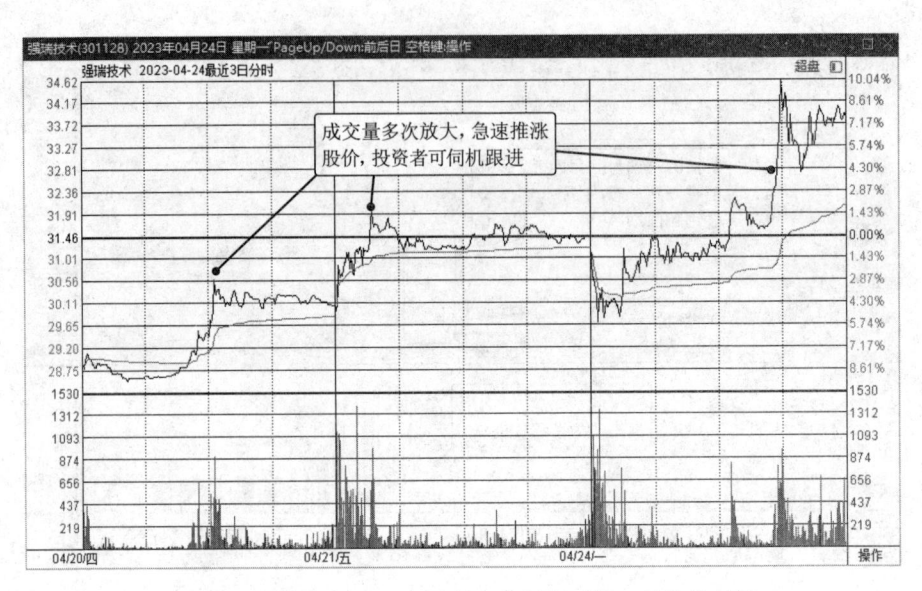

图 2-2　强瑞技术 2023 年 4 月 20 日至 4 月 24 日的分时图

在后续的两个交易日中，股价基本都是在临近前日收盘价的位置开盘的，开盘后走势虽有所差别，但盘中都出现了成交量集中放量大幅拉升股价的走势。越到后期股价上涨的速度越快，在 4 月 24 日临近尾盘时，股价最高已经达到了涨停。

如此迅猛的涨势已很好地证明了当前市场助涨的积极性，再加上 K 线图中连续放大的成交量，买盘的注资力度也足够支撑股价后市的持续上扬。因此，短线投资者就可以在这三个交易日中伺机跟进，抓住短线黑马。

拓展知识　*如何设置多日分时图*

上述案例使用了多日分时图的展示方式，投资者也可以看出其实用性较强。那么投资者要如何设置多日分时图呢？主要有两种方式。

①进入任意历史分时图中，单击右下角的"操作"选项卡，在弹出的菜单中选择"多日分时图"选项，然后在子菜单中选择对应的多日分时图设置就可以了，如图 2-3 所示。

②直接在分时图中按【Ctrl+数字】组合键进行设置，比如想设置两日分时图就按【Ctrl+2】组合键，以此类推，在实时分时图中也可以这样操作。

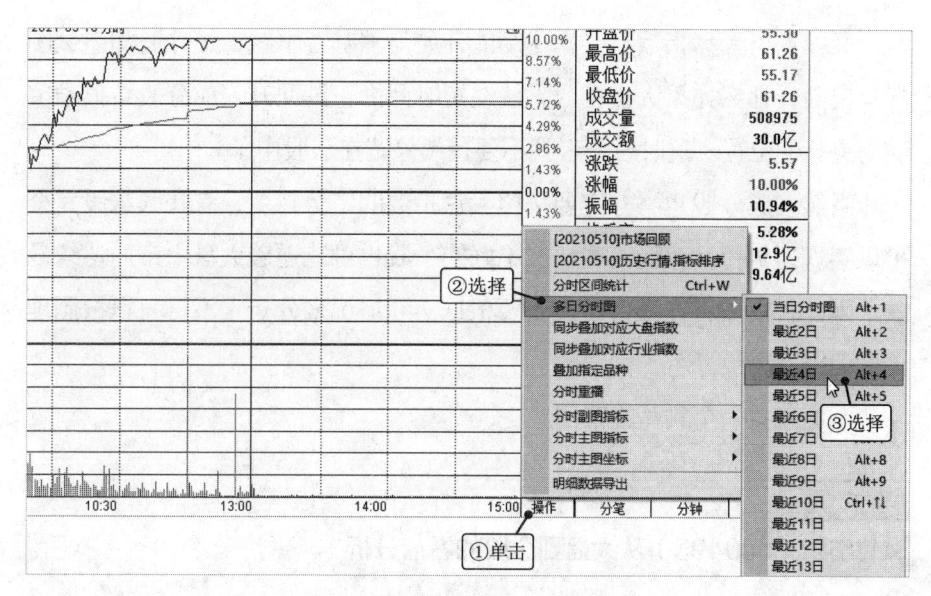

图 2-3　设置多日分时图的步骤

2.1.2　从大盘到个股进行观察

　　大盘指数与其成分股之间的关系十分紧密。自下而上来看，大盘指数是由成分股价格经过汇总、加权后计算得出，因此，个股的涨跌情况会直接影响到大盘指数的波动；自上而下来看，大盘指数的走势又会在很大程度上左右市场中投资者的态度，进而对成分股中买卖盘的挂单力度造成影响，最终改变股价走向。

　　在这种紧密联系的作用下，大盘指数和大部分成分股的走势在整体来看都是近似的。当大盘指数走牛时，成分股大概率也出现了上涨走势；反之，成分股也可能很快转入下跌。

　　除了这种配合涨跌的走势之外，大盘指数还可能与成分股的走势之间形成背离。比如当大盘指数低点下移时，成分股价格却出现了上涨，那么如果大盘指数很快能够转势上涨，成分股的涨势可能会更加稳定或迅猛。这时，短线投资者就可以尝试着买进该成分股。

又如，当大盘指数已经竭尽动能开始滞涨甚至下跌，成分股却还试图向上突破，那么如果大盘指数无法在短时间内止跌回升，成分股将很难突破到更高的位置。这时投资者就不要持续停留在该股中了。

当然，成分股也不一定要按照大盘指数的走势转变，有些强势股完全可以实现逆势拉升，而一些状况不好的个股也可能逆着大盘牛市而持续暴跌。因此，投资者在操作时还是要根据实际情况来分析，不可盲目按照理论知识进行决策。

下面来看一个具体的案例。

实例分析
凤竹纺织（600493）从大盘到个股的看盘分析

图2-4为凤竹纺织2022年8月至2023年3月的K线图。

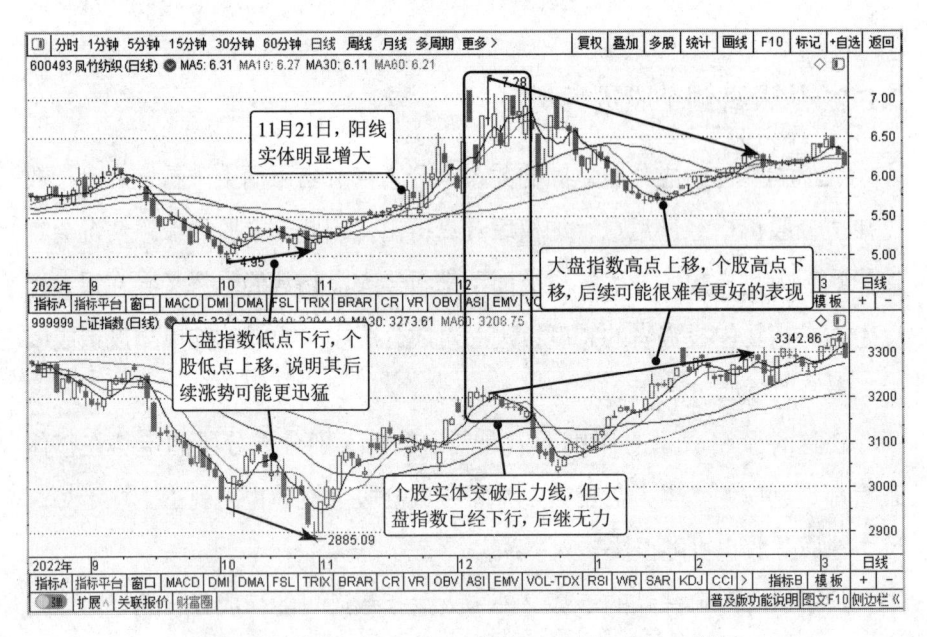

图2-4　凤竹纺织2022年8月至2023年3月的K线图

图2-4中展示的是上证指数（界面下方）和成分股凤竹纺织（界面上方）的走势。整体来看，二者的走势十分相近，大幅上涨和明显下跌的阶段基本都是契合的，但仔细观察就能发现二者之间的差别。

2022年10月初，大盘指数下跌到了3000点下方，在此企稳后形成了小幅的反弹。同一时刻，凤竹纺织的股价也跌到了5.00元价位线附近，企稳后随着大盘指数同步反弹。

几个交易日后，大盘指数和个股都结束了短线的上涨，大盘指数回归下跌趋势之中，下一个低点形成于2900点附近，低点明显下移。但观察凤竹纺织的股价走势可以发现，该股虽然也出现了下跌，但当大盘指数止跌时，该股却停在了5.00元价位线之上，低点是上移的。也就是说，凤竹纺织的股价走势与大盘指数之间形成了背离。

根据后市的走势来看，大盘指数在止跌后很快出现了再次的反弹，并且拉升幅度和速度相较于前期有所增长。当其突破30日均线时，说明上证指数很可能即将进入一段上涨之中。那么此时来回顾凤竹纺织的逆势上行，投资者就可以大致判断出该股后市可能会比上证指数表现得更好。

事实也确实如此，该股在上证指数拉升的过程中也出现了积极、稳定的上涨走势。尽管股价涨速不快，但持续性很好，K线几乎一直保持着收阳上升的态势，并连续突破了两条中长期均线的压制。对于短线投资者来说，这段时间的上涨是很好的介入机会。

11月21日，凤竹纺织的涨速实现了大幅突破，K线收出了一根实体明显拉长的大阳线，一举拉升到了接近6.00元价位线的位置。而在当日的分时走势中，成交量也有明显的异动。

图2-5为凤竹纺织2022年11月18日和11月21日的分时图。

11月18日是股价迅猛拉升的前一个交易日，从图2-5中可以看到，股价线的走势趋于横盘震荡，并且单根成交量柱，也就是每分钟的成交数量在整个交易日中基本都没有超过1 500手的，对于短线投资者来说没有太大参考价值。

但将其与11月21日中的成交量进行对比，投资者就会明显发觉在拉升当日早间开盘几分钟后，成交量的活跃度就提高了不少，股价也开始上涨。

十几分钟后，市场中的量能更是大幅拉升，形成了井喷式的放大，每分钟的成交数量最高甚至已经接近了15 000手，相较于前日来说放大了近十倍。股价更是在其推动下直线拉升，短短几分钟内就从前日收盘价附近冲到了 5.90 元价位线之上。

很显然，这样的异动状态大概率是主力造成的，放到外部凤竹纺织突破中长期均线后涨势稍显疲乏的位置，就很可能是股价重新开始拉升的标志，对于短线投资者来说也是一个很好的投资机会。

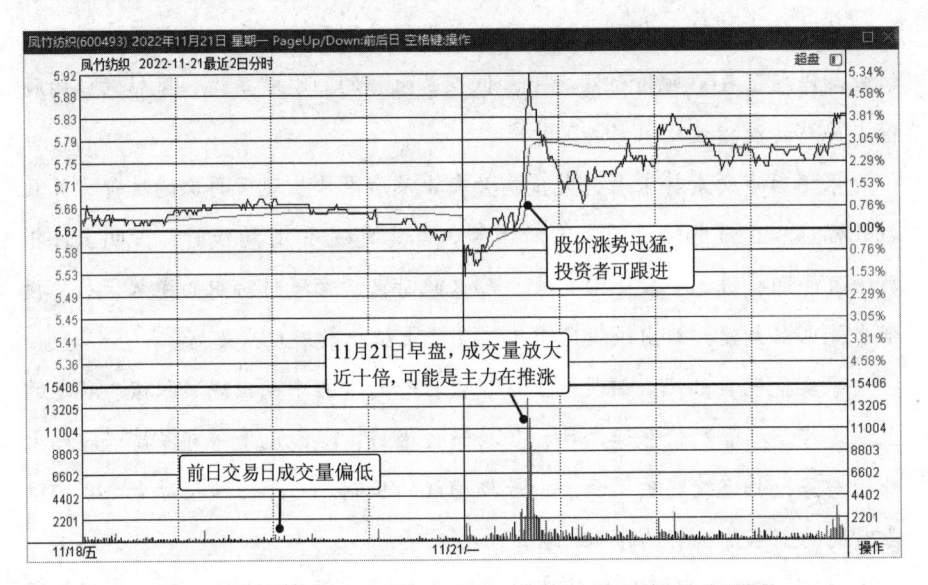

图 2-5　凤竹纺织 2022 年 11 月 18 日和 11 月 21 日的分时图

回到 K 线图中继续分析，凤竹纺织和上证指数在后续半个多月的时间内都维持着震荡上涨的走势，短线投资者也可以保持持股。

但到了 12 月初，上证指数率先出现了明显的滞涨走势，凤竹纺织虽然也没有继续上涨了，但从 K 线的大幅度震荡可以看出市场依旧在积极助推，试图将价格拉升到更高的位置。

数日之后，大盘指数转向下跌，宣告此次短暂上涨的结束。而凤竹纺织的股价此时还在挣扎，反复上探试图完成突破，但大盘指数对市场的影响终究开始发挥作用，在 12 月中旬之后，该股也无奈转入了下跌。这时的市场走势已经十分清晰了，短线投资者最好不要再继续停留。

12 月下旬，上证指数已经跌到了 3000 点左右，在此止跌后反转回升。

反观凤竹纺织，发现该股还在震荡下跌，明显又是逆势而行。

结合前期走势来看，这种逆势可能就意味着该股前期消耗了太多买盘资金，等到大盘指数重拾升势时，个股市场却不足以支撑价格再度快速拉升了。因此，该股后续的表现可能会不尽如人意，短线投资者最好在撤离后保持观望。

一直到2023年1月中旬，凤竹纺织的股价才终于出现了企稳反转的走势，但不久之后大盘指数又开始滞涨震荡，对该股的持续拉升造成了不利影响。所以，凤竹纺织在上涨至6.25元价位线附近后就受阻滞涨了，高点相较于前期明显下移，与上证指数高点上移的走势形成了背离，已经买进的短线投资者此时要注意及时撤离。

2.1.3 看机构投资者持仓情况

机构投资者是指用自有资金或从分散的公众手中筹集的资金，专门进行有价证券投资活动的法人机构，一般具有投资资金量大、收集和分析信息的能力强等特点。按照机构投资者主体性质的不同，可以将其划分为企业法人、金融机构、政府及其他机构等。常见的机构投资者有保险公司、养老基金和投资基金、证券公司、银行等。

一般来说，主力都属于机构投资者，但机构投资者并不一定都是主力。有些机构投资者只是通过投资股票来进行资产增值，或者增加持股比重，提高对上市公司的控股程度等。

这些机构投资者对股价波动背后信息的知悉渠道要比普通投资者多得多，专业度也更上一层楼。因此，当他们的持仓发生明显变动时，可能意味着股价会发生相应的变化，对于短线投资者来说也是一种警示。

不过很多机构投资者的持仓情况并不会向外公开，比如保险公司、银行等，投资者从这些机构入手显然是行不通的。但基金就不一样了，作为向公众或特定对象募集资金后上市流通的理财产品，基金需要定期公布持仓情况，这就为投资者带来了便利。

基金的持仓一般通过季度或年度报告公布，具体有以下规定。

- 每季度的结束之日起 15 个工作日内，基金季度报告需要在指定报刊和管理人网站上进行披露。
- 在上半年结束之日起 60 个工作日内，基金管理人需要在指定报刊上披露半年度报告摘要，在管理人网站上披露半年度报告全文。
- 每年结束之日起 90 个工作日内，基金管理人需要在指定报刊上披露年度报告摘要，在管理人网站上披露年度报告全文。

基金的每季度前十大股票持仓会在季度报告中披露，并在各个基金网站进行同步更新（比如天天基金网和蚂蚁财富），方便投资者查看。

注意，市面上的基金种类很多，投资者需要挑选与股票投资有关的基金进行观察，尤其是其中的绩优基金，看这些基金重点投资哪些个股。当然，这是从基金持股报告中选股的方式。如果投资者已经有了心仪的个股，就可以通过该股的重仓持股基金信息来查看有哪些基金重点投资了该股。

具体方法为右击个股 K 线界面的任意位置，在弹出的菜单中选择"重仓持股基金"选项，即可在弹出的窗口中查看重仓持有该股的基金。图 2-6 展示的是截至 2023 年 6 月 30 日重仓持有金龙鱼（300999）的基金。

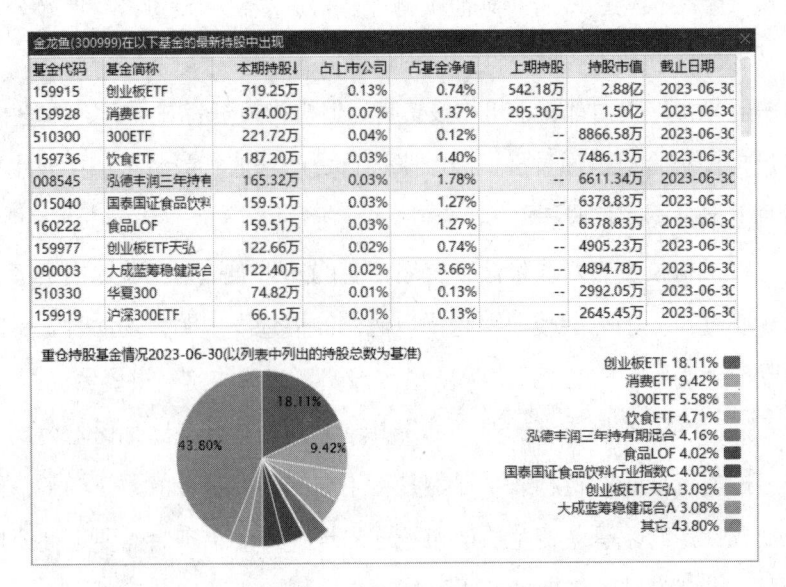

基金代码	基金简称	本期持股	占上市公司	占基金净值	上期持股	持股市值	截止日期
159915	创业板ETF	719.25万	0.13%	0.74%	542.18万	2.88亿	2023-06-30
159928	消费ETF	374.00万	0.07%	1.37%	295.30万	1.50亿	2023-06-30
510300	300ETF	221.72万	0.04%	0.12%	--	8866.58万	2023-06-30
159736	饮食ETF	187.20万	0.03%	1.40%	--	7486.13万	2023-06-30
008545	弘德丰润三年持有	165.32万	0.03%	1.78%	--	6611.34万	2023-06-30
015040	国泰国证食品饮料	159.51万	0.03%	1.27%	--	6378.83万	2023-06-30
160222	食品LOF	159.51万	0.03%	1.27%	--	6378.83万	2023-06-30
159977	创业板ETF天弘	122.66万	0.02%	0.74%	--	4905.23万	2023-06-30
090003	大成蓝筹稳健混合	122.40万	0.02%	3.66%	--	4894.78万	2023-06-30
510330	华夏300	74.82万	0.01%	0.13%	--	2992.05万	2023-06-30
159919	沪深300ETF	66.15万	0.01%	0.13%	--	2645.45万	2023-06-30

图 2-6 重仓持有金龙鱼的基金

投资者选择上方任意一栏，即可在原有看盘界面中查看该基金的运行情况及其详细信息，图 2-7 为本期持有金龙鱼股票数量排名第五的泓德丰润三年持有期混合（008545）的基金走势及信息窗口。

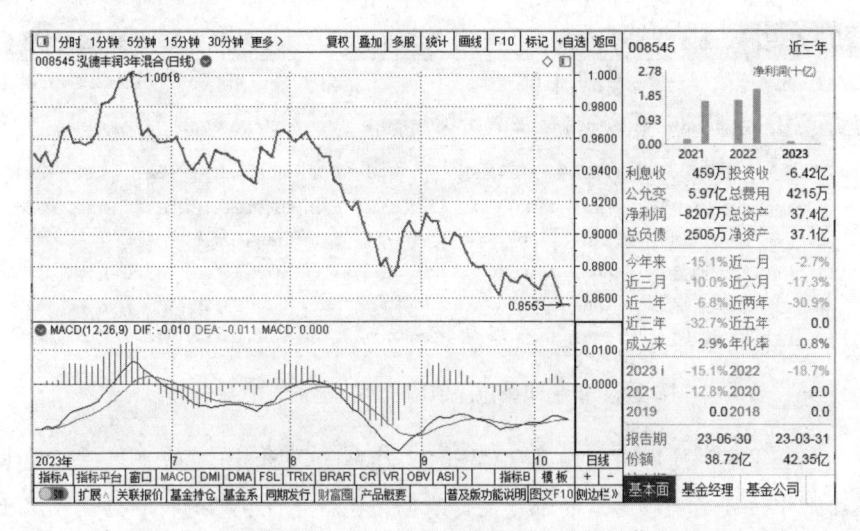

图 2-7　泓德丰润三年持有期混合的基金走势及信息窗口

通过这样的方式，投资者固然能查看重仓投资个股的基金持股情况，从而大致判断该股后市的走向，但这样很难筛选出优质基金。

比如图 2-7 中展示的泓德丰润三年持有期混合的基金走势，虽截至 2023 年 6 月 30 日持有金龙鱼股票 165.32 万股，高居重仓持股基金第五位，但其信息窗口中一片绿色，同类排名更是跌出了 7000 以外。这样在市面上籍籍无名的基金，其持股变动情况很难为投资者提供十分有效的信息。

因此，这里还是建议投资者采用自上而下的看盘方法，即通过绩优基金的持股变动情况判断个股的未来动向，然后再进入其中寻找操作时机。

下面来看一个具体的案例。

实例分析

根据泰信行业精选混合 A（290012）持股情况分析

投资者在寻找绩优基金时可以通过基金排行榜中各个周期的单位净值增

长率排名进行。本案例就以2022年11月至2023年10月的单位净值增长率从高到低排名，筛选出截至2023年10月18日，单位净值增长率排名前五的基金，如图2-8所示。

比较	序号	基金代码	基金简称	日期	单位净值	累计净值	日增长率	近1周	近1月	近3月	近6月	近1年	近2年	近3年	今年来
☐	1	003201	金鹰添盈纯债	10-17	1.9344	2.2843	-0.02%	-0.01%	0.10%	0.30%	135.75%	136.11%	127.75%	107.70%	135.88%
☐	2	012235	金鹰添盈纯债	10-17	1.8831	2.1031	-0.02%	-0.02%	0.10%	0.30%	130.62%	128.84%	120.82%	---	128.07%
☐	3	290012	泰信行业精选	10-17	1.7040	2.2840	-0.12%	-2.18%	-7.74%	-14.53%	-11.67%	49.07%	35.74%	11.25%	20.42%
☐	4	002583	泰信行业精选	10-17	1.7010	2.2810	-0.12%	-2.19%	-7.80%	-14.60%	-11.73%	48.83%	35.52%	11.07%	20.23%
☐	5	012768	华夏中证动漫	10-17	1.1019	1.1019	-0.19%	-4.22%	-2.13%	-19.36%	-20.36%	44.38%	12.83%	---	34.00%

图2-8 近一年单位净值增长率排名前五的基金

从图2-8中可以看到，在2022年11月至2023年10月的单位净值增长率排名中位列第一和第二的都是纯债基金，也就是说它们的投资方向仅限于债券，并不包含股票。因此，不管它们近一年的单位净值增长率有多高，对股票投资者来说都没有太大的参考价值。

好在位列第三的泰信行业精选混合A是一只混合型基金，它的投资方向包含了股票，所以，投资者可选择该基金作为分析对象。图2-9为泰信行业精选混合A在2022年11月至2023年10月的累计收益率走势。

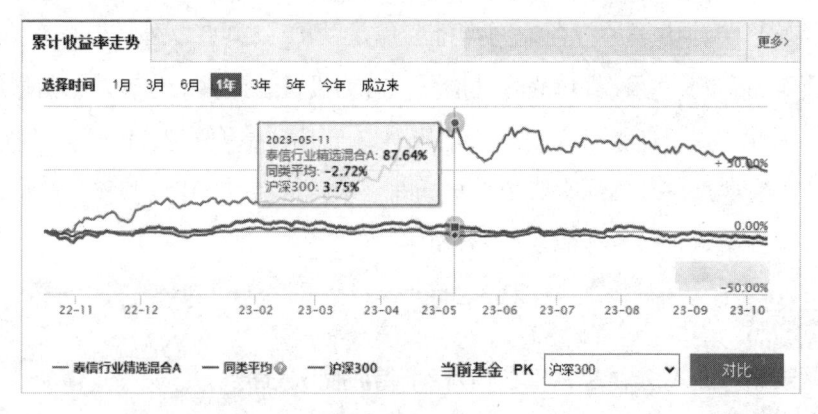

图2-9 泰信行业精选混合A近一年的累计收益率走势

从泰信行业精选混合A近一年的累计收益率走势来看，它在2022年四季度到 2023 年二季度这段时间内表现较好,最高累计收益率达到了 87.64%,整体更是大幅超越同类平均和沪深 300,属于绩优基金。

下面就以该基金为例来看看其持仓情况变动后,其中一些个股的走势有何变化,又是好还是坏。

图 2-10、图 2-11 分别为泰信行业精选混合 A 的 2022 年四季度和 2023 年一季度的股票持仓靠前排名。

泰信行业精选混合A 2022年4季度股票投资明细　　　截止至: 2022-12-31

序号	股票代码	股票名称	相关资讯	占净值比例	持股数(万股)	持仓市值(万元)
1	300251	光线传媒	股吧 行情	7.11%	114.71	993.37
2	002343	慈文传媒	股吧 行情	5.37%	115.09	749.26
3	300133	华策影视	股吧 行情	5.18%	135.81	723.87
4	601595	上海电影	股吧 行情	5.12%	65.20	715.20
5	600977	中国电影	股吧 行情	5.08%	52.16	709.68
6	002739	万达电影	股吧 行情	5.02%	50.04	700.49
7	002292	奥飞娱乐	股吧 行情	4.97%	149.05	694.57
8	603103	横店影视	股吧 行情	4.89%	46.28	682.17
9	300144	宋城演艺	股吧 行情	4.87%	46.60	680.36
10	600138	中青旅	股吧 行情	4.63%	42.57	646.64

图 2-10　泰信行业精选混合 A 的 2022 年四季度股票持仓前十排名

泰信行业精选混合A 2023年1季度股票投资明细　　　截止至: 2023-03-31

序号	股票代码	股票名称	相关资讯	占净值比例	持股数(万股)	持仓市值(万元)
1	601595	上海电影	股吧 行情	11.03%	66.70	1,327.25
2	300133	华策影视	股吧 行情	8.95%	135.81	1,076.97
3	300251	光线传媒	股吧 行情	8.48%	114.71	1,019.75
4	002292	奥飞娱乐	股吧 行情	7.94%	150.85	954.88
5	300144	宋城演艺	股吧 行情	6.61%	48.90	795.60
6	002343	慈文传媒	股吧 行情	6.43%	115.09	773.43
7	603103	横店影视	股吧 行情	6.28%	47.24	755.84
8	002739	万达电影	股吧 行情	6.14%	51.66	738.67
9	600977	中国电影	股吧 行情	6.08%	52.16	731.28
10	002605	姚记科技	股吧 行情	5.72%	26.10	687.47

图 2-11　泰信行业精选混合 A 的 2023 年一季度股票持仓前十排名

从该基金 2022 年四季度与 2023 年一季度的持仓个股排名变动的对比可以看出,在 2023 年一季度,原本在上个季度持仓排名第四的上海电影

（601595）移动到了第一，原本持仓排名第七的奥飞娱乐（002292）移动到了第四。但为什么关注的是这两只股票呢？原因除了其排名向前移动以外，还有该基金对两只股票的增持。

在泰信行业精选混合A披露的2022年四季度报告中，显示持仓上海电影65.20万股，持仓奥飞娱乐149.05万股。到了2023年一季度，该基金对上海电影的持仓数就达到了66.70万股，增持1.50万股；对奥飞娱乐的持仓数达到150.85万股，增持1.80万股。

而2023年一季度持仓报告中排名第二和第三的华策影视（300133）和光线传媒（300251），其持仓数量相较于上期都没有变化，只是由于股价上涨，市值产生了变动，才使得排名也有所变化。

由此也可以看出，泰信行业精选混合A的管理团队对于上海电影和奥飞娱乐更加重视，也更愿意在这两只股票中投入更多的资金，以期获得更加丰厚的回报。那么对于股票投资者而言，上海电影和奥飞娱乐在当时就应当是两个很好的投资目标，值得进入K线走势中进一步分析。

图2-12为上海电影2022年9月至2023年8月的K线图。

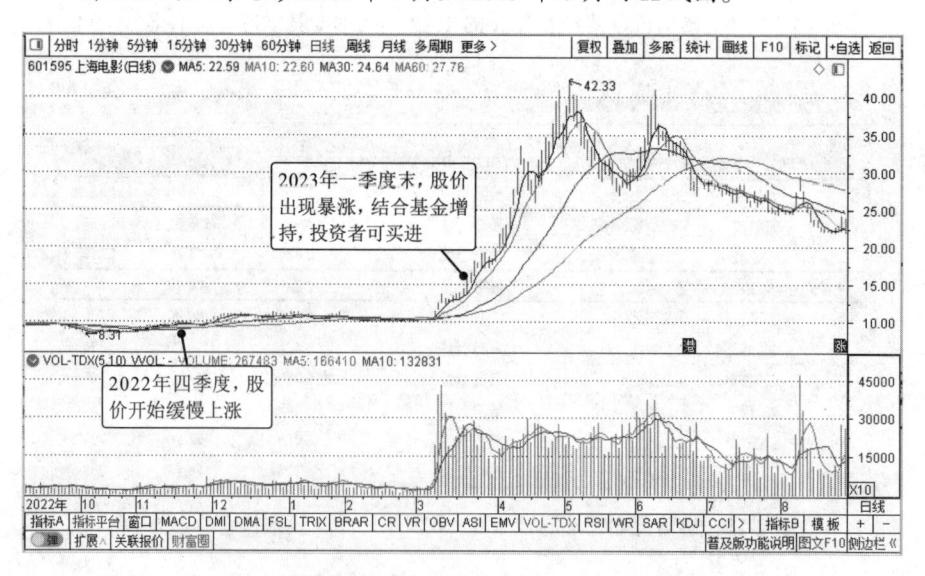

图2-12　上海电影2022年9月至2023年8月的K线图

图 2-12 展示的是上海电影 2022 年 9 月至 2023 年 8 月的股价走势，从 K 线图中可以看到，该股在 2022 年四季度之前的走势比较低迷，但在进入 10 月后，股价便开始了缓慢的上涨。

2022 年 12 月末，股价已经上涨到了 11.00 元价位线附近，这时泰信行业精选混合 A 的 2022 年四季度报告也披露出来了。

进入 2023 年一季度后，上海电影的股价依旧长期处于 11.00 元价位线附近横向震荡。不过在进入 3 月后不久，该股就出现了突兀的暴涨，成交量也形成巨量支撑着价格迅速上行。

3 月底，股价上涨到了接近 20.00 元价位线的位置，不到一个月，涨幅超过了 80%，可谓十分惊人。这时泰信行业精选混合 A 披露了 2023 年一季度报告，上海电影凭借着 1.50 万股的增持和自身价格的暴涨冲到了该基金持仓的第一位。结合多项因素来看，该股后续的涨势应当会很可观，短线投资者这时就可以借势入场，跟随绩优基金持股。

下面再来看一下奥飞娱乐的走势。

图 2-13 为奥飞娱乐 2022 年 9 月至 2023 年 8 月的 K 线图。

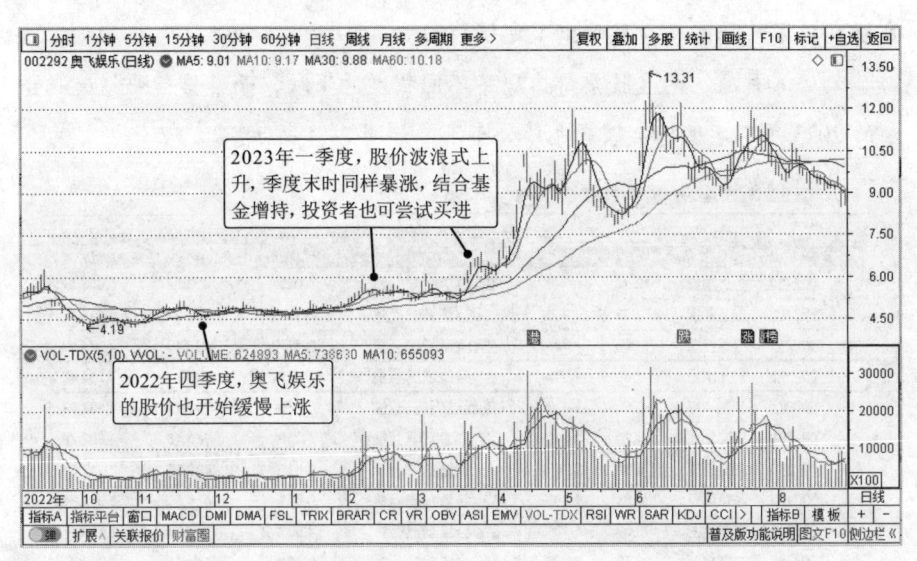

图 2-13　奥飞娱乐 2022 年 9 月至 2023 年 8 月的 K 线图

图 2-13 中同样展示了奥飞娱乐 2022 年 9 月至 2023 年 8 月的股价走势，从 K 线图中可以看到，该股 2022 年四季度的走势与上海电影十分相似，都是从低谷中恢复过来，然后缓慢上涨。

进入 2023 年一季度后，奥飞娱乐没有像上海电影那样长期横盘，而是很快出现了波浪式的上涨，虽然涨速不快，但整体积极性相较于上海电影要高一些。到了 2023 年 3 月末，该股也出现了快速暴涨，半个月的时间就从 5.00 元价位线附近冲到了接近 7.50 元价位线的位置，涨幅十分可观，因此，泰信行业精选混合 A 也增持了该股。投资者也可以考虑再买进一批奥飞娱乐的股票，双线持仓，扩大获利空间。

当投资者在 2023 年一季度末根据泰信行业精选混合 A 的持仓变动买进两只股票后，它们在后续都出现了积极向好的走势，并且涨势都十分迅猛，为短线投资者带来了丰厚的收益。

但这种暴涨终究是有尽头的，上海电影的峰值形成于 5 月初，后续 6 月初虽有再度上冲，但高点已经出现了下移，成交量量能也难以再创新高，所以，该股很有可能在后续进入下跌之中。而奥飞娱乐在 6 月初的再度冲高却成功突破了前期高点，显示出了更强的韧性。

到了 6 月底，两只股票都出现了不同程度的下跌，而泰信行业精选混合 A 的 2023 年二季度持仓报告也该公布了，如图 2-14 所示。

序号	股票代码	股票名称	最新价	涨跌幅	相关资讯	占净值比例	持股数(万股)	持仓市值(万元)
1	002739	万达电影	12.10	-0.74%	变动详情 股吧 行情	11.02%	450.82	5,653.22
2	603103	横店影视	14.02	-1.96%	变动详情 股吧 行情	10.18%	309.99	5,220.16
3	300251	光线传媒	7.65	-1.42%	变动详情 股吧 行情	9.72%	616.19	4,984.96
4	002292	奥飞娱乐	7.35	-1.61%	变动详情 股吧 行情	7.87%	404.25	4,034.42
5	600977	中国电影	12.09	-1.31%	变动详情 股吧 行情	7.73%	282.15	3,964.21
6	601599	浙文影业	3.25	-1.81%	变动详情 股吧 行情	7.21%	983.43	3,697.70
7	002343	慈文传媒	6.12	-2.24%	变动详情 股吧 行情	6.51%	440.68	3,340.38
8	300133	华策影视	5.34	-1.29%	变动详情 股吧 行情	6.01%	434.60	3,081.45
9	000892	欢瑞世纪	3.50	-1.13%	变动详情 股吧 行情	4.90%	576.71	2,514.46
10	002707	众信旅游	6.53	-2.39%	变动详情 股吧 行情	2.40%	163.45	1,230.81

图 2-14　泰信行业精选混合 A 的 2023 年二季度股票持仓前十排名

从图 2-14 中可以看到，到了 2023 年 6 月底，上海电影已经从泰信行业精选混合 A 的股票持仓前十名中消失了，投资者需要点进详细持仓名录中，才能在第 118 位找到上海电影的身影，如图 2-15 所示。此时，该基金已经将其减持到了 0.02 万股，几乎已经可以视作清仓放弃了。

| 118 | 601595 | 上海电影 | 18.45 | -2.17% | 变动详情 股吧 行情 | 0.00% | 0.02 | 0.45 |

图 2-15　泰信行业精选混合 A 在 2023 年二季度持仓的上海电影

很显然，该基金背后的管理团队不再看好上海电影。虽然投资者无法知悉具体是出于何种原因，但既然绩优基金都将其放弃了，投资者还是跟随卖出比较保险。而上海电影后续的走势也证实了投资者选择的正确性，从图 2-12 中可以看到，该股在 6 月上旬突破前期高点失败后就进入了持续的下跌之中，到了 8 月下旬，股价已经跌到了 25.00 元价位线以下，跌幅还是比较大的。

再来看奥飞娱乐的情况。在 2023 年二季度，泰信行业精选混合 A 在放弃部分涨势不佳的个股同时，还对部分原本就处于持仓排名前位的个股进行了大幅增持，奥飞娱乐也在增持目标中。从图 2-14 中可以看到，它的持仓排名虽然没有改变，依旧是第四位，但持仓数已经达到了 404.25 万股，相较于上季度增持了 253.40 万股（404.25-150.85），显然是被高度看好的。

多重信息分析下来，清仓上海电影，再度买进奥飞娱乐，同时再根据季度报告中新冲到高位的重仓个股信息寻找涨势更佳的个股进行投资，成为短线投资者的最终决策。此后的操作和分析过程也与前述差别不大，通过这样的方式，短线投资者是有机会实现快速且大幅盈利的。

2.1.4　用长周期 K 线定趋势

用长周期 K 线来确定整体趋势是很多中长线投资者常用的策略，短线投资者虽然没有那么多时间来观察长周期 K 线走势，但只要长周期 K 线能够连续收阳上升，短线投资者就有机会抓住涨势进行低吸高抛。

常用的长周期 K 线有周 K 线、月 K 线、季 K 线和年 K 线，而短线投资者使用周 K 线就已经足够了。在发现个股周 K 线连续收阳后，投资者就可以进入日 K 线图中寻找合适的买进时机了。

下面直接进入案例解析。

实例分析

文一科技（600520）用长周期 K 线定趋势

图 2-16 为文一科技 2022 年 4 月至 2023 年 3 月的周 K 线图。

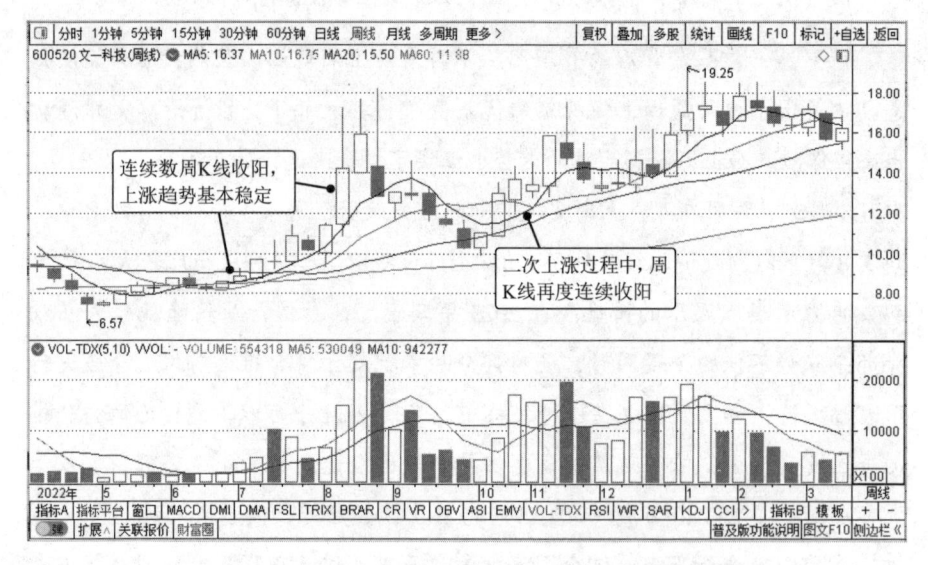

图 2-16　文一科技 2022 年 4 月至 2023 年 3 月的周 K 线图

将文一科技 2022 年 4 月至 2023 年 3 月的走势浓缩到周 K 线之中，可以发现股价整体趋势十分清晰。该股是从 2022 年 5 月初开始上涨的，不过在刚开始的一个多月内涨速都比较缓慢，周 K 线虽然有连续收阳，但实体长度不太理想，短线投资者要介入也可以，但要注意仓位管理。

一直到 6 月底和 7 月初，股价的涨速才有所加快，周 K 线在突破中长期均线的过程中再度连续收阳，大致看来是很有希望成功突破的。因此，短线投资者就可以尝试着在此阶段进入日 K 线图中寻找买进时机。

进入 7 月后，股价确实成功越过了中长期均线，并在后续持续上扬，最终于 8 月出现了连续单周暴涨的走势。在此期间，短线投资者要抓住时机持股待涨了。

8月底股价涨势减缓，开始下跌整理。直到9月底，周K线跌至30周均线附近企稳，然后再次连续收阳上升。很显然，这是股价涨势未尽，即将回归拉升的表现，短线投资者可以再次跟进。

在后续的几个月内，该股的周K线重复了回调后企稳拉升的走势，但中长期均线依旧表现得十分稳定，可见该股的长期涨势还是有保障的，短线投资者可以按照前期策略进行买卖。

下面来看一下文一科技的日K线走势情况。

图2-17为文一科技2022年4月至2023年3月的日K线图。

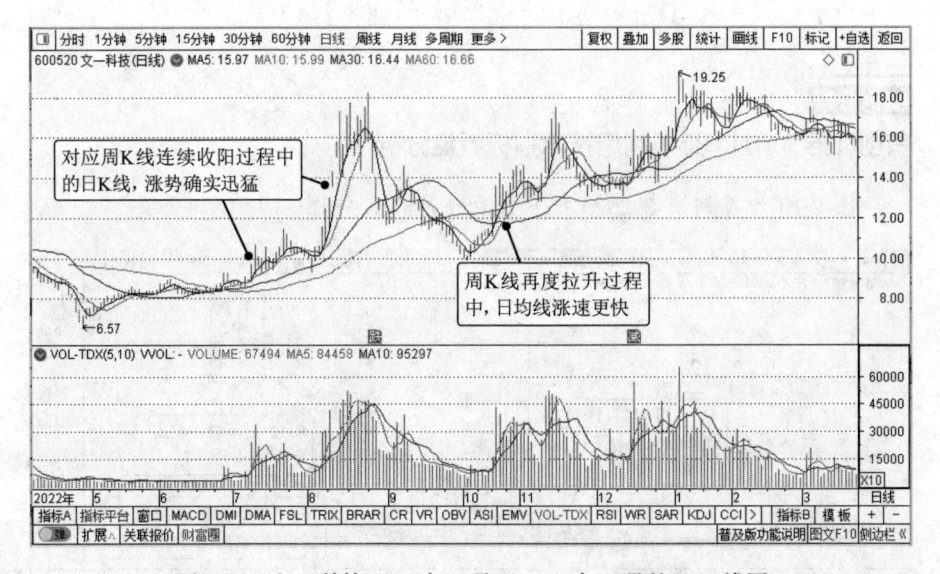

图2-17 文一科技2022年4月至2023年3月的日K线图

从图2-17中可以看到，在更细致的日K线走势中，股价从2022年4月底就开始上涨了，而且前期涨势看起来比周K线更加稳定。在经历了震荡突破中长期均线的过程后，股价于7月加快了上涨速度，结合周K线中连续收阳的表现来看，此处的买进信号无疑更加强烈了。

而8月上旬的暴涨体现在日K线图中就是连续的跳空，每一次跳空形成的缺口都是明确的买进机会。

后续几个月内，日K线走势都将周K线中的波动更明确地展示了出来，短线投资者根据在周 K 线中获取的整体趋势信息可以分段进行操作,将上涨收益纳入囊中。

2.1.5 分析技术指标

根据技术指标的变动情况确定短期买卖点是很多短线投资者愿意采用的分析方式,因为只要选择了合适、高效的技术指标,短线投资者能够节约很多时间和精力,而且决策精确度也会有所提升。

下面就以 MACD 指标为例,简单展示这种看盘方式。

实例分析
首创证券(601136)利用技术指标看盘分析

图 2-18 为首创证券 2023 年 6 月至 9 月的 K 线图。

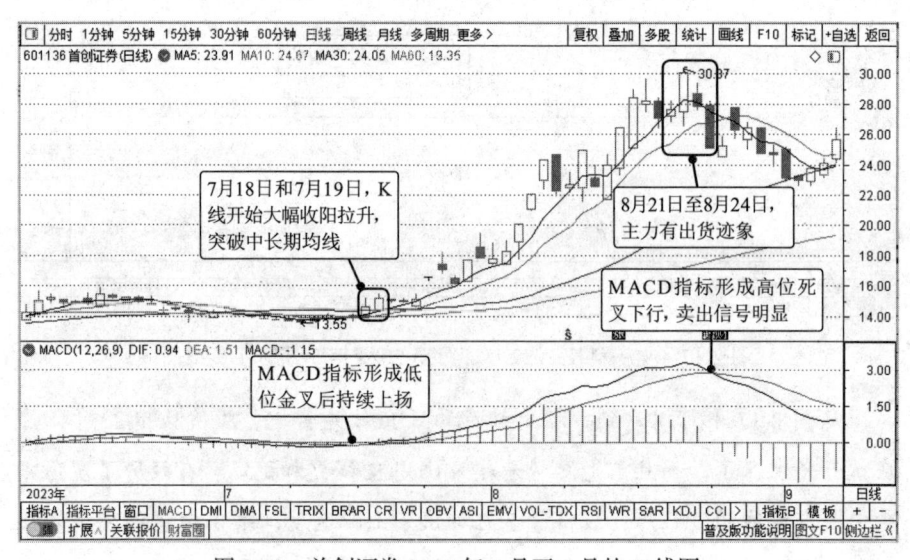

图 2-18 首创证券 2023 年 6 月至 9 月的 K 线图

从首创证券的这段走势中可以看到,该股在 2023 年 6 月上旬上涨至 16.00 元价位线附近受阻后,形成了一段时间的回调整理,一直到 7 月中旬才在 13.55 元处触底。

受此影响，MACD 指标也落到了零轴之下，而该指标的零轴一般被认为是多空市场的分界线。也就是说，MACD 指标在此期间也传递出了消极信号，提醒短线投资者不可轻易介入。不过在股价触底后，MACD 指标开始走平，并随着价格的缓慢上涨而逐步向上回升。

7月18日，K线突然收出了一根实体较长的阳线，收盘价成功突破到了中长期均线之上，可能是拉升开启的标志。次日，K线继续收阳上升，这一次阳线的开盘价几乎也越过了中长期均线，拉升时机近在眼前。

此时来观察 MACD 指标的走势，可以发现 MACD 指标中的快线 DIF 在零轴下方自下而上突破了慢线 DEA，形成了一个低位金叉。这通常被认为是明确的买进信号，结合 K 线突破中长期均线的走势来看，短线投资者可以趁机跟进。

下面再进入这两个交易日的分时走势中看一下成交量能否传递出有效信息。

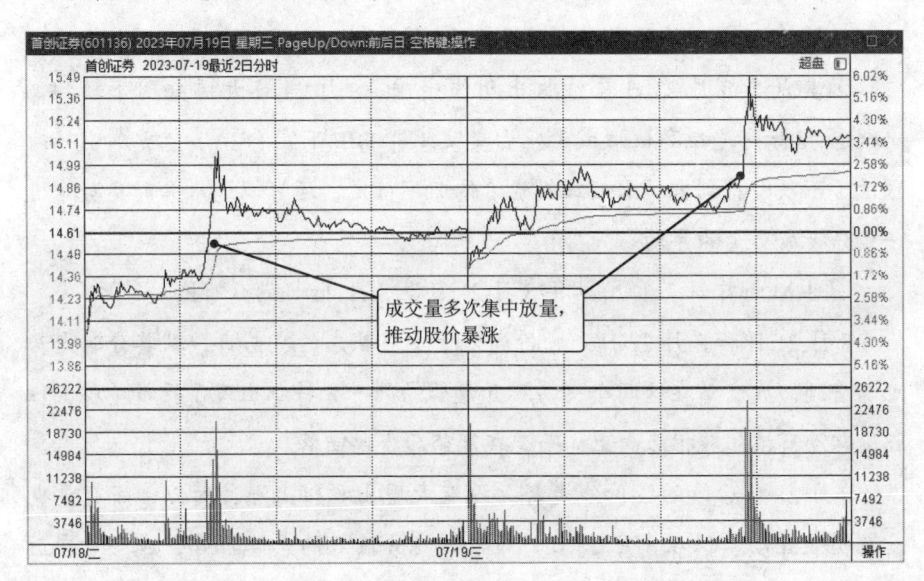

图 2-19 为首创证券 2023 年 7 月 18 日和 7 月 19 日的分时图。

图 2-19　首创证券 2023 年 7 月 18 日和 7 月 19 日的分时图

从分时走势可以看到，这两日的股价线整体变动情况十分相似，都是在开盘后短暂上涨，然后在某一价位线处受阻横盘震荡，一段时间后成交量突兀放出集中巨量，将股价线直线拉升到高位后回缩，导致股价线冲高回落，最终在高位震荡后以高价收盘。

在突破中长期均线的关键位置，分时图中形成如此相似的走势，大概率是主力拉升的表现，这一点从突兀放大的成交量也可以看出来。再加上MACD指标也同步形成了看涨信号，短线投资者在此买进的成功率还是比较高的。

继续来看K线图中后续的走势。该股在突破中长期均线后横向整理了数日时间，最后以一根向上跳空的T字线开启了新的上涨。从K线图中可以看到，该股后续的涨势十分迅猛，从16.00元价位线附近上涨至28.00元价位线附近只用了一个月左右的时间，短线投资者获利颇丰。

8月中旬，股价在28.00元价位线处受阻后减缓了上涨速度，不过横向整理数日后还是继续收阳拉升了，看似有回归上涨的迹象，但投资者观察MACD指标就可以发现，事实可能并非如此。

在8月22日股价再度收阳拉升的同时，MACD指标中的快线DIF几乎已经走平，只是在K线收阳的带动下短暂上翘，并且幅度明显小于前期。而且DIF与DEA之间的距离也有明显拉近，这也是一种市场疲于推涨的表现。

尤其是当8月23日K线收出阴线走平，8月24日大幅收阴下跌后，MACD指标更是在高位形成了死亡交叉（即DIF下穿DEA），更加明确地预示了下跌即将到来。若短线投资者依旧不确定，还可以进入分时走势中进一步分析成交量的异动。

图2-20为首创证券2023年8月21日至8月24日的分时图。

8月21日和8月22日是股价尚处于上涨状态的交易日，从其分时走势可以看到，成交量在这两个交易日开盘后的第一分钟都出现了巨量量柱，但股价却没有被立即推涨向上，而是在震荡后小幅回落。

8月21日后续的股价线走势并没有表现出积极上涨，所以，成交量也没有明显异动。但在8月22日，股价线有分段式的急速拉升，成交量在后续形成了多根单独的大量柱，很显然是主力在注资推涨。结合K线当前较高的位置，投资者大致可以推断出这可能是主力推高出货的表现，即通过波段式的上涨吸引散户注资接盘，以便释出手中持股。

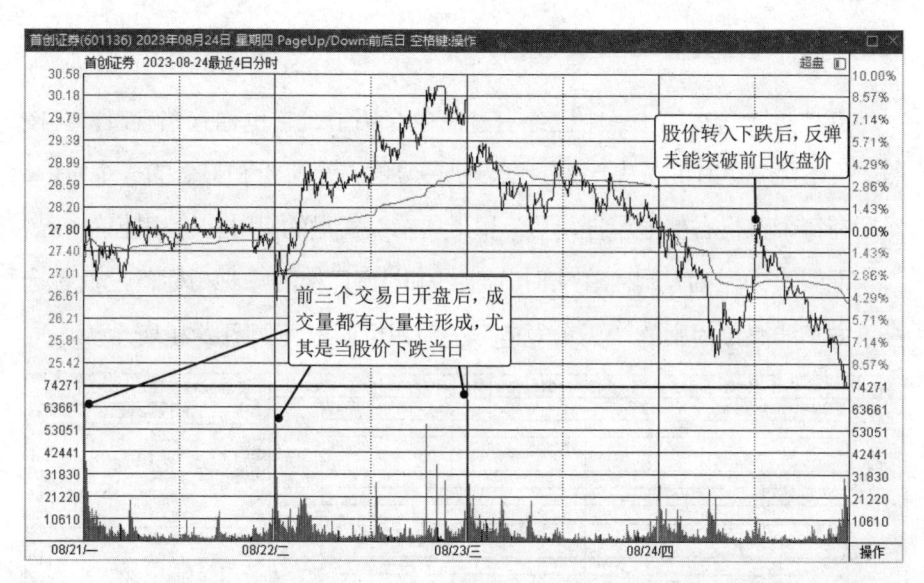

图 2-20 首创证券 2023 年 8 月 21 日至 8 月 24 日的分时图

再来看后面两个收阴下跌的交易日。8 月 23 日开盘后，成交量依旧形成了巨量量柱，并且量能相较于前两日有所增大，进一步证实了主力出货的推测。而且当日股价出现了明显的反弹受阻走势，成交量也没有再如 8 月 22 日那般放大推涨，说明主力可能已经开始大批量卖出，并且不打算继续维持涨势了。

这样的推测在 8 月 24 日得到了更加强有力的证明，股价从开盘后就开始震荡下跌，成交量明显回缩。当价格在午盘期间反弹冲击前日收盘价时，量能也没有形成有效支撑，说明主力确实没有继续维持上涨。那么在股价突破前日收盘价失败并迅速转向下跌时，短线投资者也不应该再继续停留了。

2.2 盘口核心概念应用

盘口核心概念其实就是指各种看盘窗口中存在的一些关键盘口衍生数据，比如五档买卖盘、换手率、量比等。通过对这些衍生数据的研究和分析，短线投资者可以获取更多潜藏的信息。

2.2.1 五档买卖盘与买卖力道

五档买卖盘在第 1 章中已经有过简单介绍了，它也称五档盘口，会按照"价格优先，时间优先"的原则显示最高的五个买价和最低的五个卖价，然后在每个价格右侧显示挂单量，用于展示买卖盘的实时报价和挂单情况。

而买卖力道则是显示在实时分时图副图窗口中的一种指标，投资者选择下方功能菜单栏中的"买卖力道"选项即可调出，如图 2-21 所示。

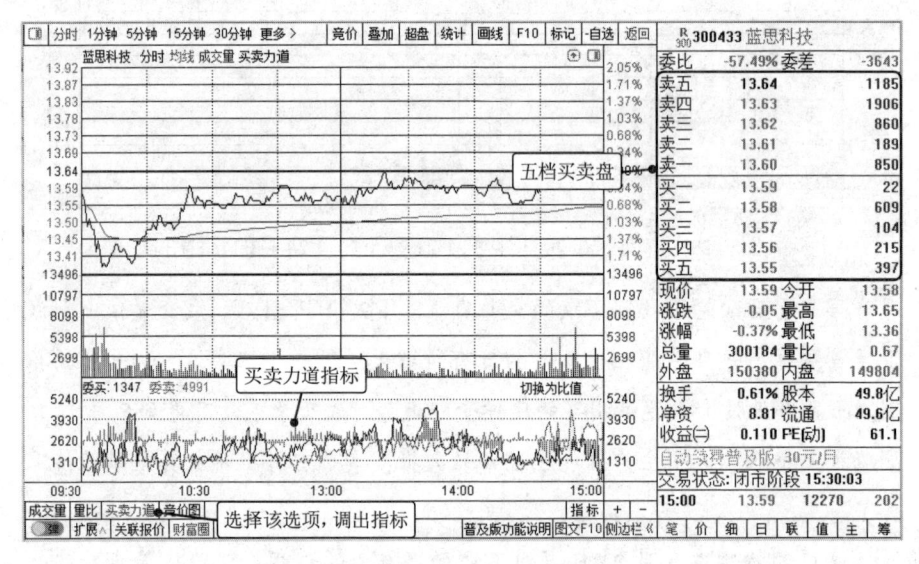

图 2-21 五档买卖盘与买卖力道指标

买卖力道指标包含两条线：一条代表当前委托买盘之和的挂单持续情况；另一条代表当前委托卖盘之和的挂单持续情况。同时它还包含红色柱状线和绿色柱状线，红色柱状线代表委差为正数，即委托买入的数量大于委托卖出的数量；绿色柱状线代表委差为负数，即委托买入的数量少于委托卖出的数量。

该指标相较于五档买卖盘可以让投资者更直观地观察到每一分钟的买盘与卖盘整体委托数量的对比、多空双方的博弈及买卖单数量的变动对股价产生的影响。

一般来说，当委买数量远超委卖数量时，股价是有可能被推动上行的，毕竟买盘内的竞争更大，场外投资者会适当抬价来保证自己交易成功。相反的，当委卖数量大大超越委买数量时，股价就可能很快转入下跌，或是长期维持横盘震荡或下跌的现状。

除此之外，如果股价当日收盘后，盘内滞留的买卖挂单数量有明显差异，那么次日的股价走势也可能受到一定的影响，尤其是集合竞价的结果，短线投资者可借助这种特性来预判次日走势。

当然，股市中影响价格的因素远不止买卖盘的挂单量，因此，投资者不能完全依靠五档盘口和买卖力道指标确定价格的涨跌。与前面介绍的很多看盘方法一样，这只是一种辅助手段，具体的情况还需要根据实际、结合多项因素分析后才能得出最终的结论。

下面就通过莱特光电（688150）和天承科技（688603）来展示买卖力道的研判效果，以及五档盘口中滞留的买卖挂单量对次日走势的不同影响。

实例分析

莱特光电（688150）和天承科技（688603）五档买卖盘与买卖力道看盘

图 2-22 为莱特光电 2023 年 10 月 18 日的实时分时图。

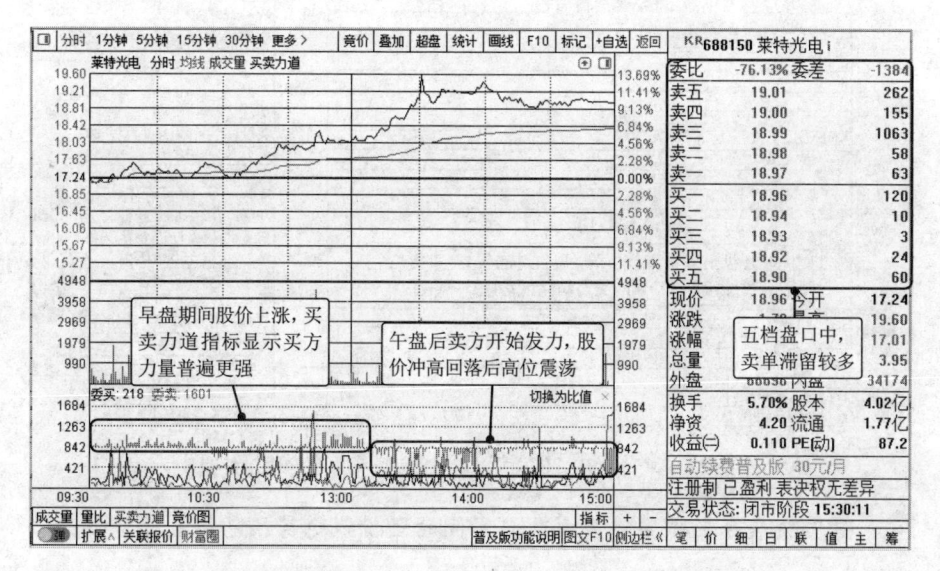

图 2-22　莱特光电 2023 年 10 月 18 日的实时分时图

从股价线走势可以看到，莱特光电在2023年10月18日的早盘期间，整体走势是向上的，并且越到后期股价线上扬角度越大，说明买盘在不断发力推涨。

而买卖力道指标的表现也证实了这一点，整个早盘期间，买卖力道的柱状线几乎都以红柱为主，说明委买数量超越了委卖数量，那么股价上涨也属正常现象，短线投资者可以趁机跟进。

不过在下午时段开盘后不久，买卖盘的力道对比就产生了明显的变化。随着股价的持续上升，盘中卖单越挂越多，最终超越了买单，导致买卖力道柱状线转绿。不久之后，股价的涨势也停滞下来，并开始回调了。

不过虽然卖单在持续增长，但股价线维持在了相对高位震荡，并没有彻底下跌。进入尾盘后，卖方挂单热度稍降，但依旧整体超越买方，收盘后，场内滞留的卖单较多，也就说明市场看空情绪较强，可能会对次日的走势产生消极影响，投资者要注意次日开盘前后的情况。

图2-23为莱特光电2023年10月19日早间的实时分时图。

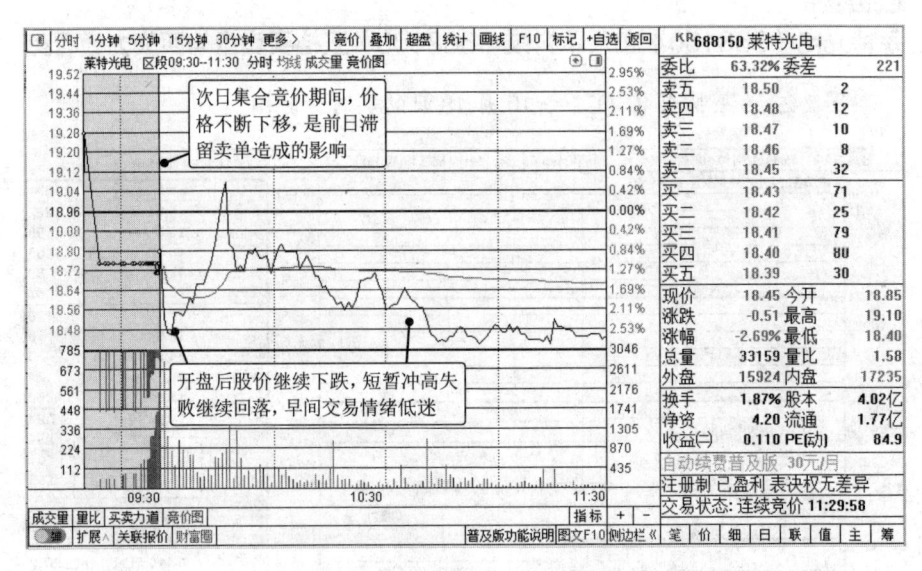

图2-23　莱特光电2023年10月19日早间的实时分时图

图2-23展示的是莱特光电次日早间的股价线走势，包括当日集合竞价

期间的情况。从分时图中可以看到，在集合竞价期间，前日滞留的卖单和消极情绪就对开盘价的确定造成了影响（集合竞价决定当日开盘价），价格持续走低，最终以低于前日收盘价的价格开盘。

而在开盘后，这种消极影响依旧没有消退，股价线依旧在快速下降，直到落在 18.48 元价位线附近后才止跌回升。不过后续该股的回升也没能持续太长时间，十几分钟后股价就拐头向下了。在整个早间交易时段内，股价的走势都十分低迷。

不过并不是所有前日走低的情况下，次日股价都会持续下移，否则何来涨跌周期的交替。下面就通过天承科技两个交易日的走势，看一下次日开盘后市场情绪的反转。

图 2-24 为天承科技 2023 年 10 月 18 日的实时分时图。

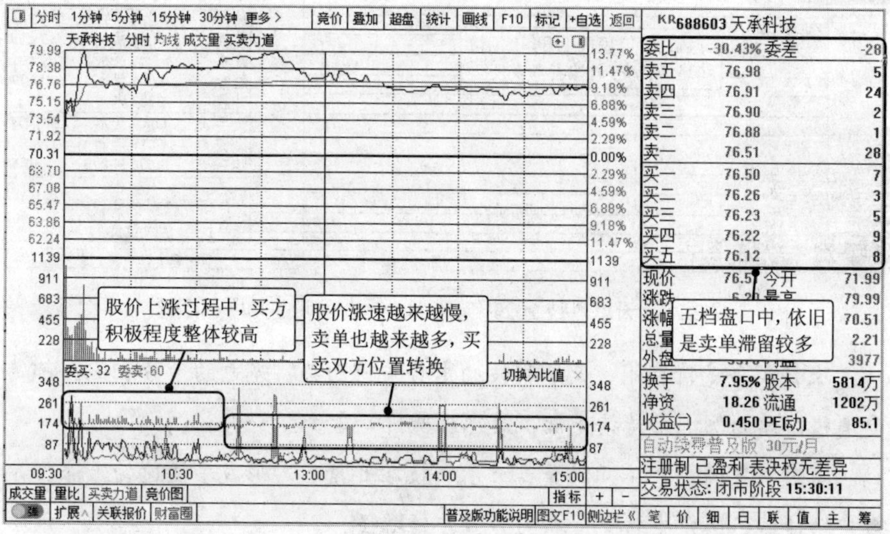

图 2-24　天承科技 2023 年 10 月 18 日的实时分时图

先来看 2023 年 10 月 18 日天承科技的走势，从图 2-24 中可以看到，在开盘后的一个半小时内，股价线的上涨趋势还是比较稳定的，买卖力道指标也显示在前一个小时内买方力量明显强于卖方。

不过在 10:30 之后，买方力道开始逐渐减弱，买卖力道红柱持续缩减，最终转绿，意味着卖方开始加大挂单量了。与此同时，股价线的上扬角度逐渐变缓，最终停留在了前期高点附近，然后转势下滑。

在后续的走势中，该股都没能再形成有效的上涨，使得市场始终无法更加积极地看待该股，买方挂单量上不去，股价也只能持续下行。最终收盘后，场内也滞留下了更多的卖单。

下面来看一下次日天承科技的股价会受到怎样的影响。

图 2-25 为天承科技 2023 年 10 月 19 日早间的实时分时图。

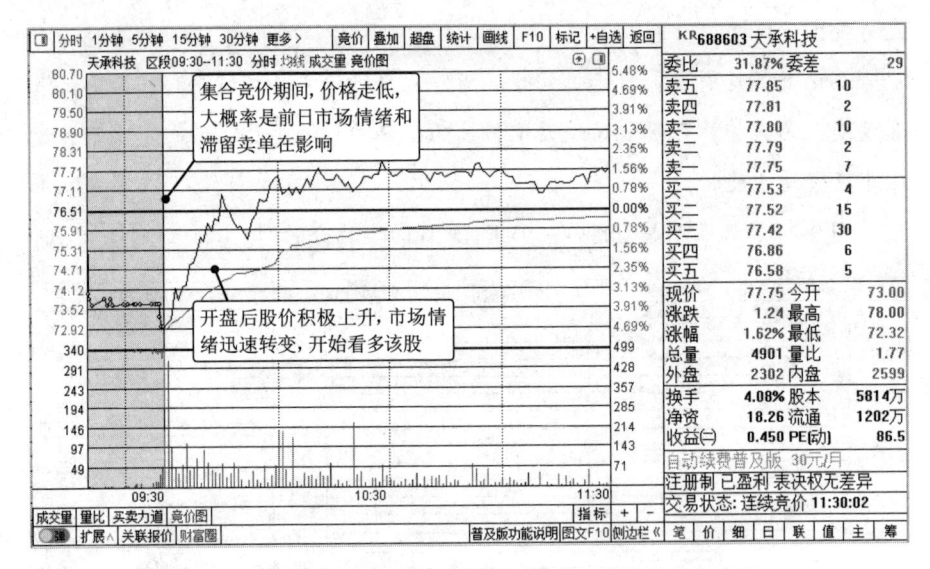

图 2-25　天承科技 2023 年 10 月 19 日早间的实时分时图

次日集合竞价期间，天承科技的走势与前面莱特光电的十分相似，都是受消极情绪的影响而持续走低，最终以低价开盘。

不过与莱特光电不同的是，天承科技在开盘后却形成了快速的上涨，导致市场情绪迅速发生转变，委买力道开始增强。

造成这种情况的原因可能是卖方在提价试图降低损失，同时买方可能也没料到价格低开的幅度如此大，挂出的买价稍高。但无论如何，市场情绪一旦转变，进入量增价涨的良性循环后，股价后续的走势就可能与莱特光电截然不同了。

事实也确实如此，天承科技在 10 月 19 日的整个早间走势都比较积极，即便后期形成了高位震荡，也没有跌破前期支撑线的迹象，说明市场看多力度还是比较稳定的。

2.2.2 换手率透露出的信息

换手率是某一段时间内股票的成交数量占股票总数的比例，简单来说就是市场中股票转手买卖的频率，其计算公式如下：

换手率 = 某一时段内的成交数量 ÷ 发行总股数 × 100%

不同大小的换手率代表了不同的含义。

- 换手率为 1% ～ 3%：说明场内当前交易较为冷清，几乎没有主力参与或是主力投入的资金较少，市场主要持观望态度，股票可能维持横盘运行。
- 换手率为 3% ～ 7%：说明市场开始活跃，主力资金流入量增加，可能在试盘，股价后市的涨跌方向暂时还不明朗。
- 换手率为 7% ～ 10%：说明盘中交易活跃，主力开始大笔注入资金，试盘完成开始拉升，股价可能随之上涨。
- 换手率为 10% ～ 15%：说明股票非常活跃，市场热度较高，主力不断加大资金量，散户热烈追涨，股价一路上扬。
- 换手率为 15% ～ 25%：说明股票交易已经趋于白热化，主力资金大批投入，股价涨幅较大，随时可能见顶。
- 换手率为 >25%：说明股价已经进入危险区域，市场非理性追涨占多数，主力也可能已经开始出货，股价短时间内可能下跌。

当然，以上数据也并非绝对的参考标准，换手率的高低也不一定代表了市场的真实活跃程度。比如大盘股，由于本身资金体量太大，某一段时间内的成交量相较于其发行总股数来说，数额是非常小的，因此，换手率可能不到 1%。但换手率低并不代表交易不活跃，有些大盘股单日的成交总额能达到 70 亿元以上，远超许多换手率更高的普通个股。

因此，投资者在实际操作时还需根据个股日常的换手率和异动产生时的换手率对比来分析，不能盲目按照参考数据进行决策。

除此之外，和前面介绍过的五档盘口、买卖力道一样，单靠换手率的高低来判断股价的涨跌过于片面，投资者需要结合多方信息综合研判。成交量就是一个很好的配合分析对象，因为成交量与换手率的增减在很多时候都是成正比的，毕竟量能增加就意味着交易的活跃度在上升，那么市场换手率自然而然就会上升了。

对于短线投资者来说，想要抓住短线黑马就需要关注换手率增长和成交量放大的时刻，同时也要借助这两个指标来警惕可能到来的高位回调，具体用法如下：

- 若某只股票的换手率突然上升，成交量放大，可能意味着有主力或是机构投资者在大量买进，股价可能会随之上扬。
- 若某只股票持续上涨一段时期后，换手率又迅速上升，成交量放大，则可能意味着获利盘在回吐，股价可能会下跌。
- 若某只股票的换手率在下跌后期有所上升，或者低位的换手率明显高于前期平均，成交量也有小幅放大，股价却没有出现上涨，往往意味着主力可能正在低位隐蔽地出手拉低股价，使其进入更低的价格区域，以趁机潜伏吸筹，预备新一波拉升。
- 若某只股票的换手率在上涨后期持续走平，甚至逐步回落，成交量也在走平或回缩，就说明市场的追涨热度正在逐渐平复，主力注资推涨的力度也在减弱，股价的涨势可能无法维持太久，最终转入高位震荡或回调下跌之中。

下面通过一个案例来具体解析。

实例分析

易天股份（300812）通过换手率看盘

图2-26为易天股份2023年5月至8月的K线图。

第 2 章 短线盘口信息应用

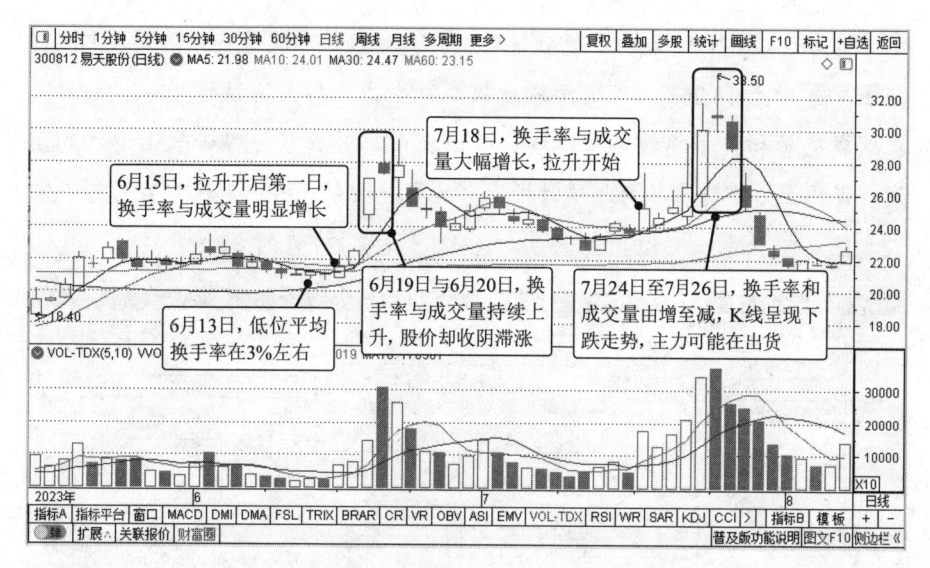

图 2-26 中标注:
- 6月15日,拉升开启第一日,换手率与成交量明显增长
- 7月18日,换手率与成交量大幅增长,拉升开始
- 6月13日,低位平均换手率在3%左右
- 6月19日与6月20日,换手率与成交量持续上升,股价却收阴滞涨
- 7月24日至7月26日,换手率和成交量由增至减,K线呈现下跌走势,主力可能在出货

图 2-26　易天股份 2023 年 5 月至 8 月的 K 线图

从易天股份的这段走势中可以看到,该股整体是处于上涨之中的,在 2023 年 5 月下旬,该股于 23.00 元价位线附近受阻后反复震荡都未能将其突破,于是转入下跌回调之中。当价格落到 21.00 元价位线附近时,该股的换手率逐渐稳定在 3% 左右。

图 2-27 分别是易天股份 2023 年 6 月 13 日、6 月 15 日、6 月 19 日及 6 月 20 日的盘口数据。

易天股份		易天股份		易天股份		易天股份	
时间	2023/06/13/二	时间	2023/06/15/四	时间	2023/06/19/一	时间	2023/06/20/二
数值	24.61	数值	27.97	数值	28.50	数值	31.06
开盘价	21.00(-0.33%)	开盘价	20.88(-0.48%)	开盘价	24.74(10.00%)	开盘价	27.93(3.48%)
最高价	21.39(1.52%)	最高价	22.33(6.43%)	最高价	26.99(20.01%)	最高价	29.50(9.30%)
最低价	20.71(-1.71%)	最低价	20.88(-0.48%)	最低价	23.87(6.14%)	最低价	27.20(0.78%)
收盘价	21.18	收盘价	21.60	收盘价	26.99	收盘价	27.25
成交量	24456	成交量	68647	成交量	143642	成交量	305047
成交额	5155万	成交额	1.49亿	成交额	3.70亿	成交额	8.60亿
涨幅	0.11(0.52%)	涨幅	0.62(2.96%)	涨幅	4.50(20.01%)	涨幅	0.26(0.96%)
振幅	0.68(3.23%)	振幅	1.45(6.91%)	振幅	3.12(13.87%)	振幅	2.30(8.52%)
换手率	3.11%	换手率	8.73%	换手率	18.26%	换手率	38.78%
流通股	7866万	流通股	7866万	流通股	7866万	流通股	7866万

图 2-27　易天股份四个交易日的盘口数据

结合盘口数据来看 K 线走势。6 月 15 日,K 线在成交量放大的支撑下开始有了比较明显的拉升迹象,当日该股收盘后虽然没有彻底突破压力线,但换手率已经上升至 8.73%,说明上涨可能即将开始,短线投资者可以适当参与进来了。6月19日，该股直接跳空向上开盘并形成了更加迅猛的上涨，换手率暴增至18.26%，市场活跃度极高，主力开始大力注资。6月20日，虽然成交量和换手率都在持续增长，但K线却收出了一根带长上影线的阴线，说明上方可能有压力。这时投资者就要进入分时图中寻找更多信息了。

图2-28为易天股份2023年6月15日至6月20日的分时图。

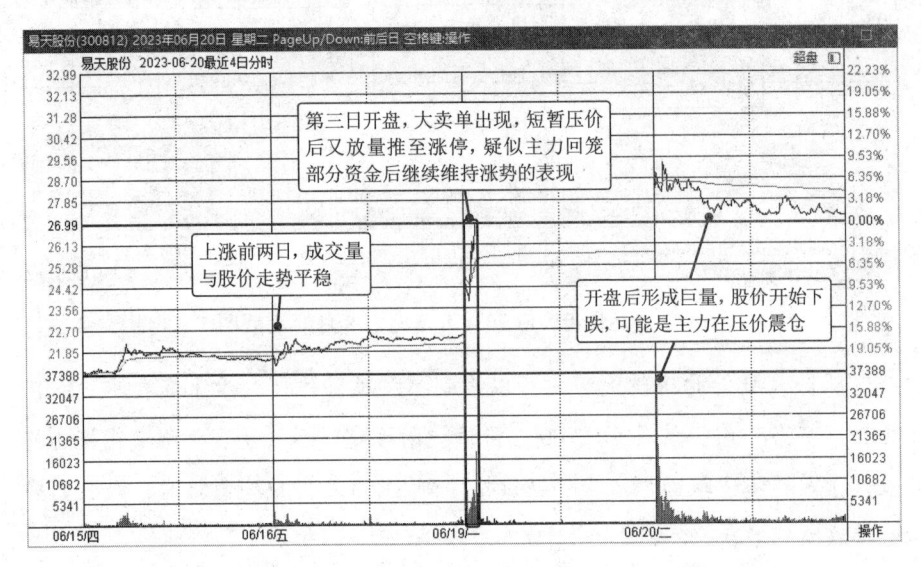

图2-28　易天股份2023年6月15日至6月20日的分时图

6月15日至6月20日是股价从拉升开始到滞涨收阴的四个交易日，从其分时走势可以看到，在股价上涨的前两个交易日，股价和成交量都表现得中规中矩，整体并未有明显异动。

但在6月19日，也就是股价跳空涨停的交易日，成交量先是在开盘后第一分钟放出巨量卖单，导致价格短暂下跌，几分钟后量能又开始集中释放，迅速将股价直线推至涨停。

这就是一种显而易见的异动，大批卖出后再注资推涨的行为疑似是主力将部分资金回笼后继续维持涨势，以期市场跟随并加大力度追涨的表现。其目的尚不清晰，还需要根据次日的股价走势来判断。

6月20日股价开盘后，成交量放出了比前日更高的量能，主力操作痕迹明显。后续时间市场也在不断交易，成交量始终维持在较高水平（相较于前几个交易日），但股价却出现了震荡式的下跌，说明主力很有可能在通过压价来震仓，甚至是出货兑利。

对于短线投资者来说，无论是哪种原因都比较危险，再加上前面几个交易日的短期收益也算不错，在此及时卖出是比较明智的选择。

回到K线图中观察后续的走势，可以发现股价确实在后续出现了回调走势，换手率和成交量逐渐恢复到往常水平，市场再次平静下来。

7月中旬，股价回调至23.00元价位线上方后止跌回升，在数日震荡后于7月18日明显拉升，成交量也大幅增长，换手率上升至19.72%。这已经属于拉升开启的水平了，短线投资者可趁机再次买进。

下面展示股价上涨到后期时关键交易日的盘口数据，方便投资者结合分析。图2-29分别是易天股份2023年7月18日、7月24日、7月25日及7月26日的盘口数据。

易天股份		易天股份		易天股份		易天股份	
时间	2023/07/18/二	时间	2023/07/24/一	时间	2023/07/25/二	时间	2023/07/26/三
数值	32.97	数值	33.50	数值	19.21	数值	21.32
开盘价	23.68(0.17%)	开盘价	25.99(-1.96%)	开盘价	30.97(2.89%)	开盘价	30.62(-0.62%)
最高价	27.46(16.16%)	最高价	31.81(19.99%)	最高价	33.50(11.30%)	最高价	31.00(0.62%)
最低价	23.68(0.17%)	最低价	25.30(-4.56%)	最低价	29.86(-0.80%)	最低价	28.67(-6.95%)
收盘价	25.20	收盘价	30.10	收盘价	30.81	收盘价	28.90
成交量	176098	成交量	342014	成交量	368296	成交量	260994
成交额	4.53亿	成交额	10.2亿	成交额	11.5亿	成交额	7.69亿
涨幅	1.56(6.60%)	涨幅	3.59(13.54%)	涨幅	0.71(2.36%)	涨幅	-1.91(-6.20%)
振幅	3.78(15.99%)	振幅	6.51(20.44%)	振幅	3.64(12.09%)	振幅	2.33(7.56%)
换手率	19.72%	换手率	38.07%	换手率	40.99%	换手率	29.05%
流通股	8929万	流通股	8984万	流通股	8984万	流通股	8984万

图2-29　易天股份四个交易日的盘口数据

继续来看K线走势。数日之后，股价逐渐来到更高的位置，7月24日的K线大幅拉涨，收出一根大阳线的同时，换手率也飙升至38.07%，已经十分接近前期股价回调前夕的换手率水平了，投资者要警惕。

7月25日，K线收出一根带长上影线的小阴线，换手率上升至40.99%，明显有回调迹象，这时投资者就有必要进入分时图中观察主力动向了。

图2-30为易天股份2023年7月24日至7月27日的分时图。

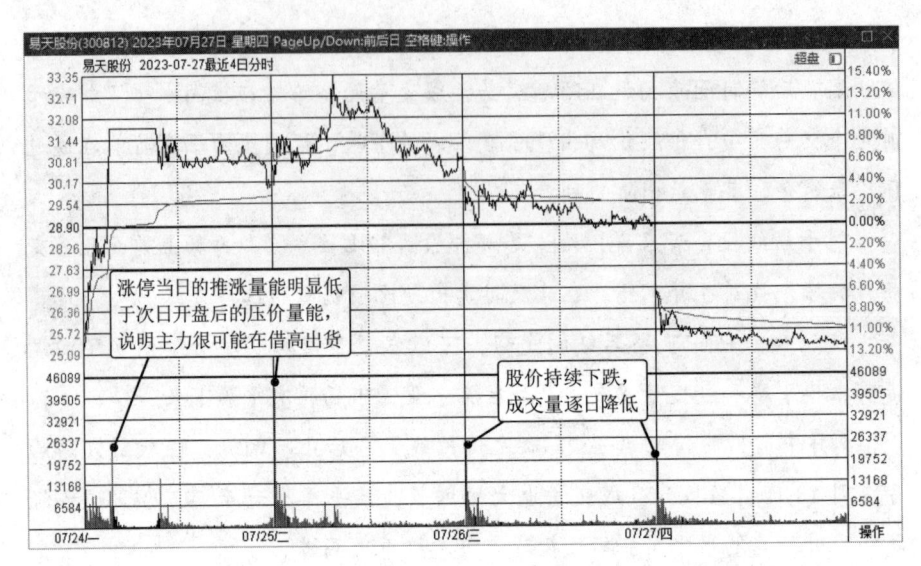

图 2-30   易天股份 2023 年 7 月 24 日至 7 月 27 日的分时图

从图 2-30 中可以看到，7 月 24 日大幅收阳的当日，股价最高达到了涨停，并且在涨停当时成交量释放出单根巨量，大概率是主力推涨的表现。

而在 7 月 25 日股价开盘后，下方出现了比前日涨停时刻更加巨大的量柱，股价涨速却明显不如前期，甚至还有震荡下跌的趋势。这就说明主力在当日开盘后有大批卖出的行为，结合当日收盘后超越 40% 的换手率，主力高位出货的可能性很大。

后续的股价走势也证实了这一点，在接下来的两个交易日中，股价持续下行，K 线连续收阴，成交量和换手率也在逐日递减，说明主力的影响力在逐渐降低，短时间内非但不会重新注资推涨，还会继续抛售手中持股。因此，短线投资者在发现这一点后就要及时撤离，避开下跌。

2.2.3　量比数据的变动

量比指标反映的是当前盘口的成交力度与最近五个交易日的平均成交力度的差别，数值的大小能够体现出盘口成交的活跃程度，其计算公式如下所示。

量比数值 = 当前成交总手数 ÷（5 日平均成交总手数 ÷240）÷ 当前距开盘的分钟数

其中，"5 日平均成交总手数 ÷240"这一项表示的是最近五个交易日每一分钟的平均成交手数。

量比指标的数值是衡量当前盘口活跃程度的重要标准，当量比数值大于 1 时，说明当日每分钟的平均成交量大于过去五个交易日的平均数值，也就是市场活跃度比过去五个交易日好。

当量比数值小于 1 时，说明当日每分钟的平均成交量比不上过去五个交易日的平均水平，也就是说交投变得相对冷淡，或是买方热烈的追涨情绪逐渐平复。

更具体的信息还需要根据量比数值的所处区间来分析。

- ◆ 量比数值低于 0.5：说明场内成交缩减较为剧烈，股票交易非常冷淡。但如果股价在上涨初期出现量比数值过低的情况，就可能说明主力锁定的筹码较多，不需要太大交易量就能带动股价上涨。
- ◆ 量比数值在 0.8～1.5：此时场内成交处于正常水平，与前五个交易日的差距不大，股票波动风险较小，更倾向于沿着原有轨迹运行。
- ◆ 量比数值在 1.5～2.5：说明场内成交开始放大，当股价处于上涨阶段，代表涨势良好；当股价位于下跌阶段，代表有继续下跌的趋势。
- ◆ 量比数值在 2.5～5：说明场内成交量快速放大，若股价处于盘整区间或受到压力位（支撑位）的阻碍（支撑），此时就有突破（跌破）的可能。
- ◆ 量比数值在 5～10：说明场内成交剧烈放大，在股价底部和顶部比较常见，代表着价格的反转和后市发展方向的改变。
- ◆ 量比数值高于 10：说明场内成交比较极端，股价已经被推涨到高位，主力开始出货，或是被拉到较低的位置，主力开始注资拉升。

不过与前面的换手率一样，量比指标的数值区间也只能起到参考作用，在实际中还需要将个股的常规量比情况和异动下的量比情况作对比，以进一步证实变盘是否到来。而且量比指标也不能单独用作走势研判，投资者要特别注意。

除此之外，投资者还需要知道量比指标是有时效性的，它只会在实时K线图和分时图中显示。也就是说，投资者只能观察到当日的个股量比情况，历史走势中的量比数值是无法查询的，这一点与换手率不同。

所以，投资者要想利用量比指标抓短线黑马，往往需要通过市场量比数值排名筛选的方式进行。

下面通过一个案例来具体展示。

实例分析

量比数据排名前列的个股看盘

要观察市场中量比数值排名前列的个股，投资者需要在当日收盘后选择个股列表上方选项栏中的“量比”选项，即可看到当日量比数值由大到小的个股排名了。图2-31为2023年10月19日量比数值排列靠前的A股。

	代码	名称		涨幅%	现价	涨跌	买价	卖价	总量	现量	量比↓	涨速%	换手%
1	002383	合众思壮	R	2.24	8.22	0.18	8.22	8.24	149.1万	11375	8.75	1.48	24.20
2	002457	青龙管业		4.96	8.26	0.39	8.26	8.27	212388	1372	6.33	0.12	6.34
3	605111	新洁能	R	6.03	38.70	2.20	38.70	38.71	355690	3415	6.32	0.21	11.98
4	300890	翔丰华	R	8.31	34.80	2.67	34.78	34.80	67947	964	6.10	-0.22	6.98
5	002771	真视通		10.02	24.48	2.23	24.48	–	826546	565	5.99	0.00	48.39
6	831832	科达自控	R	-3.77	9.96	-0.39	9.93	9.99	4786	6	5.70	0.30	0.78
7	000677	恒天海龙		5.17	3.05	0.15	3.04	3.05	613403	7190	5.65	0.66	7.10
8	688155	先惠技术	K	6.28	44.37	2.62	44.37	44.38	14604	148	5.48	0.20	1.90
9	600234	科新发展		3.61	7.18	0.25	7.18	7.19	78853	1524	5.46	0.56	3.90
10	002671	龙泉股份		5.39	4.89	0.25	4.88	4.89	496390	5423	5.38	0.20	8.97
11	833819	颖泰生物	R	-2.78	3.85	-0.11	3.84	3.85	23851	52	5.31	0.26	0.20
12	603726	朗迪集团		10.01	14.07	1.28	14.07	–	89253	308	5.27	0.00	4.81
13	833171	国航远洋	R	0.00	3.35	0.00	3.34	3.35	9518	8000	5.16	0.00	0.43
14	832175	东方碳素	R	2.78	8.12	0.22	8.11	8.12	9728	51	5.15	-0.11	1.75
15	002729	好利科技	R	-5.42	19.88	-1.14	19.87	19.88	278957	4511	4.96	1.74	15.90
16	873122	中纺标	R	-5.04	9.80	-0.52	9.80	9.90	2298	202	4.86	0.00	2.16
17	002490	山东墨龙		10.02	4.72	0.43	4.72	–	818135	2611	4.78	0.00	15.11
18	000757	浩物股份		-0.36	5.52	-0.02	5.51	5.52	151.9万	9484	4.73	-0.35	28.51
19	002631	德尔未来	R	10.09	6.11	0.56	6.11	–	170997	794	4.69	0.00	2.61
20	605258	协和电子		-2.80	27.81	-0.80	27.80	27.81	95185	1898	4.68	-0.31	25.19

分类▲ A股 北证 创业 科创 B股 基金▲ 债券▲ REITs 新三板▲ 板块指数 港美联动 自选 板块▲ 自定▲ 港股▲

图2-31　2023年10月19日量比数值排列靠前的A股

从图2-31中可以看到，在2023年10月19日，量比数值排名前两位的分别是合众思壮（002383）和青龙管业（002457）。两只股票的量比数值在5～10之间，说明场内成交剧烈放大，若出现在关键突破（跌破）位或是反转位，可能代表着变盘的来临。

下面分别来看一下两只股票的走势情况。

图2-32为合众思壮2023年6月至10月的K线图。

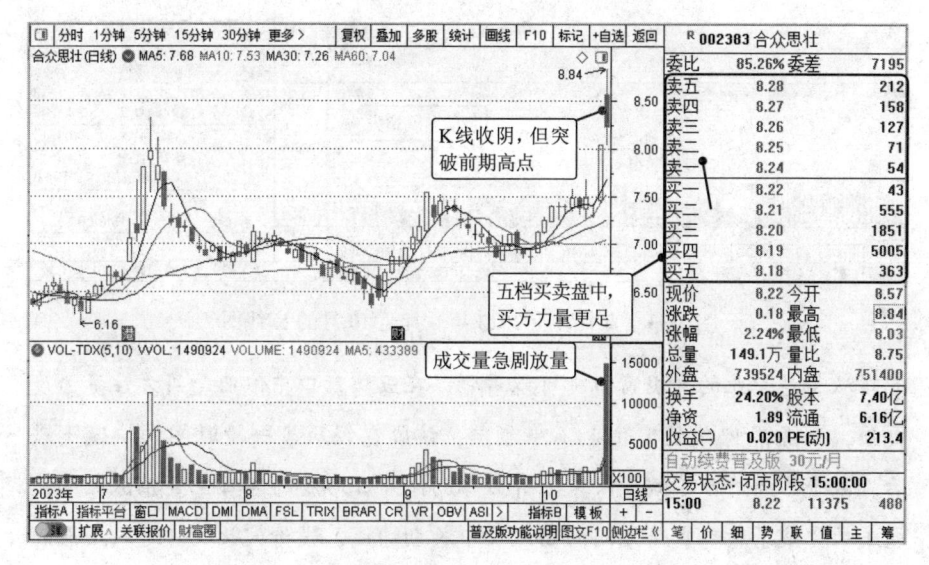

图2-32　合众思壮2023年6月至10月的K线图

从合众思壮10月19日的表现来看，五档盘口中的买方明显是更占优势的，当日在开盘后也确实出现了积极的涨停走势，这也是为什么下方的成交量有急剧地放大。不过后续该股却是收阴回落的，但收盘价依旧超过了前期高点，说明这也算是一次比较关键的突破。

综合来看，该股有可能存在突破的意愿，但由于动力不足或其他原因，没能在突破成功后继续拉升，而是开板回落了。因此，后续该股可能面临小幅度的回调，但只要成交量能够继续放大支撑，该股应当还是有上涨潜力的，短线投资者可以不着急买进，等待看后续的发展。

下面再来看一下排名第二的青龙管业的走势。

图2-33为青龙管业2023年6月至10月的K线图。

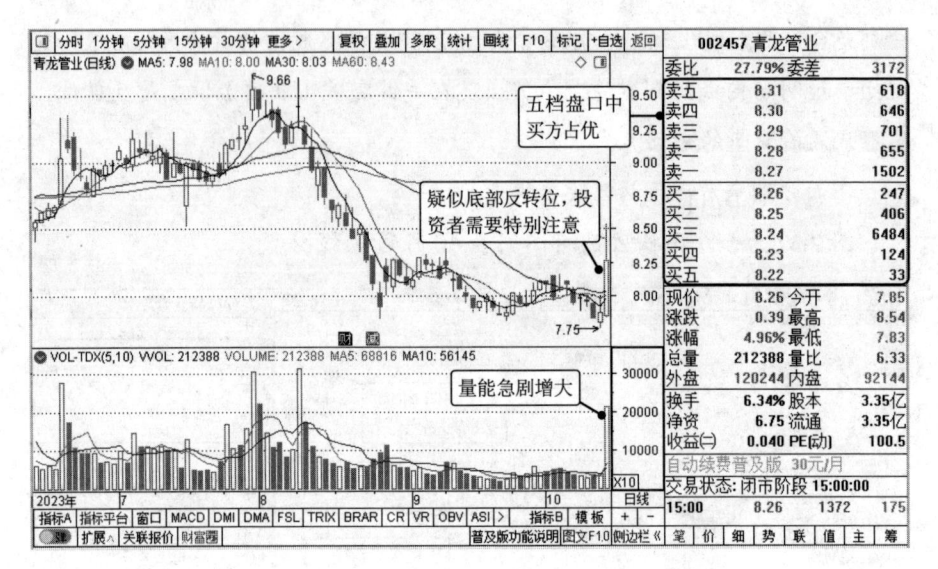

图 2-33　青龙管业 2023 年 6 月至 10 月的 K 线图

　　从青龙管业的数据窗口中可以看到，在五档盘口中依旧是买方注资力度更强。而观察 K 线的变化也不难看出，该股在经历了一段时间的快速下跌后，似乎已经进入了筑底阶段。并且 10 月 20 日形成的单日巨量推涨大阳线也成功突破了底部震荡期间的高点及中长期均线，股价就此反转进入上涨的概率还是比较大的。

　　因此，买进青龙管业的成功率会比合众思壮的要高一些，激进型投资者是可以尝试在此跟进的。当然，谨慎型投资者还是建议继续观察后续走势，等上涨趋势稳定后再买进。

第 3 章

K线盘面捕获黑马

在K线界面中,无论是K线的特殊组合形态还是各种指标的特殊走势,都属于重要的盘口信息。不同的K线形态和指标走势在不同的位置出现,传递出的信息可能会截然不同,短线投资者需要学会掌握和分辨。

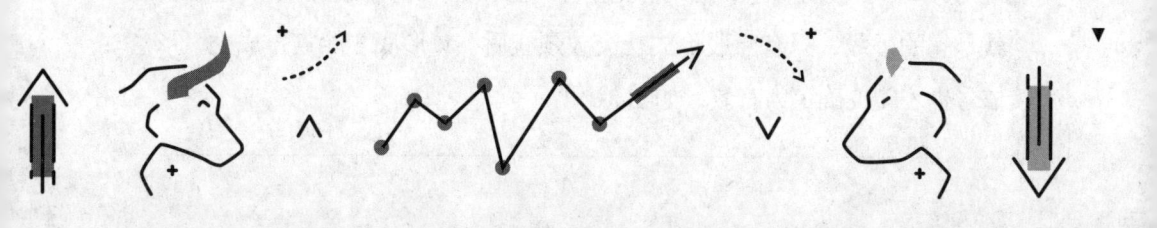

3.1 K线看盘抓住黑马

K线的特殊形态往往是短线投资者在抓黑马的过程中首要考虑的分析对象，因为这些形态一般构筑时间较短，在熟悉了具体的技术要求后，投资者也可以比较容易地判断出形态是否有效，进而快速得出结论，非常适合短线操盘。

当然，就算投资者需要重点依靠K线特殊形态来寻找买入点，也不能完全摒弃其他指标或盘口信息传递出的信号。只有将这些信息有机、高效地结合起来，短线抓黑马的成功率才能得到提高。

下面就来看一下有哪些K线特殊形态值得短线投资者学习。

3.1.1 下跌末尾筑底预示形态

短线投资要想获利，控制买进成本是很关键的一环。一些经验丰富的投资者能够通过对各种盘口信息的分析，在股价下跌的过程中提前预判到反转的到来，进而在低位吸纳建仓，这种行为被称为抄底。

但是很多对技术分析了解不足或是新入市的投资者就不太容易做到这一点了，因此，需要借助一些既定的K线形态来分析，加速下跌后接V形底的形态就是一个很好的筑底分析对象。

先来介绍加速下跌，它是指K线在原本下跌的基础上加快跌速，使得股价深入低位区域的走势。通常来说，它是市场卖盘加大力度压价，后市看跌的表现，但当其出现在行情底部，并且股价在下跌结束后迅速被拉升向上形成V形底后，它就成了主力在低位出手压价、大量吸筹以备后市拉升的预兆。

至于V形底，就是股价在加速下跌触底后被立即拉起而形成的一个尖锐的"V"字筑底形态，有时候也被称为尖底。股价加速下跌的起始位置就是它的颈线，只有当股价成功突破颈线后，V形底才能宣告成立，形态信号也才能被确定为有效，如图3-1所示。

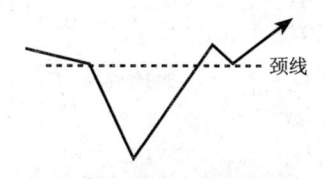

图 3-1　V 形底示意图

借助这一明确的 K 线形态，短线投资者完全有机会实现低位抄底，同时也可以在颈线被突破的位置加仓。但需要注意的是，投资者在 V 形底尚未彻底成立时买进是有风险的，毕竟股价有可能在小幅反弹后回归下跌，那么投资者买进的位置就在半山腰，也就是被套了。

所以，该形态中比较稳妥的买点还是在颈线被突破的位置，但该位置的买进成本又会比较高，因此，短线投资者要根据自身的风险承受能力和操作风格来慎重衡量买进的位置，不要盲目跟风。

下面来看一个具体的案例。

实例分析

大港股份（002077）加速下跌后接 V 形底形态解析

图 3-2 为大港股份 2022 年 2 月至 7 月的 K 线图。

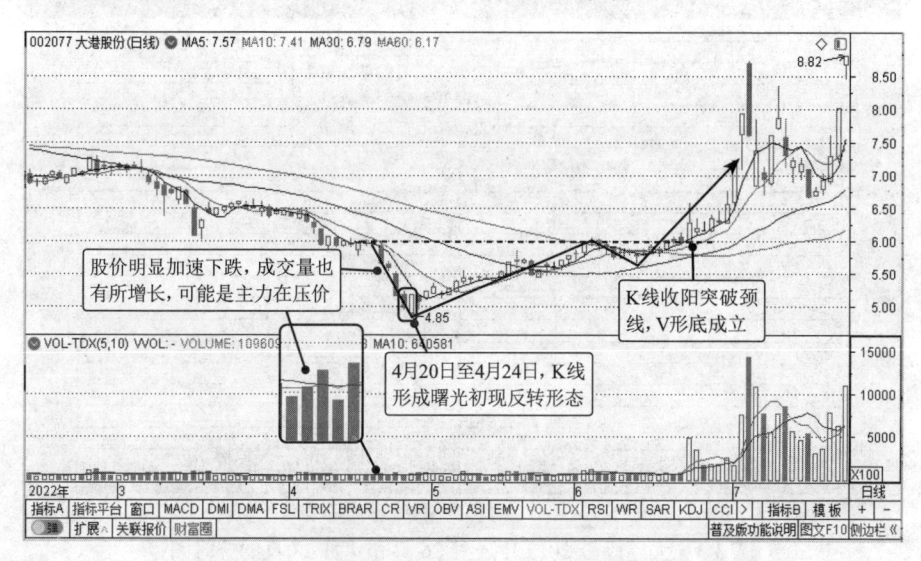

图 3-2　大港股份 2022 年 2 月至 7 月的 K 线图

大港股份的股价在 2022 年 5 月之前的走势都比较低迷，尤其是在 2 月至 3 月，K 线几乎一直被压制在中长期均线之下，多次反弹突破未果后，股价下跌速度也越来越快了。

4 月初，股价在 6.00 元价位线上暂时止跌，横盘整理数日后继续下行。但投资者可以很明显地看到，这一次 K 线收阴的幅度明显大于前期，股价整体呈现出加速下跌的走势。

再看下方的成交量，可以发现在 K 线连续收阴的过程中，量能却出现了放大，与之形成了量增价跌的背离。在如此低位形成的量增价跌和加速下跌，有可能是主力在出手压价，方便低位吸筹的表现。短线投资者可大胆做出假设，但也不要着急跟进。

4 月底，股价在 5.00 元价位线附近止跌企稳后收出了一根长阳线，显示出走势反转的迹象。而仔细观察这两根 K 线，可以发现第二根阳线是以低价开盘的，并且收盘价深入了前日阴线实体的一半以上，形成的是曙光初现底部反转形态，进一步证实了前面的猜想。

下面就进入这两个交易日的分时走势中，看看主力是否有异动。

图 3-3 为大港股份 2022 年 4 月 26 日和 4 月 27 日的分时图。

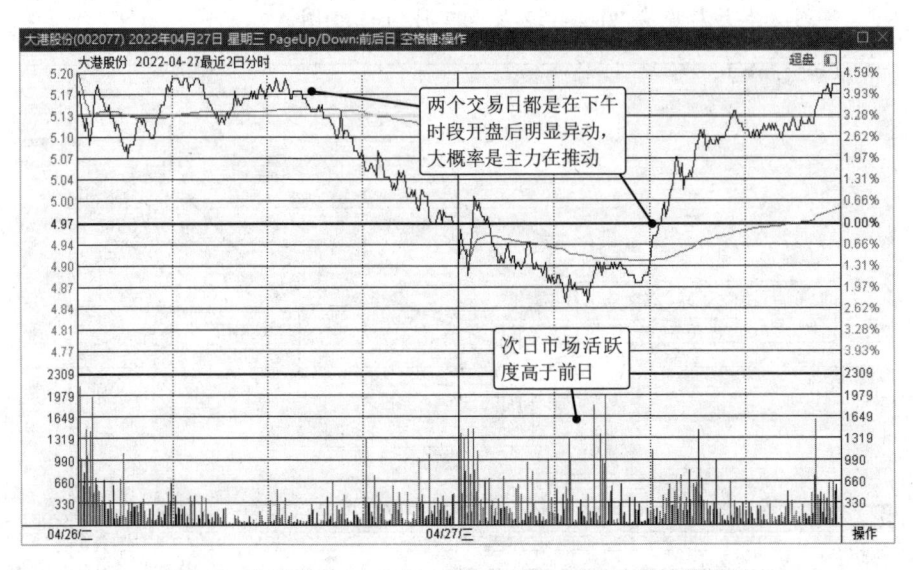

图 3-3　大港股份 2022 年 4 月 26 日和 4 月 27 日的分时图

粗略观察4月26日和4月27日的分时走势，似乎并没有什么异常之处，但仔细看股价在早间与下午交易时段的走势，就能发现在这两个交易日中，股价线都是从下午开盘后开始发生明显变盘的，而早间走势的趋势性都没有那么强。

单从这一点就可以大致判断出是主力在推动，结合前面分析出的多重信息，主力拉升在即，短线投资者要做好准备，甚至一些激进型投资者都可以在这两日中择机买进了。

回到K线图中观察后续的走势，可以看到在此之后，股价并未在底部停留，而是连续收阳上升，出现了稳步的上涨，与前期加速下跌的走势结合形成了V形底的雏形，那么6.00元价位线就是形态的颈线。

6月初，股价终于上升到了颈线处，但没有第一时间将其突破，而是进行了一次小幅度的回调，低点落在30日均线上方止跌，随后继续上冲，最终于6月底成功突破到了颈线之上，宣告了V形底的成立，也预示着快速拉升的开启。此时谨慎型投资者也可以迅速跟进了。

3.1.2 底部反转形态

底部反转形态指的是构筑时间偏短，但在股价底部出现后能够预示反转已经到来的形态，比如上一个案例中提到过的曙光初现。本节就以两种比较常见的底部反转形态，即早晨之星和塔形底为例，向投资者展示其用法和判断方式。

首先来介绍的是早晨之星。作为反转形态中的经典分析对象，早晨之星的预示信号还是十分可靠的，具体形态如图3-4所示。

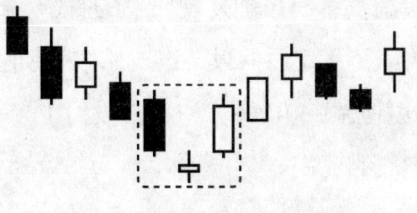

图3-4　早晨之星示意图

从图 3-4 中可以看到，早晨之星由三根 K 线构成，前后两根 K 线实体都比较长，并且前阴后阳，阴线开盘价与阳线收盘价处于相近的位置。中间的 K 线就是早晨之星中的"星"，阴阳不论实体较小，且需要与阴线形成跳空。

早晨之星形态左右两根 K 线的实体越长，与小 K 线之间的跳空缺口越大，同时中间小 K 线的实体越小（最好没有实体，呈十字星线），形态就越标准。

下面再来看塔形底，它由多根 K 线构成，研判关键在于左右两根长实体 K 线，同样是前阴后阳。中间则是一系列横向窄幅震荡的小实体 K 线，阴阳不论，如图 3-5 所示。

图 3-5　塔形底示意图

一般来说，塔形底不要求两根长实体 K 线与中间的小实体 K 线之间形成跳空，只要实体长度差距够大就可以。若两边都有跳空缺口，塔形底形态就会进阶成为岛形底，反转信号将会更加强烈。

其实投资者仔细观察就可以发现，塔形底就是"星星"变得很多的早晨之星，因为两边的长实体 K 线形态类似，区别仅在于中间的小实体 K 线数量和跳空缺口而已，并且塔形底两端的长实体 K 线实体上端无须严格齐平。

因此，二者的形成位置和传递出的信号都十分类似，投资者在阶段底部、行情底部及反弹前夕都有可能发现它们的身影，进而等到最后一根大阳线出现，或是股价涨势确定后低吸买进，抓住后续涨幅。

下面就通过玲珑轮胎（601966）和帝科股份（300842）两只股票分别展示早晨之星和塔形底的应用。

实例分析
玲珑轮胎（601966）和帝科股份（300842）的早晨之星及塔形底形态解析

图 3-6 为玲珑轮胎 2022 年 9 月至 12 月的 K 线图。

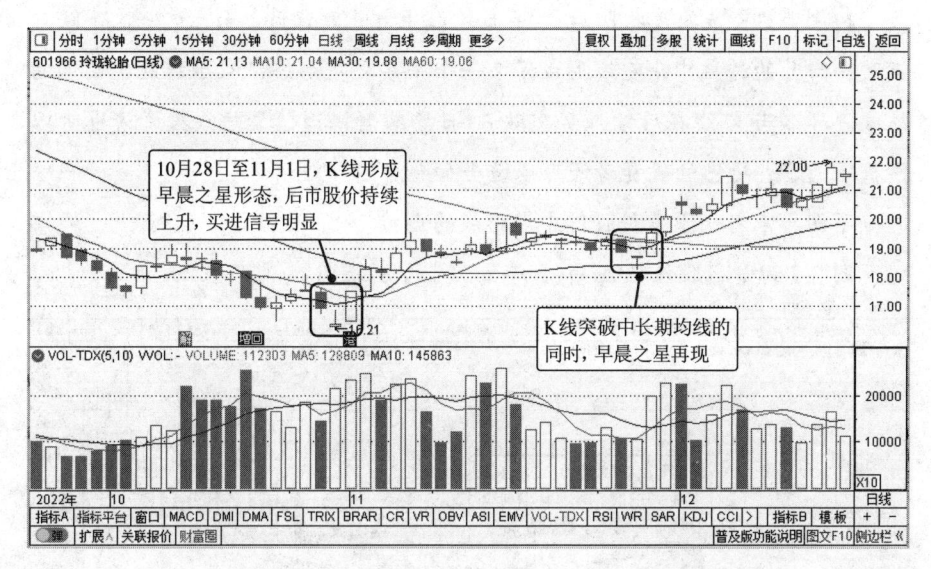

图中标注：
- 10月28日至11月1日，K线形成早晨之星形态，后市股价持续上升，买进信号明显
- K线突破中长期均线的同时，早晨之星再现

图 3-6　玲珑轮胎 2022 年 9 月至 12 月的 K 线图

先来看玲珑轮胎中早晨之星的形态应用。从图 3-6 中可以看到，该股正从下跌趋势转为上涨，在 2022 年 10 月之前，股价已经经历了比较长时间的下跌，均线组合长期呈空头排列，压制着 K 线向下运行。

10 月下旬，该股跌至 17.00 元价位线附近后形成了一次幅度较小的反弹，不过三日就结束并向下继续收阴了。收阴的次日，K 线却跳空向下，在 17.00 元价位线下方收出了一根小实体阳线。再往后一个交易日，股价则迅速回升，收出的长实体阳线收盘价与前面的阴线开盘价相近。

可见，这是一个早晨之星形态，释放出的是反转信号。那么激进型投资者就可以尝试着在此低吸了，但要注意仓位管理，谨慎型投资者则可以再等待一段时间。

在往后的几个交易日中，K 线连续上涨，并且涨速还挺快，成功突破了 30 日均线，基本上可以确定为强势反弹或上涨行情的开启。

不过该股在上涨至 60 日均线附近后受阻，形成了一段时间的滞涨回调。但从 K 线低点的变化来看，该股没有彻底下跌的迹象，因此，投资者还是可以继续持有的。

11 月底，K 线再度收阴后于 30 日均线上方止跌回升。而在这一次下跌→止跌→回升的过程中，K 线形成了又一个早晨之星形态，预示着此次回调的结束。那么当 K 线在后续强势突破 60 日均线时，谨慎型短线投资者也可以借机跟进了，场内的投资者还可以适当加仓。

下面再来看一下帝科股份中塔形底的走势。

图 3-7 为帝科股份 2023 年 1 月至 5 月的 K 线图。

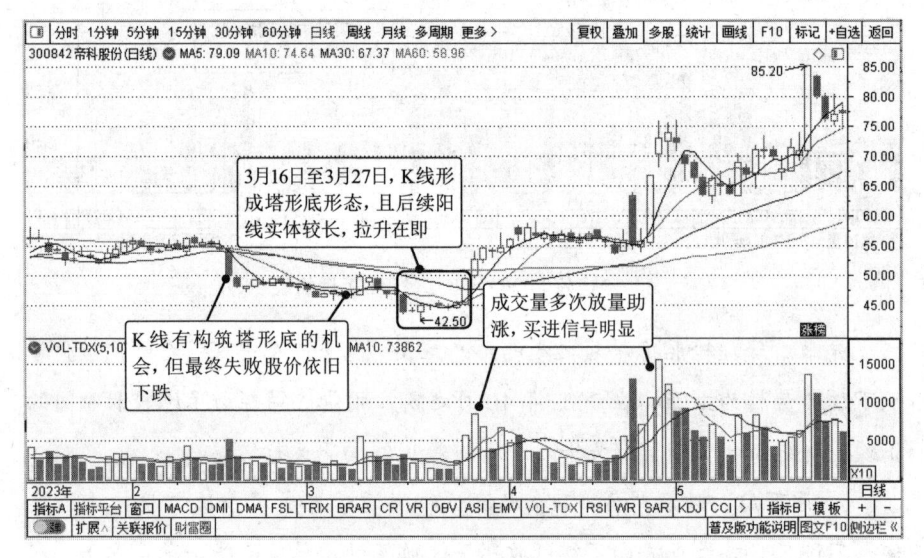

图 3-7　帝科股份 2023 年 1 月至 5 月的 K 线图

帝科股份的走势变化与玲珑轮胎的类似，都是股价经历长期下跌后运行到底部反转向上。不同的是，帝科股份的股价运行到底部时多采用横盘震荡的方式筑底。

2023 年 2 月中旬，K 线收出一根长实体阴线，一举将价格往下拉到了更低的阶梯上。后续该股长期受 50.00 元价位线的压制而横向窄幅震荡，收出多个走平小 K 线，整体看来有形成塔形底的机会，短线投资者应给予关注。

不过可惜的是，该股在运行到 3 月初确实有大幅收阳向上拉升的迹象，但可能由于场内看空力度依旧强盛，或因为主力还未准备好立即推升，K 线收阳后并未成功突破到压力线之上，后续很快就转入下跌了。因此，塔形底构筑失败，短线投资者还需要等待机会，不可在此介入。

数日之后，该股再度大幅收阴跌到了 45.00 元价位线之上，然后又形成了一次横盘窄幅震荡，这也是一个塔形底成型的机会。

3 月 27 日，K 线大幅收阳上升，连续向上突破了 45.00 元价位线和 30 日均线，最高价还十分靠近 60 日均线，成功构筑出了塔形底的形态。再结合成交量的集中放量推涨，股价可能即将进入拉升，短线投资者可尝试着在此跟进建仓了。

从后续的走势也可以看到，该股在此之后连续收阳上升，很快便来到了 55.00 元价位线之上，横盘一段时间后成交量放出巨量再度推涨，股价以更迅猛的涨势冲到了接近 75.00 元价位线的位置，可见主力拉升的决心。对于短线投资者来说，每一次的推涨都是很好的建仓和加仓机会。

3.1.3　起涨后的拉升形态

筑底结束后，很多个股就会转入持续的拉升之中。而在这种积极上涨的阶段中也存在许多预示着买进的看多形态，比如本节将要介绍的低位五连阳和多方炮。

低位五连阳的形态十分常见，也十分好辨认，就是在股价上涨初期形成的连续上升的五根阳线（走平的不能算五连阳），实体长度和影线长度都不论，如图 3-8 所示。

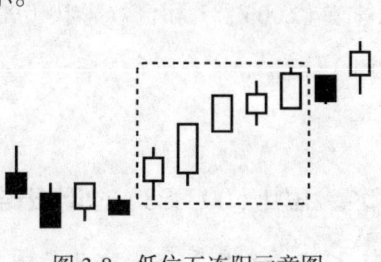

图 3-8　低位五连阳示意图

尽管低位五连阳对阳线的形态基本没有要求，但要连续收出上升的五根阳线也不是一件容易的事，这至少说明市场大部分投资者对于个股是高度看好的，在连续五个交易日中都有源源不断的资金入场支撑。

除此之外，低位五连阳之所以能够预示上涨，还有一个关键原因在于其形成的位置足够低。如果五连阳是在行情高位出现的，投资者就不得不将主力推高出货的可能性考虑进去了，这一点需要特别注意。

接下来介绍多方炮形态，它由三根及以上的K线构成，其中最左和最右的K线都需要是长实体阳线。

如果是三根K线构成的多方炮，那么中间就会夹着一根实体相对较小的阴线，并且阴线的实体需要与两根阳线实体的任意一端基本持平。

如果是由多根K线构成的多方炮，那么中间就会间隔排列阴阳线，对阴线实体的要求则与上述一致，如图3-9所示。

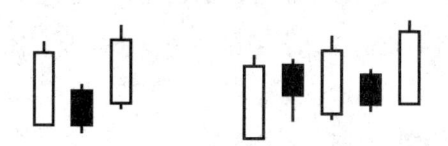

图3-9　多方炮示意图

不难看出，相较于低位五连阳，多方炮的上升方式更加坎坷，多空双方的博弈也更加激烈。不过也正是通过这样一涨一跌、反复横跳的方式，场内的抛压能够得到分段释放，因此，通过多方炮稳步上涨的个股很少会出现如连续收阳上涨后突兀转向暴跌的情况，对于短线投资者来说，被套风险会低一些。

下面就借助文一科技（600520）和合众思壮（002383）两只股票来分析低位五连阳和多方炮的形态。

实例分析
文一科技（600520）和合众思壮（002383）的低位五连阳及多方炮形态解析

图3-10为文一科技2022年8月至11月的K线图。

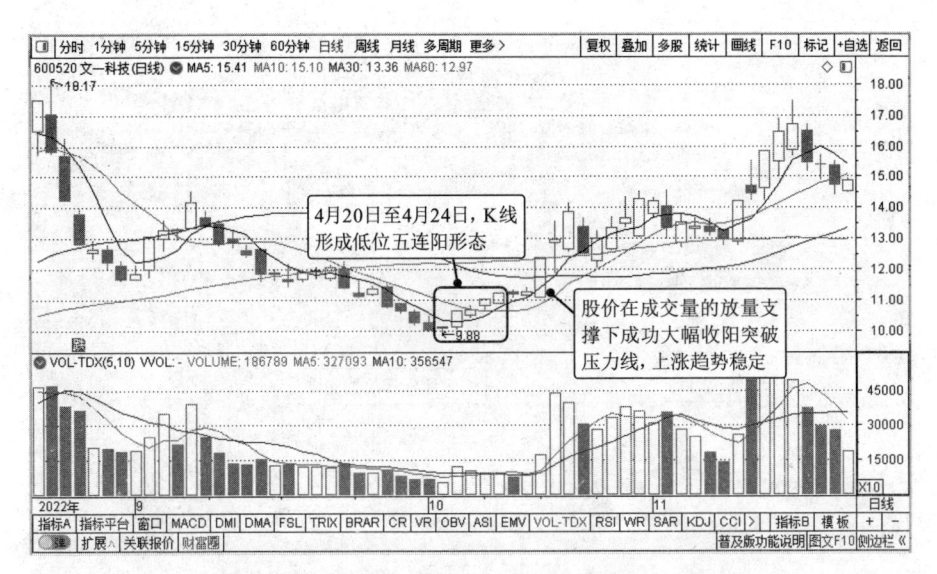

图 3-10 文一科技 2022 年 8 月至 11 月的 K 线图

图 3-10 中展示的是文一科技的一段涨跌趋势变换的过程,从 K 线图中可以看到,该股在 2022 年 8 月底之前应当是处于上涨之中的,毕竟中长期均线在那时还保持着上扬。直到股价向上接触到 18.00 元价位线后,才受阻形成了快速的下跌整理。

一直到 10 月初,该股才在 9.88 元的位置止跌,并在创出低价的当日小幅收阳,回归上涨之中。而在后续的四个交易日中,K 线都收出了阳线,尽管实体不长,涨速也不快,但依旧符合低位五连阳的特征,因此,投资者可将其当作买入机会看待。

低位五连阳形成后,股价来到了 11.00 元价位线之上,短暂横盘两日后于 10 月中旬大幅收阳拉升,一举突破到了该压力线和 30 日均线之上,最高价也接触到了 60 日均线。

与此同时,下方的成交量也放量形成支撑,上涨趋势逐渐稳定下来,还未跟进的谨慎型投资者要抓住时机了。

接下来分析合众思壮中的多方炮形态。

图 3-11 为合众思壮 2022 年 4 月至 8 月的 K 线图。

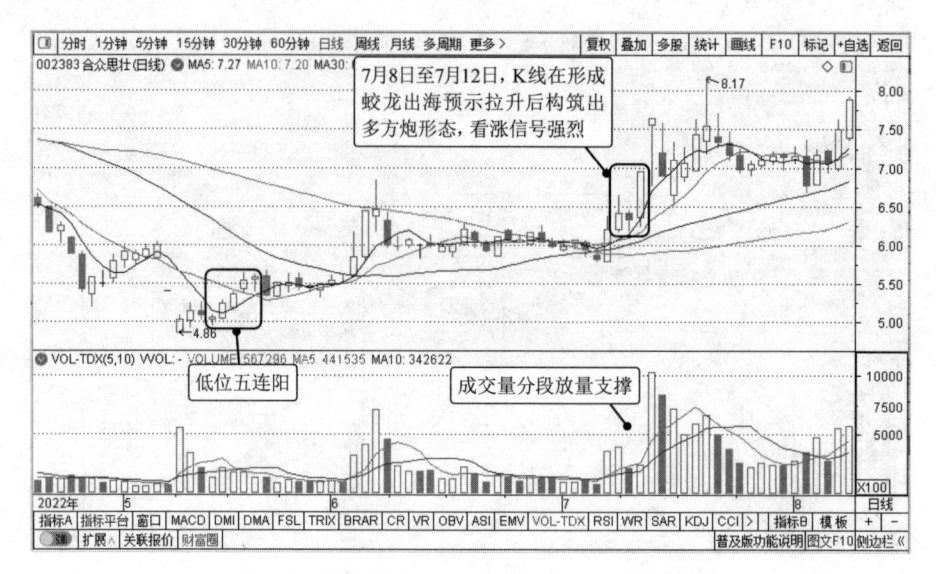

图 3-11 合众思壮 2022 年 4 月至 8 月的 K 线图

合众思壮的股价在前期的跌势还是比较迅猛的，一直落到 4.86 元处才止跌回升。而在刚开始上涨的过程中，K 线就构筑出了低位五连阳的形态，传递出拉升的信号，属于初步的买点。

在后续的走势中，随着 30 日均线和 60 日均线的向下靠近，股价多次横盘整理又多次向上突破，与均线一直纠缠到了 7 月初才终于收出一根长阳线，自下而上穿越了整个均线组合，预示着下一波拉升的开启。

其实这种收出长阳突破整个均线组合的形态被称作蛟龙出海，它往往是市场整理结束开始发力助推上涨的标志，因此，也可视作一个买点。

在蛟龙出海形成之后，K 线继续上升，次日短暂收阴整理后接着拉升向上，在此阶段中，一个多方炮就形成了。从图 3-11 中可以看到，形态的两边都是长实体阳线，中间的阴线实体上端与第一根阳线的实体上端基本持平，可以说是十分标准的多方炮。

而且由于后一根阳线的实体较长，上涨幅度较大，该形态释放出的看多信号也会更加强烈。结合前面的蛟龙出海形态，股价继续拉升的走势基本确定，此时谨慎型投资者也可以迅速跟进了。

3.1.4 上升期间横向整理

股价在反转向上并持续上涨一段时间后,大多会在某压力线的限制下形成整理,其中一些就可能是以横向震荡的方式进行的。如果 K 线能够在这些位置形成一些特定的盘整形态,并在突破位给出明确提示,那么短线投资者就可以利用这些形态更精准地抓住加仓点或重新建仓的机会。

比较常见的横向整理突破形态有很多,本节就介绍其中两种,即上档盘旋和超越覆盖线。

上档盘旋是股价大幅收阳上升到压力位,连续收出多根横盘窄幅震荡小 K 线,最终再借助一根大阳线向上突破压力线后构筑而成的看涨形态,如图 3-12 所示。

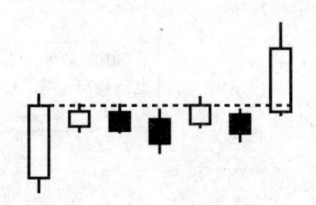

图 3-12 上档盘旋示意图

从上档盘旋的走势就可以看出,个股只是在此阶段短暂停滞,市场中的推涨动能还是十分充足的,所以,股价才能在数日之后就回归上涨。短线投资者完全可以借助上档盘旋兑现收益后重新买进,或是伺机加仓。

超越覆盖线也是形成于横盘整理后期的看涨形态,它的研判关键在于最后一根覆盖面较广的阳线,它需要向前覆盖住上一根阴线的全部,实体越长,形态越标准,如图 3-13 所示。

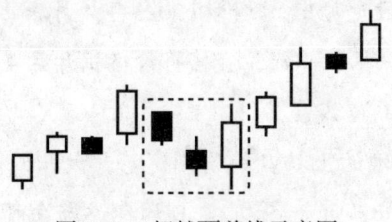

图 3-13 超越覆盖线示意图

相较于上档盘旋，超越覆盖线的回调幅度会稍大一些，但一般不会是明显的下跌。而且从二者的特性来看，它们很可能会同时出现，即上档盘旋的最后一根阳线稍微下探，前一根 K 线又是阴线，那么它就有可能将其覆盖住，形成一个超越覆盖线。

下面就通过天晟新材（300169）和江特电机（002176）两只股票观察这两个形态的差异和共通之处。

实例分析

天晟新材（300169）和江特电机（002176）的上档盘旋及超越覆盖线形态解析

图 3-14 为天晟新材 2023 年 4 月至 7 月的 K 线图。

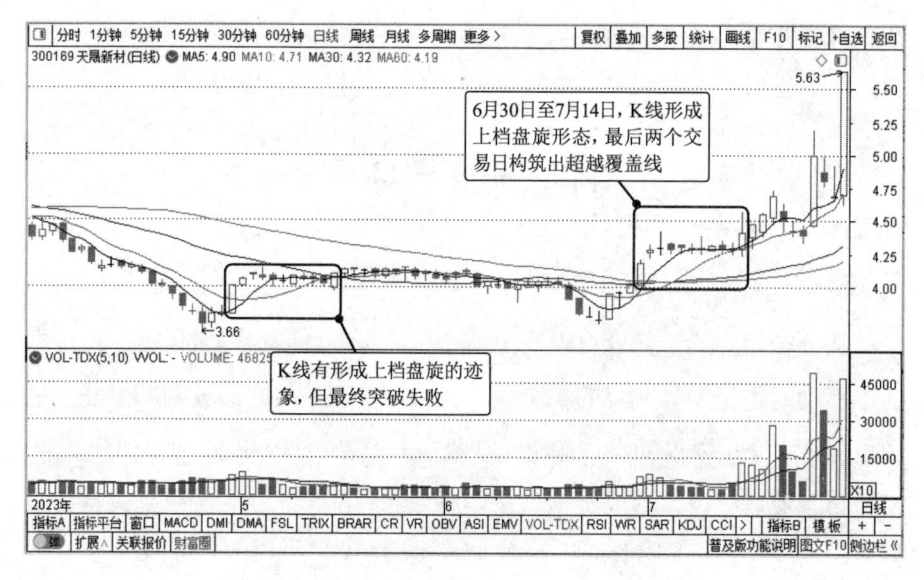

图 3-14　天晟新材 2023 年 4 月至 7 月的 K 线图

在天晟新材的这段走势中，股价从 2023 年 4 月底的 3.66 元处开始上涨，并且在数日后就收出一根长阳线，直接将价格拉升至 4.00 元价位线之上，随后开始持续横向收出小 K 线震荡。

这是一个十分标准的上档盘旋前期走势，大阳线和小 K 线都齐备，只等最后一根大阳线的出现了。而从 30 日均线逐渐向股价靠近的走势来看，突破时机也不远了，许多短线投资者已经开始准备资金。

但当突破时机到来时，K线却没能收出实体足够长的突破阳线，只是小幅拉升向上接触到30日均线后就停滞下来，当日突破失败，上档盘旋的形态也被迫中止构筑，那么投资者就还需要等待。好在股价后续没有出现下跌，而是长期横盘震荡，等待60日均线的靠近。

6月中旬，60日均线已经十分接近股价了，此时K线突然收出连续阴线下行，数日后止跌企稳，蓄积足够力量后再度向上发起冲击。这一次K线成功收阳突破了两条中长期均线，并且很快开始收小K线横向震荡，再度预备构筑上档盘旋。这一次股价是在突破关键压力线成功的基础下构筑上档盘旋的，因此，成功率相较于前期要高一些。

7月14日，K线收出一根长阳线成功向上脱离横盘区间，也构筑出了一个上档盘旋形态。而且投资者仔细观察就可以发现，这一根阳线向前覆盖住了上一根阴线，形成了一个超越覆盖线，与上档盘旋同步发出看涨信号，短线投资者可以抓住时机跟进了。

下面来看一下江特电机的走势中超越覆盖线的形态解析。

图3-15为江特电机2022年3月至7月的K线图。

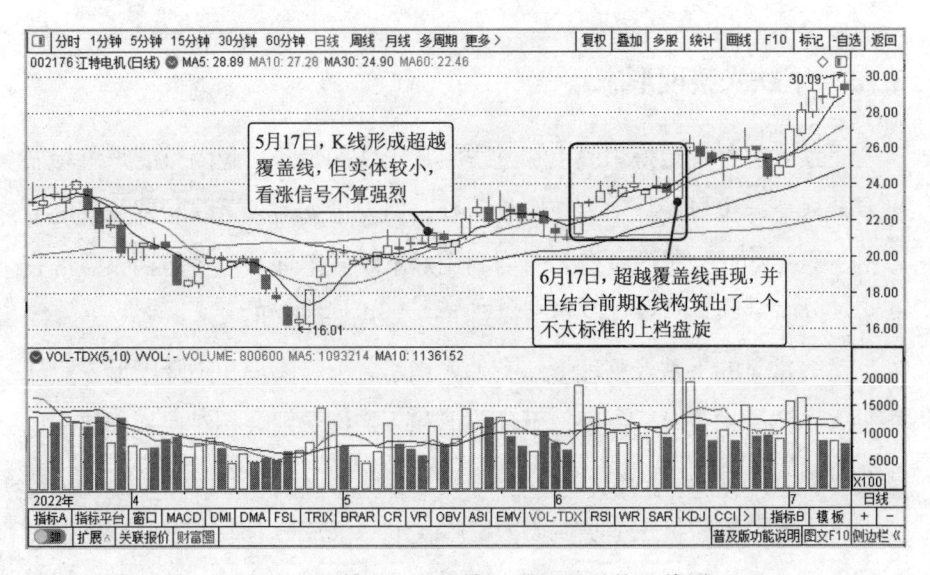

图3-15　江特电机2022年3月至7月的K线图

从图 3-15 中可以看到，江特电机在下跌至 16.00 元价位线上后止跌回升，在震荡中成功突破 30 日均线，并不断向着 60 日均线靠近。

5 月 17 日，K 线收出一根实体相对较长的阳线，成功向前覆盖住了小阴线。但由于该阳线没能成功突破 60 日均线，实体也不算长，所以，释放出的看涨信号并不强烈，场内外的短线投资者都暂时不着急买进。

后续股价在回落整理两个交易日后还是成功向上突破了关键压力线。不过后面的上涨也没能坚持太长时间，K 线很快收阴开始横向震荡，可见短时间的上涨潜力确实不大。

5 月底，股价回落至 60 日均线上止跌，于 6 月初大幅收阳拉升。不过此后 K 线依旧长期横向震荡，拉升信号尚不明确，但有形成上档盘旋形态的可能，投资者要注意了。

6 月 17 日，股价迅速上涨，K 线以大阳线报收并成功向前覆盖住了前一根阴线，形成了超越覆盖线的形态，而且该阳线与前面的 K 线结合起来还构筑出了一个不太标准的上档盘旋（第一根阳线的收盘价距离横盘压力线太远）。两形态组合分析，基本上可以得出短期上涨的信号，那么短线投资者就可以将其视作一个介入点。

3.1.5 下跌式整理形态

下跌式的整理也是个股上涨过程中常出现的走势，起因可能是市场需要释放抛压，也可能是主力在压价震仓，但无论如何，下跌回调是避免不了的。既然如此，短线投资者就要利用好下跌式整理及时将前期收益落袋为安，同时借助一些特殊形态寻找到下一次买进的时机。

比较常见的下跌式整理形态有仙人指路、下降旗形和下降楔形等，其中仙人指路的构筑时间偏短，下降旗形和下降楔形则会相对偏长，通常在半个月到一个月。

仙人指路指股价在上涨至压力位后收出一根带长上影线的小 K 线，然后回调下跌。这根小 K 线的最高价就是形态指出的"路"，意味着后续股价有上涨乃至突破该价位线的潜力。等到回调结束股价继续上涨并突破该压力线，仙人指路就算构筑完成了，如图 3-16 所示。

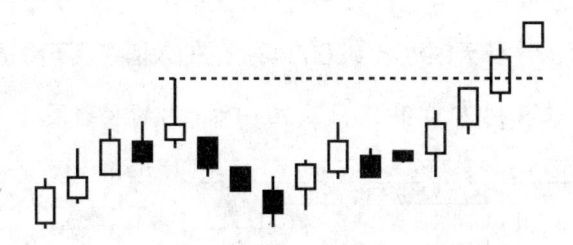

图 3-16　仙人指路示意图

相较于前面介绍的，需要等到 K 线突破成功或形成相应的走势后才能算作成立的形态，仙人指路的重点并不在于股价后续对压力位的突破，而在于"指路"的过程。

也就是说，仙人指路只是给出了股价未来可能达到的预期位置，至于价格到底能否突破，后市又能否有更好的表现，就要看后续的情况了。

下降旗形和下降楔形则属于同类型的下跌式整理形态，都是股价在下跌过程中反复震荡，高点和低点或同步或不同步地下移，分别连接关键点位形成的旗形和楔形形态，如图 3-17 所示。

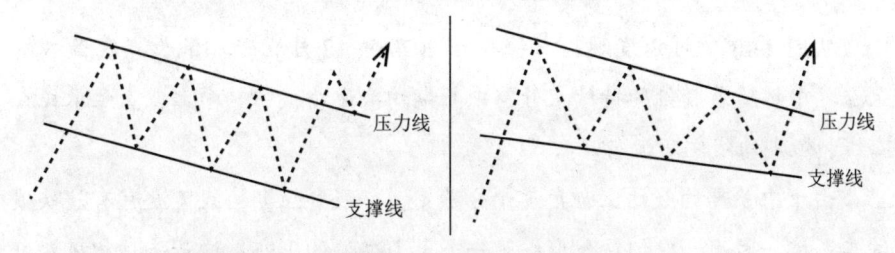

图 3-17　下降旗形（左）与下降楔形（右）示意图

从图 3-17 中可以看出，下降旗形和下降楔形的整理过程更加曲折，但由于规律性较强，投资者还是能够通过 K 线与上下边线之间的关系来预判变盘时机。且相较于仙人指路来说，下降旗形和下降楔形预示出的买点更加靠近低位，投资者买进的成本也会相应降低。

下面就利用三棵树（603737）和天银机电（300342）两只股票来逐一

解析仙人指路和下降旗形的实战应用。

实例分析

三棵树（603737）和天银机电（300342）的仙人指路及下降旗形形态解析

图 3-18 为三棵树 2020 年 12 月至 2021 年 6 月的 K 线图。

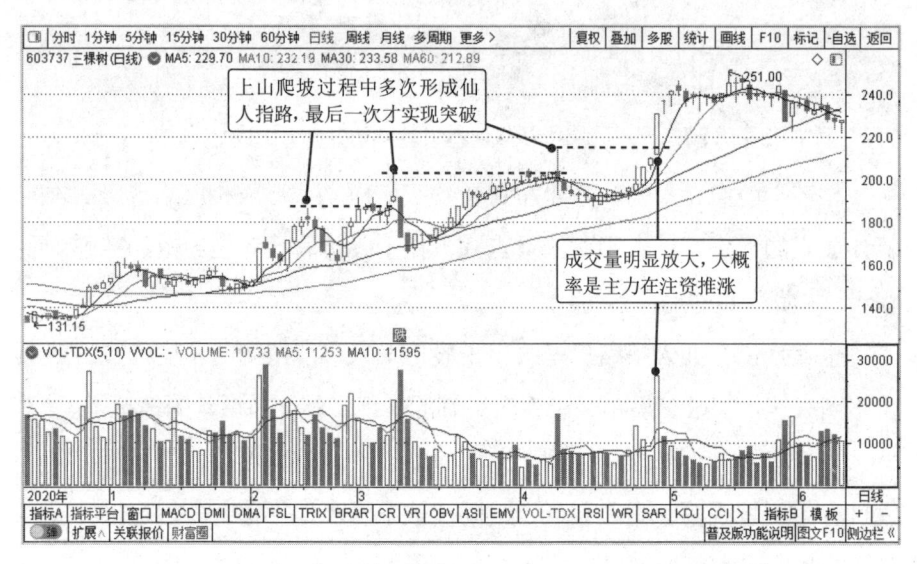

图 3-18 三棵树 2020 年 12 月至 2021 年 6 月的 K 线图

从图 3-18 中可以发现，三棵树在 2020 年 12 月底进入了长期震荡式的上涨之中。随着股价的持续上升，中长期均线逐步被扭转向上，直至承托在 K 线和短期均线之下运行。

由于中长期均线的上行角度十分稳定，K 线和短期均线又没有有效跌破过其支撑，因此，它们结合形成了一个上山爬坡的形态。这是一种积极看好的波浪式上升形态，并且规律性较强，短线投资者完全可以利用其特性进行低吸高抛的波段操作。

在整段上升过程中，仙人指路的形态多次出现，比较明显的三次分别在 2021 年 2 月中旬、3 月初和 4 月初。其中，2021 年 2 月中旬和 3 月初的仙人指路分别指示出 190.00 元和 200.00 元价位线之后便转入下跌了。股价在中长期均线上止跌回升后也确实来到了相应位置，但最终都没能完成突破。

结合上山爬坡的形态来看，该股始终还是被限制在了一定的波动区间内，在没有更强的推动力支撑下，短时间内是很难彻底突破到更高位置的，不过短线投资者还是可以借助上山爬坡和仙人指路的双重形态进行高抛低吸。

4月初，股价上涨到200.00元价位线之上后涨势减缓，然后突然收出了一根带长上影线的小阴线。根据前期的经验，投资者可以初步将其认定为仙人指路形态，那么220.00元价位线就是后续的关键压力线了。

4月底，股价回调结束重拾升势，这一次的成交量出现了明显放量，股价上涨的速度也有了明显加快。4月29日，K线收出一根大阳线强势向上突破了220.00元价位线，终于构筑出了一个完整的仙人指路形态，预示着快速拉升可能即将到来，同时也是一个强烈的追涨信号。

但需要注意的是，上山爬坡已经运行了数月之久，股价涨势也比较高了，这时形成的巨量推涨虽然在短时间内有积极看好的作用，但长期来看，无法排除主力在注资推高后借机出货的可能性，因此，短线投资者要注意及时止盈、止损。

下面来看一下天银机电中的下降旗形形态。

图3-19为天银机电2023年1月至7月的K线图。

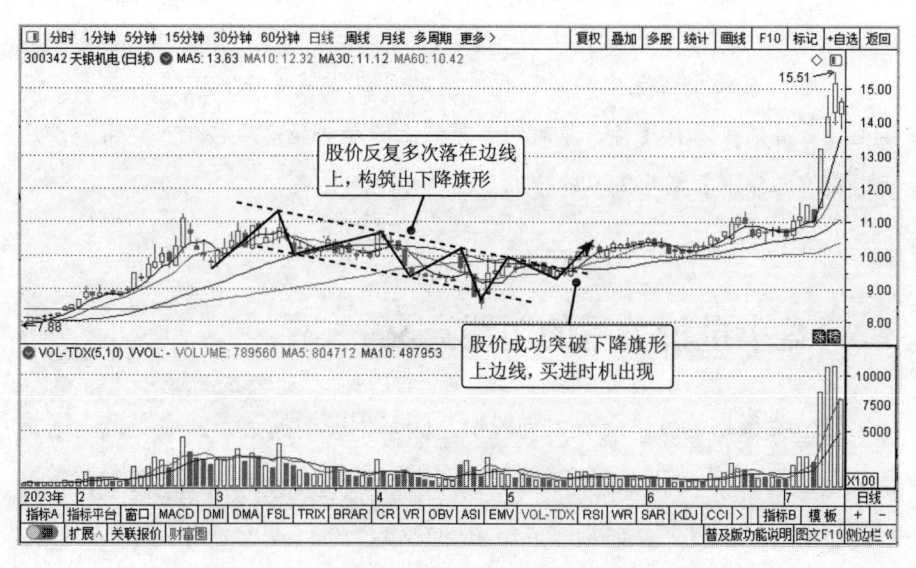

图3-19　天银机电2023年1月至7月的K线图

根据天银机电的这段走势可以看到，该股是长期处于上涨行情中的，并且在 2023 年 1 月到 2 月的涨速还比较快，成交量也在持续放大，说明市场当时高度看好该股并积极追涨。

不过到了 2 月底，该股在 11.00 元价位线附近受阻后形成了回调整理。随着成交量的缩减，股价再次上冲也没能成功突破压力线，后续就进入了震荡式的下跌。

3 月至 4 月，股价下跌的速度不快，幅度也不大，但规律性还是比较强的。细心的投资者可以发现，股价下降过程中的高点和低点几乎呈同步下行状态，分别将高点与高点、低点与低点相连，就可以作出一个斜向下的平行通道，也就是下降旗形。

当该股在下降旗形的每条边线上分别落点三次后，形态的有效性就得到了验证。那么投资者对该股后续变盘方向的判断就要依靠 K 线与这两条边线之间的突破和跌破关系了。

5 月初，股价在上升接触到下降旗形上边线后并没有第一时间跌回下边线附近，而是沿着上边线缓慢向下移动，说明有突破的可能。数日之后，该股强势收阳上升成功突破了下降旗形上边线，预示着股价向上变盘，后市将回归上涨。

此时一直处于观望中的短线投资者就可以尝试着在突破位买进了。谨慎型投资者则可以再等待一段时间，等到上涨趋势稳定后再介入，比如 6 月上旬股价回踩中长期均线不破的位置，这样更加稳妥。

3.2　盘中量价关系的短线意义

量价关系指的就是成交量与股价之间互相影响的关系，成交量的增减传递出市场态度，同时也影响着价格走向，而股价的涨跌也直接左右着市场注资的积极程度，从而影响成交量的变动。

按照量价理论中所归纳的，量价关系可分为量增价涨、量增价跌、量增价平、量缩价跌、量缩价涨、量缩价平、量平价涨、量平价跌和量平价平九种，除此之外还有单日天量、单日地量等特殊量价关系。

这样看来，要从复杂的量价关系中分析出有用的信息对于短线投资者来说也不是一件简单的事。不过短线投资者可能更多地是想通过其中一些特殊的量价关系来抓住短线黑马，因此，本节只针对其中一些常用的量价关系介绍抓短线买点的方法。

3.2.1　下跌期间的量价背离

量价背离其实就是成交量与股价的运行方向不一致的体现，比如量缩价涨、量增价平等都属于量价背离，本节要讲的就是下跌后期出现的量增价跌走势。

量增价跌从字面意义上就能理解，即成交量增长的同时，股价却持续下跌的情况，如图 3-20 所示。

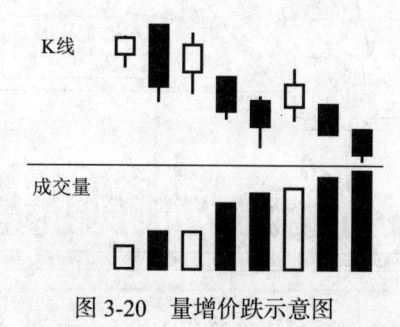

图 3-20　量增价跌示意图

量增价跌看似十分矛盾，但从买卖盘意图的角度来分析就很好理解了。成交量增长带动价格下跌，意味着股价是在市场频繁交易的过程中被主动拉低的，盘中的助跌动能比起平常来说更加强劲。简单来说，就是主动性卖盘更多，将买盘迅速消化后就会形成成交量增长的情况。

当这种走势在下跌后期出现，就有可能是主力蓄意压价造成的，其目的就在于低位吸取廉价筹码，等持仓比例达到一定程度后迅速拉升个股，将其带入新的行情之中。

这种情况下的量增价跌传递出的就是短期看跌，但长期看涨的信号，对于短线投资者来说是一种反转预示，提醒投资者可以开始关注该股了。但投资者也最好不要立即买进，应等到反转完成或涨势稳定后再介入，否则就要承担判断失误被套半山腰的风险。

下面通过一个案例来解析。

实例分析

精锻科技（300258）下跌期间的整理阶段

图 3-21 为精锻科技 2022 年 2 月至 8 月的 K 线图。

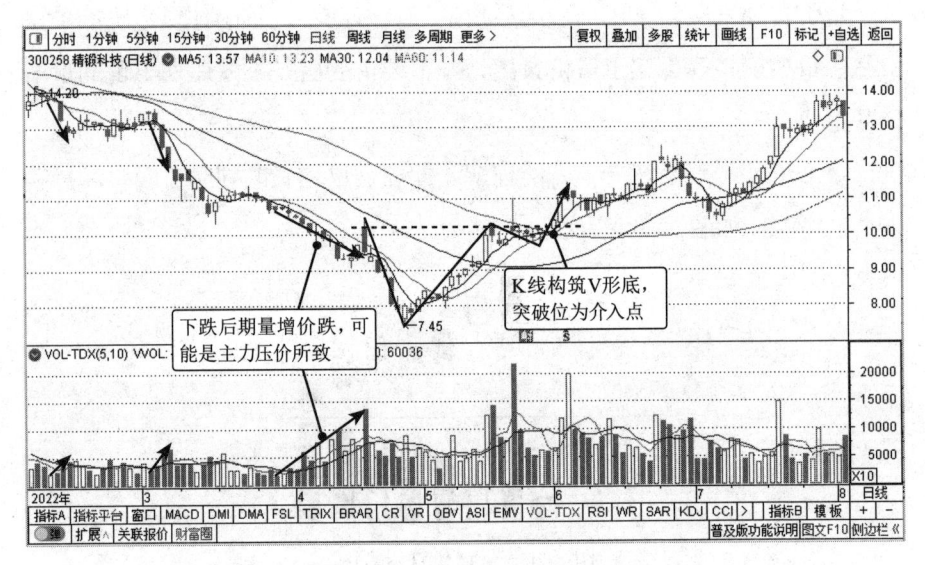

图 3-21　精锻科技 2022 年 2 月至 8 月的 K 线图

在图 3-21 中，精锻科技正在经历涨跌趋势的变换。该股在 2022 年 2 月至 3 月的跌速非常快，到了后期几乎是在持续下行，期间形成的数次反弹都没有太大的介入价值，只是稍微减缓了股价跌速。

若投资者仔细观察这段时间内股价与成交量之间的关系就可以发现，每一次 K 线快速收阴下跌时，成交量几乎都会形成相应的分段放量。这种背离在 3 月底到 4 月初这段时间更加明显，成交量和股价基本在持续形成量增价跌的背离。

根据该股长期的下跌走势及当前的位置来看，该股可能已经运行到了下跌后期，而且主力可能也开始出手压价了。这时虽然短线投资者依旧不宜参与，但可以留在场外持续关注，等待后续可能的变盘。

4月下旬，该股在一次短暂反弹后迅速下行，收阴幅度明显大于前期，呈现出加速下跌的走势。4月底，该股跌至7.45元的最低价后立即被拉起，K线连续收阳上升形成了一个V形底的雏形。结合前期的量增价跌来看，该股很有可能就此转入上涨之中，激进型投资者已经可以尝试介入了。

等到5月中旬该股上涨至前期压力线，也就是颈线附近时没有立即突破，而是小幅回调整理了数日，最终于5月底收阳向上突破了颈线，完成了对V形底有效性的验证。此时谨慎型投资者也可以买进了。

3.2.2　反转后量价背离转配合

行情反转进入上涨后，量价关系也会发生相应的转变。有的个股会被放大的成交量迅速推涨上行，形成量增价涨的积极看涨形态，但有的个股可能会表现出量价背离的情况，比如行情反转上涨后成交量反而走平或缩减。不过只要这种背离不长期保持，或者运行到后期能够回归到正常的量增价涨阶段，个股的上涨趋势基本就可以确定。

图3-22展示的是反转上涨后量缩价涨转量增价涨的走势。

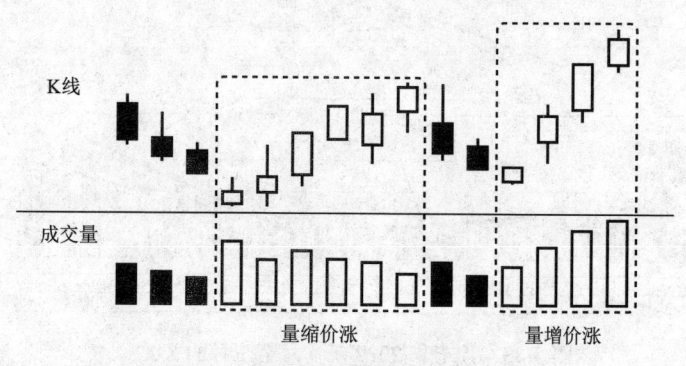

图3-22　量缩价涨转量增价涨示意图

量价之所以在上涨初期形成量缩价涨或量平价涨的背离，可能是因为股价经历了长期的下跌走势，许多套牢的筹码早已出场，其他被套牢的投资者也有长期持有的心理准备。盘中经过沉淀后交投相对冷淡，价格波动幅度不大，那么底部只要出现稍微放大的量能就可以让走势止跌反弹。

而这一股稍微放大的量能很有可能是由主力提供的，因为很多时候主力的持股比例较大，大量的流动筹码被锁定，所以，个股拉升的阻力不会太强，主力需要动用的资金就不会太多。

一旦股价上涨趋势稳定，散户开始大量参与助涨，主力就需要加大注资力度将股价向上推了。此时场内的量价关系就会转变为量增价涨，那么短线投资者就可以尝试参与了。

下面来看一个案例。

实例分析
翔丰华（300890）上涨初期量缩价涨转量增价涨

图3-23为翔丰华2022年4月至7月的K线图。

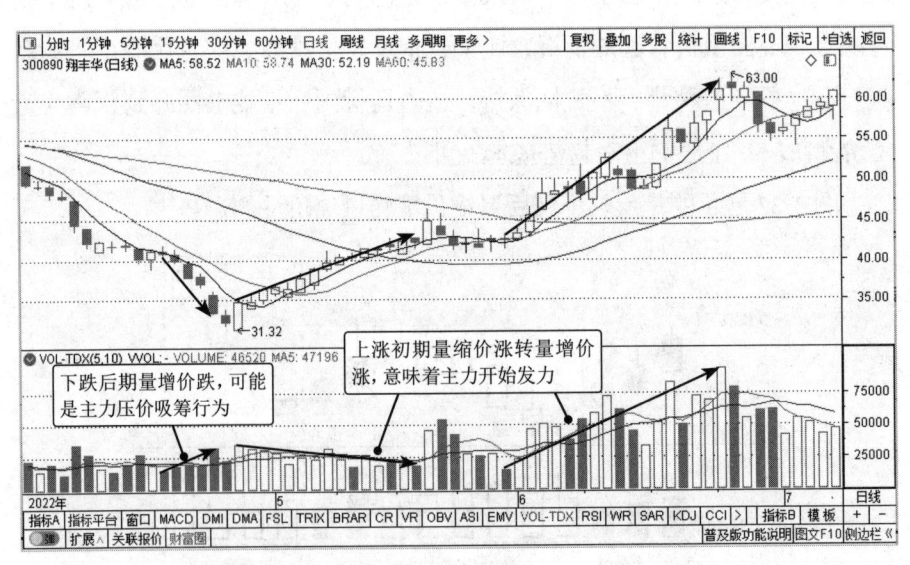

图3-23　翔丰华2022年4月至7月的K线图

从翔丰华的这段走势中可以看到，量价在前期下跌的过程中就发出了预示信号。在 2022 年 4 月下旬，K 线还在连续收阴下行形成加速下跌走势，而成交量却出现了放大，与之形成量增价跌的背离。根据上一节的分析来看，这可能是主力压价吸筹的表现。

再来看一下股价转势上涨后的情况。该股在 31.32 元的位置见底后迅速被拉涨向上，在此期间 K 线连续收阳，但成交量却整体缩减，呈现出量缩价涨的背离，可能是主力对筹码锁定程度高的表现。这时短线投资者可不必急于买进，而是继续等待时机。

5 月下旬，股价上涨至 45.00 元价位线附近受阻后小幅回调。回调期间成交量有明显放大，可能是主力压价震仓的行为，目的是筛除不坚定的获利盘，让更多看好该股的助涨盘参与进来，以减缓后市的拉升压力。

6 月初，股价再度开始上涨，并且一开始的涨速就非常快。而成交量此时也形成了放量配合，并且在后续的一个月中都在积极助涨。量缩价涨向量增价涨的变化意味着主力开始发力了，那么在此期间短线投资者就可以抓住时机建仓入场。

3.2.3　单日巨量推涨

单日巨量推涨指的是当股价遇到某一关键压力线或是在某种关键突破时刻，成交量突然相较于前日翻倍放量，推动股价成功大幅上涨完成突破的走势，如图 3-24 所示。

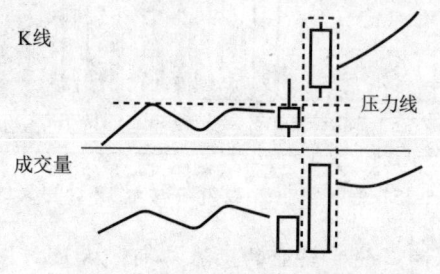

图 3-24　单日巨量推涨示意图

一般来说这种巨量都是相对的，有时候它能比前日高上数倍，有时候又只是明显放大,没有实现翻倍。但只要股价在当日形成了关键突破或有明显积极的表现,投资者基本就可以将其认定为介入信号。

这是因为在很多时候,关键位的强势突破都是由主力或机构投资者主导的,散户在其中起到的更多是辅助作用。而主力或机构投资者若是在上涨初期大力注资将股价推高,其目的大概率就和大部分投资者一致了,即利用高低价差来获利。

因此,短线投资者在遇到单日巨量推涨时,可以尝试着跟随主力介入,然后持股待涨。

下面就通过一个具体的案例来解析介入点。

实例分析

翰宇药业(300199)上涨过程中单日巨量推涨

图 3-25 为翰宇药业 2022 年 9 月至 12 月的 K 线图。

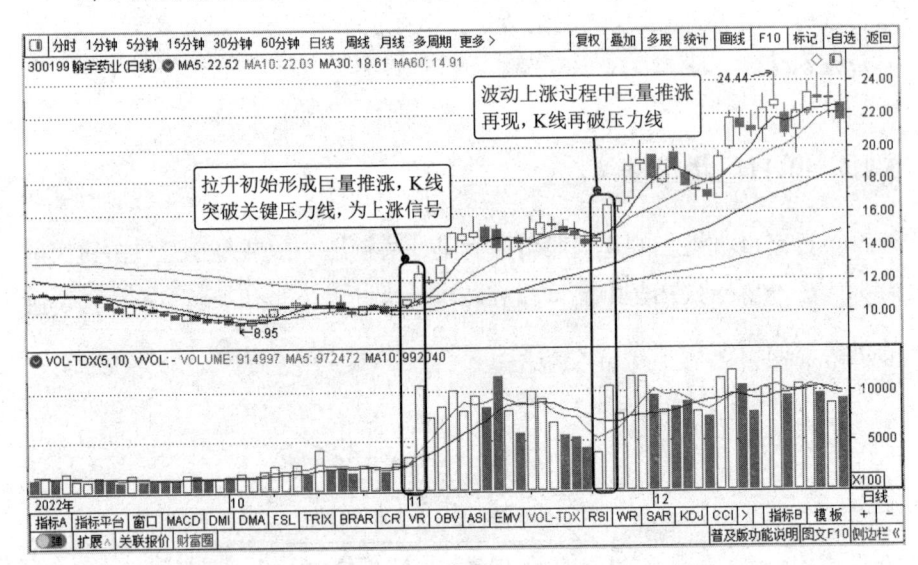

图 3-25　翰宇药业 2022 年 9 月至 12 月的 K 线图

图 3-25 中展示的是翰宇药业的上涨初期,从 K 线图中可以看到,该股在 2022 年 10 月之前还在下降,直到创出 8.95 元的阶段新低后才转入上涨。不过刚开始时,该股涨速不仅慢,而且多次受到中长期均线的压制而突破无

门，所以，很多短线投资者都没有着急介入。

11月2日，成交量突然放出几乎两倍于前日的量能，直接将股价大幅推升，收出一根长阳线突破到了60日均线之上，与成交量配合形成了单日巨量推涨的形态。

下面来看一下当日的分时走势如何。

图3-26为翰宇药业2022年11月2日和11月25日的分时图。

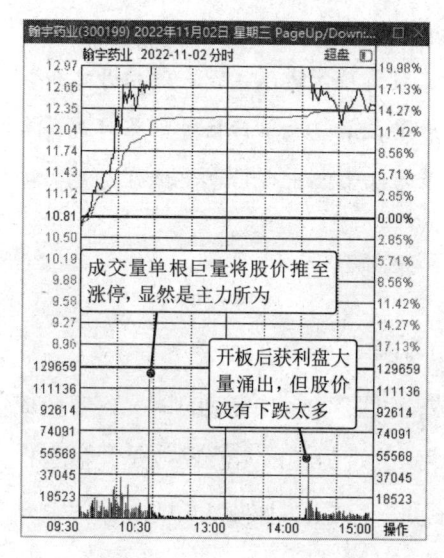

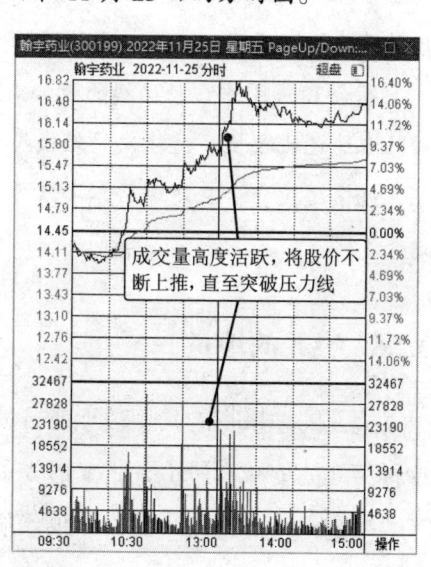

图3-26 翰宇药业的关键交易日分时图

从图3-26（左）可以看到，该股在11月2日开盘后就出现了积极的上涨。在此期间成交量也在持续放量，为上升的股价提供了充足的支撑。接近10:30时，成交量释放出单根天量直接将股价推升至涨停，随后长期封板，这大概率是主力所为。

一直到14:00之后涨停板才被打开，市场再度开始活跃交易。观察成交量可以发现，在开板的同时量能有明显增长，可能是大量获利盘涌出的缘故，但股价最终没有下跌太多，因此，投资者依旧可以保持看多。

下面回到K线图中观察后续的走势。从图3-25中可以看到，该股在此之后确实经历了一段比较快速的上涨，不过16.00元价位线又对其形成了一定的压制，所以，该股在其下方形成了横盘震荡。

11月25日成交量再度放出巨量将K线拉出长阳，成功突破16.00元价位线的压制，形成又一个单日巨量推涨的形态。那么在当日的分时走势中又存在哪些信息呢？

从图3-26（右）可以看到，该股在11月25日开盘后走势平平，直到10:00之后才有了快速拉升的迹象。在此之后成交量也开始集中放量，持续将股价拉升至高位，并成功突破16.00元价位线。虽然该股后续有所回落，但收盘价依旧高于压力线，突破还是比较有效的。

结合K线图中该股后续的走势来看，股价确实进入了下一波拉升之中，并且涨速还比较快。反应快的短线投资者早在第一次单日巨量推涨时就介入了，谨慎型投资者在发现第二次单日巨量推涨形态出现后也要抓住时机买进建仓。

3.2.4 突兀的地量

突兀的地量指的是相较于前日，成交量突然成倍缩减的情况。要造成这种突兀的缩减，股价大概率形成了特殊的走势，一字涨停或是开盘封板等情况是比较常见的，图3-27展示的就是一字涨停下的突兀地量。

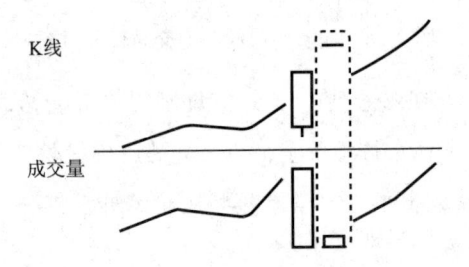

图3-27 一字涨停突兀地量示意图

先来简单介绍一字涨停，它指股价在当日直接以涨停价开盘，盘中持续封板，最终仍以涨停价收盘。当日的开盘价、收盘价、最高价和最低价完全一致，形成一根既没有实体也没有影线的K线。

至于一字涨停导致突兀地量的原因，是股价涨停期间，场内有大量的买单堆积在涨停价上，而卖盘又比较少，导致涨停价上的买单很难被全部消化。如果这部分买单不能完全交易，其他更低价格上挂出的买单自然也无法交易。并且因为股价已经涨停，投资者也无法再挂出更高的交易价格。这就导致了在一字涨停期间市场中的交易量大大下降，收盘后形成地量。

除此之外，在开盘后前几分钟就迅速涨停的情况也有可能导致成交量极度缩减，毕竟开板交易的时间太短，量能自然也无法释放太多。

当然，一字跌停和开盘跌停封板的情况也会导致突兀地量形成，不过本节的重点在于寻找短线黑马，因此，这里就不对跌停地量的情况进行详细说明，只在案例中稍加介绍。

下面通过一个案例来了解涨停地量的应用。

实例分析

金科股份（000656）不同阶段的突兀地量

图 3-28 为金科股份 2023 年 4 月至 8 月的 K 线图。

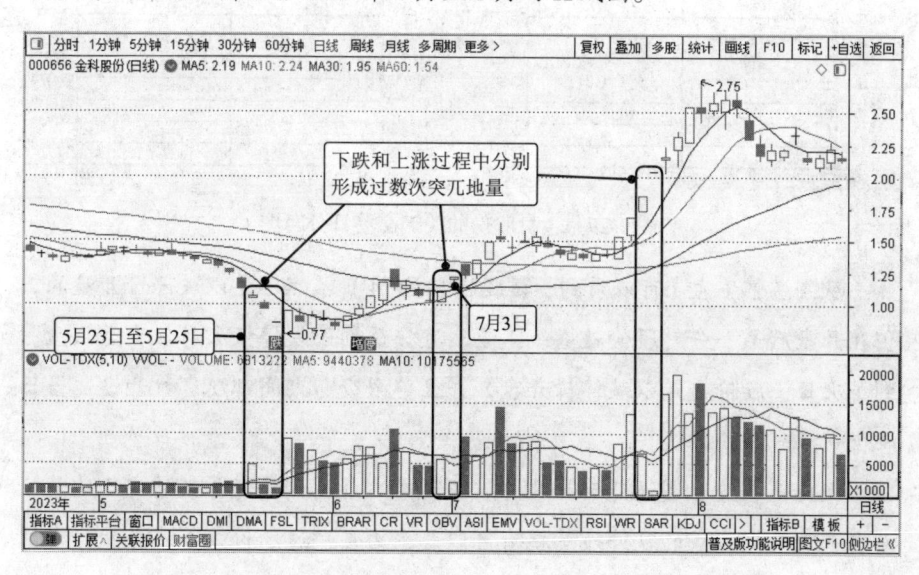

图 3-28　金科股份 2023 年 4 月至 8 月的 K 线图

在金科股份的这段走势中，比较明显的突兀地量形态出现了三次，分别在 5 月下旬、7 月初和 7 月底，并且所处阶段都有所不同。

先来看5月下旬的突兀地量。从图3-28中可以看到，该股在5月中旬之后就形成了快速的下跌，期间多次形成跳空缺口，可见跌势之迅猛。5月23日，K线小幅收阳，成交量当日也放出了巨量，但没能将其推涨上行。K线还在后续两个交易日出现了跌停，导致成交量极度缩减，形成地量。

下面来看一下这两个交易日的分时走势。

图3-29为金科股份2023年5月24日至5月25日，以及7月3日的分时图。

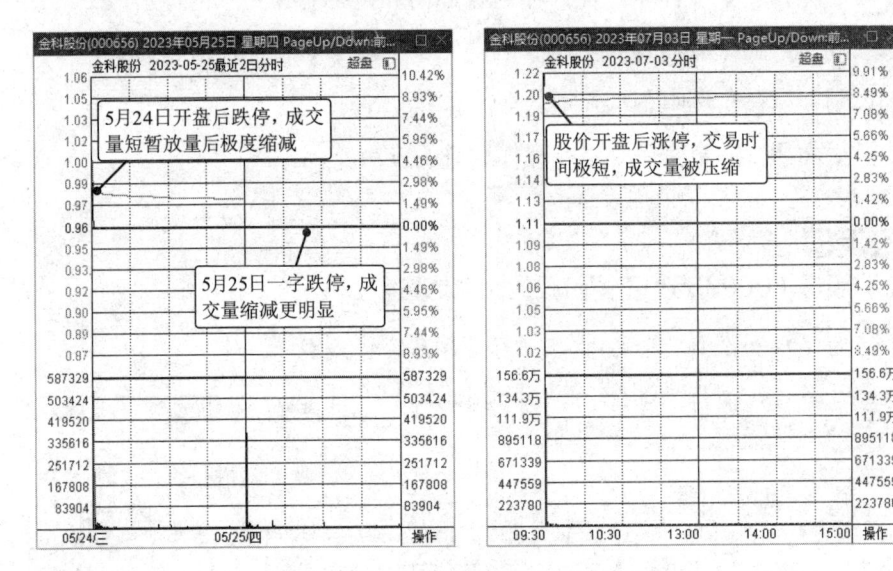

图3-29 金科股份的关键交易日分时图

从图3-29（左）可以看到，该股在5月24日虽然不是以跌停价开盘的，但在开盘后第一分钟股价就直线下坠，直接落到了跌停板上封住直至收盘。到了次日，股价更是以跌停价开盘，并且整个交易期间都没有打开过，当日收出一根一字跌停线。

无论是在分时图还是K线图中，投资者都能看到跌停导致的突兀地量，而在下跌后期形成的跌停地量就有可能是主力在快速压价吸筹。当然，即便分析出了这一点，投资者也不可就此买进。

回到K线图中可以看到，该股在此之后形成了底部震荡，最终于6月初开始拉升向上。6月中旬，股价在30日均线处受阻后小幅回调，落到10日均线上止跌并回升，最终于7月3日收出一根向上跳空的小阳线，当日的成交量也极度缩减为地量。

若投资者观察图 3-29（右）中的分时走势就可以发现，该股在当日也不是以涨停价开盘的，但在开盘后股价出现了急速拉涨，很快便被封在了涨停板上，当日的成交量形成突兀地量。结合股价涨停突破关键压力线（30 日均线）的走势来看，此处的看涨信号还是比较强烈的。

再看 K 线图中后续的走势。该股此后成功越过了中长期均线的压制来到了更高的位置，期间形成过一次小幅回调，不过低点受到了 60 日均线的支撑，随后 K 线再度连续收阳拉升。

7 月底，K 线在连续上涨的过程中收出了一根一字涨停线，导致成交量缩减为地量。而在此之后股价依旧在积极攀升，说明市场依旧是高度看好该股的，短线投资者还是可以借助涨停地量买进。

3.3 技术指标短线寻黑马

通过技术指标寻找短线黑马也是很有效的一种手段，不过股市中流通的技术指标较为繁杂，短线投资者要想全部掌握是不现实的，因此，本节就只介绍几种常见的、能够为短线投资者提供有效参考信息的技术指标，比如均线型指标、超买超卖型指标等。

下面就来逐一进行讲解。

3.3.1 均线型指标看盘

首先是均线型指标，这种类型的技术指标通常用于观察和分析整体趋势。若是应用得好，短线投资者完全可以借助它们来预判确切的买卖位置，同时大致确定短线黑马的涨势情况和持续时间。

比较常用均线型指标有移动平均线和布林指标。前者就是投资者熟知的、默认叠加在 K 线之上的均线，后者则是一种股价通道，能够从一定程度上限制股价的涨跌幅度。

（1）移动平均线

前面的大量案例中已经涉及了一些均线指标的简单用法，比如多头排列、空头排列、上山爬坡等。事实上均线的应用方法远不止于此，单单是其本身具有的服从、扭转、修复、收敛和发散的特性就足够短线投资者研究和使用了。

下面通过表3-1来了解这五大特性的含义和原理。

表3-1 均线特性的含义和原理

均线特性	含义	原理
服从	短期均线要服从中长期均线的走势，市场趋势变化的方向将会按中长期均线的运行方向进行。中长期均线向上，则行情转向上涨；中长期均线向下，则行情转为下跌	当股价在短时间内出现明显的涨跌变化，短期均线会受大幅变动的新数据影响，进而改变原有的涨跌趋势。但这些新数据的形成又不足以明显改变中长期均线的走势，就会使得短期均线与中长期均线的运行方向出现短暂的背离。当K线与短期均线靠近中长期均线后，市场预期会出现一定的变动。若大部分投资者依旧支持原有运行趋势，那么K线大概率会随着资金的运转回归原有趋势，导致短期均线跟随变动，对中长期均线形成服从
扭转	由K线扭转短期均线，短期均线扭转中长期均线，使得均线组合的运行方向发生转折	当股价在短时间内出现明显变化导致短期均线发生变动后，市场投资者开始集中向着另一个运行方向发起冲击（其中可能有主力的带动），K线就有机会击穿中长期均线，并带动短期均线穿越中长期均线后向着与原有趋势相反的方向而行。中长期均线最后也会随着股价的坚定转向而转折，最终形成均线组合的整体扭转
修复	当股价出现急涨或急跌，与均线之间产生了较大的偏离时，均线会对股价产生一种吸引力，使其向均线的方向靠拢，直至聚合或接触。待到股价接触到短期均线后，还会带动短期均线继续靠近中长期均线，彻底完成修复	当股价上涨超过平均成本（均线在一定程度上代表着市场的平均成本）太多时，上升的入场门槛会相应拉高成本，同时场内始终存在的卖压会带动股价下跌，使得二者逐渐靠拢；当股价下跌远离平均成本太多时，下降的入场门槛会使得成本降低，接盘的投资者入场也会拉高现价，同样会带动二者出现聚合。根据股价向均线靠近的方式，均线的修复也分为主动修复和被动修复两种。前者指股价和短期均线主动下跌或上涨，向中长期均线靠近；后者指股价和短期均线被动走平或震荡，等待中长期均线靠近

续上表

均线特性	含义	原理
收敛	当股价走平或在一个较为狭窄的价格区间内横盘震荡时,短期均线和中长期均线聚合到一起	当均线黏合时,短期、中期和长期投资者对市场的预期出现高度重合,场内不同周期的平均持股成本大致相同,筹码短时间内集中于某一价格区间
发散	股价在盘整结束后朝着某一方向运行,均线由聚拢转为分离,并呈同步向某一方向辐射开	发散均线意味着股价出现变盘,短期的涨跌趋势基本可以确定。均线组合发散的角度越大,均线之间的距离越远,就意味着股价涨跌的速度越快,幅度越大

图 3-30、图 3-31 和图 3-32 分别展示的是均线的服从与扭转、主动修复与被动修复、发散与收敛的示意图。

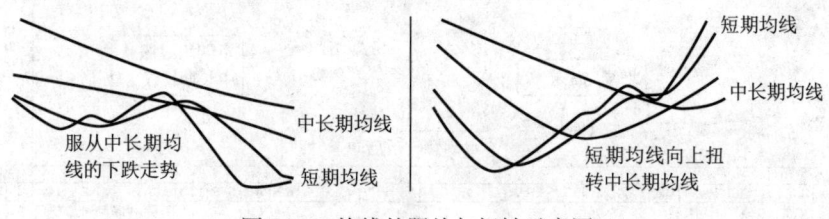

图 3-30 均线的服从与扭转示意图

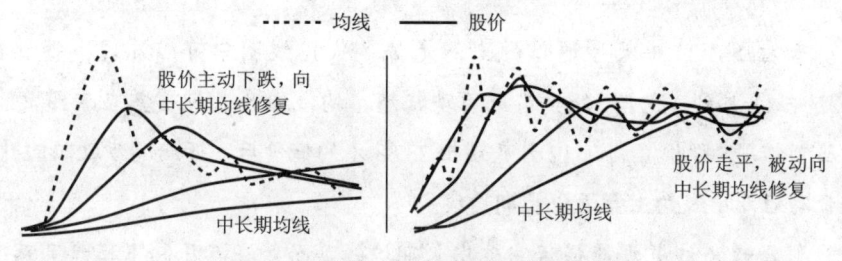

图 3-31 均线主动修复与被动修复示意图

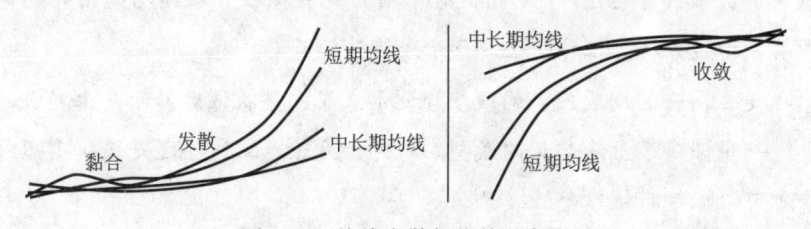

图 3-32 均线发散与收敛示意图

下面直接通过一个案例来分析这五大特性在短线投资中的应用。

实例分析

天孚通信（300394）均线五大特性的应用

图 3-33 为天孚通信 2022 年 11 月至 2023 年 5 月的 K 线图。

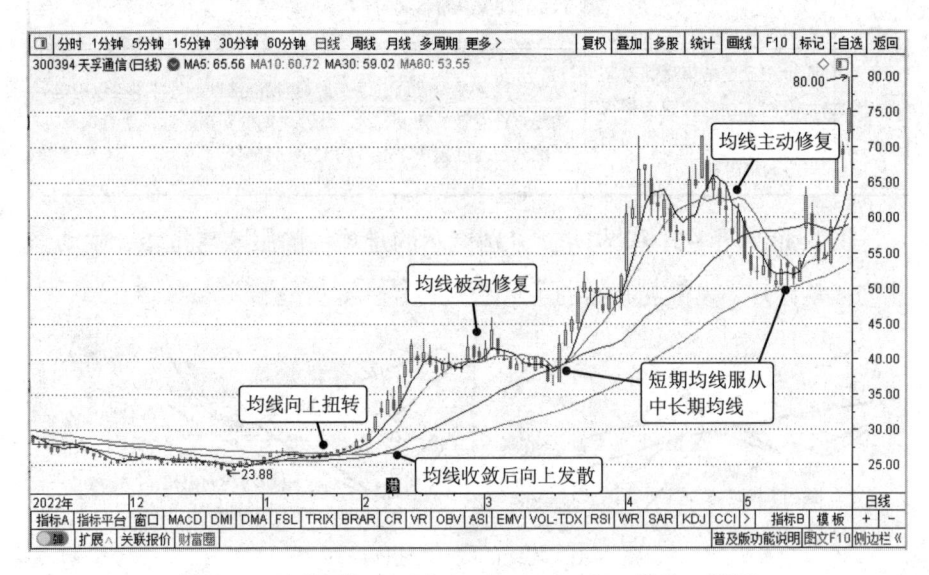

图 3-33　天孚通信 2022 年 11 月至 2023 年 5 月的 K 线图

来看图 3-33 中天孚通信的上涨走势，从 K 线图中可以发现，股价在 2022 年 11 月到 12 月还处于前期下跌状态，均线组合长期覆盖在 K 线之上呈压制作用。股价直到在 12 月底创出 23.88 元的低价后才开始逐步收阳回升，并带动短期均线向上靠近中长期均线。

刚开始 K 线并没能强势突破中长期均线，而是在其压制下横盘震荡了一段时间，最终于 2023 年 1 月下旬才彻底完成突破。短期均线借此也穿越了中长期均线并将其扭转向上，预示着拉升的开启。

也是在同一时间段内，均线组合还形成了向下收敛后转而向上发散的走势，进一步证实了上涨趋势的成型。此时，无论是激进型还是谨慎型短线投资者都可以抓住时机建仓低吸了。

进入 2 月后不久，该股在 42.50 元价位线附近受阻回调后形成了横盘震荡走势，被动等待着依旧上行的中长期均线靠近。这时短线投资者就可以先将前期收益兑现后留在场外观望。

到了 3 月中旬，K 线终于接触到 30 日均线，完成了一次被动修复。很快 K 线和短期均线又再度上升远离中长期均线，也说明它们都服从了中长期均线的走势，看涨信号依旧十分强烈。对于短线投资者来说，这就是一次重新建仓的机会。

在后续一个多月的走势中，股价反复震荡，不过高点还是离中长期均线越来越远，说明其涨势还是比较迅猛的。不过到了 4 月下旬股价再次上冲没能突破前期高点后，就转入了快速的下跌，并直接跌破 30 日均线，落到 60 日均线上才止跌企稳。

这时均线就完成了一次主动修复及短期均线服从中长期均线走势的过程。在此阶段，短期投资者依旧可以按照前期策略来进行操作，即修复开始时卖出，修复结束、服从开始时重新建仓。

下面来看天孚通信后续的走势，观察均线在行情高位又会有怎样的表现。

图 3-34 为天孚通信 2023 年 4 月至 10 月的 K 线图。

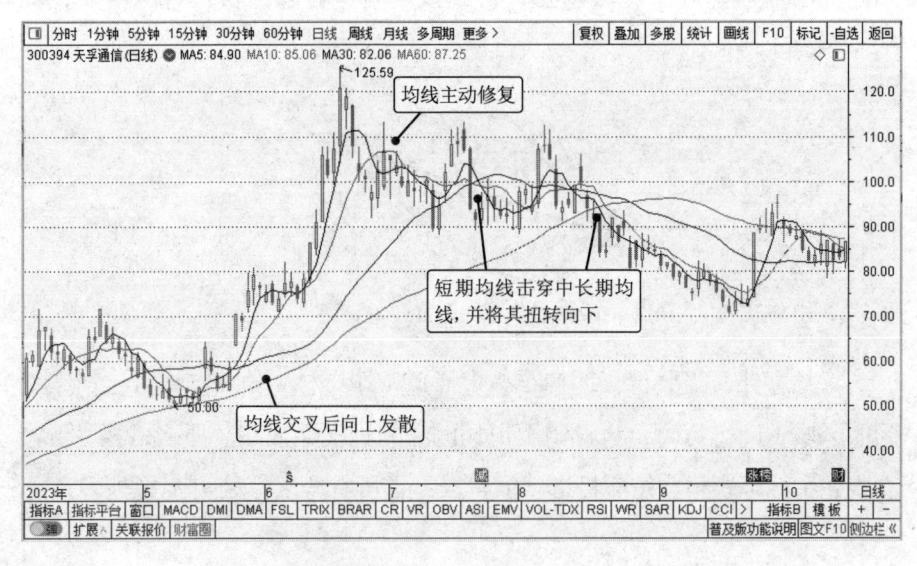

图 3-34　天孚通信 2023 年 4 月至 10 月的 K 线图

5月中旬之后，股价开始大幅拉升，短期均线远离中长期均线后形成了向上发散的走势，看涨信号强烈。而后续的走势就与前期比较类似了，都是在某一位置短暂横盘整理后继续拉升，拉升至压力线附近受阻下跌。

不过这一次股价下跌的速度更快，并且后续再次上冲的高点也远不及前期，K线和短期均线不断朝着中长期均线主动修复，卖点形成了。

7月下旬，短期均线率先向下击穿30日均线，并很快将其扭转向下。一个月后，60日均线也被跌破，并在半个月后被彻底扭转，同时K线和短期均线也在持续下行，均线组合形成了交叉后向下发散的形态，预示着下跌行情的到来，短线投资者此时就不能轻易介入了。

（2）布林指标

布林指标主要由三条指标线构成，即布林上轨线、布林中轨线和布林下轨线。当布林指标叠加在K线上时，其上轨线和下轨线会随着股价的变动而扩张和收缩，形成一个具有弹性的价格区间，对股价的运行起到一定的限制作用，因此，布林指标也有布林通道之称。

由此可见，布林上轨线和下轨线就是对股价的关键压力线和支撑线。那么当股价实现对压力线的突破（即飞跃布林线形态）时，个股在短时间内的涨势可能就会比较迅猛，短线投资者也可以趁势买进追涨了，如图3-35所示。

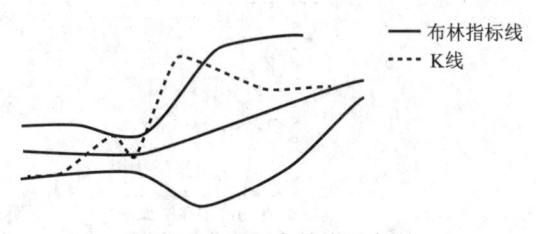

图3-35 飞跃布林线示意图

除此之外，当股价长期在布林上通道（即布林中轨线与布林上轨线之间的区域）内运行时，也说明了市场助涨的积极性很高。那么只要股价没有跌破布林中轨线，短线投资者就可以一直持有待涨，如图3-36所示。

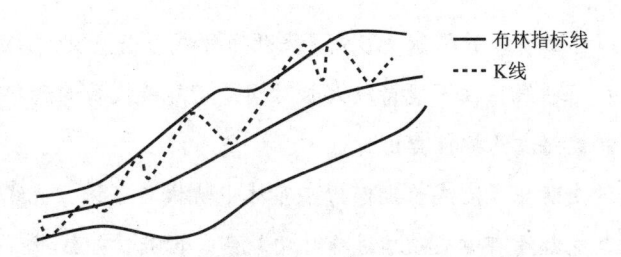

图 3-36　K 线在布林上通道中运行示意图

下面来看一下实际走势中布林指标对短线投资者的辅助作用。

实例分析

臻镭科技（688270）布林指标的短线应用

图 3-37 为臻镭科技 2022 年 4 月至 12 月的 K 线图。

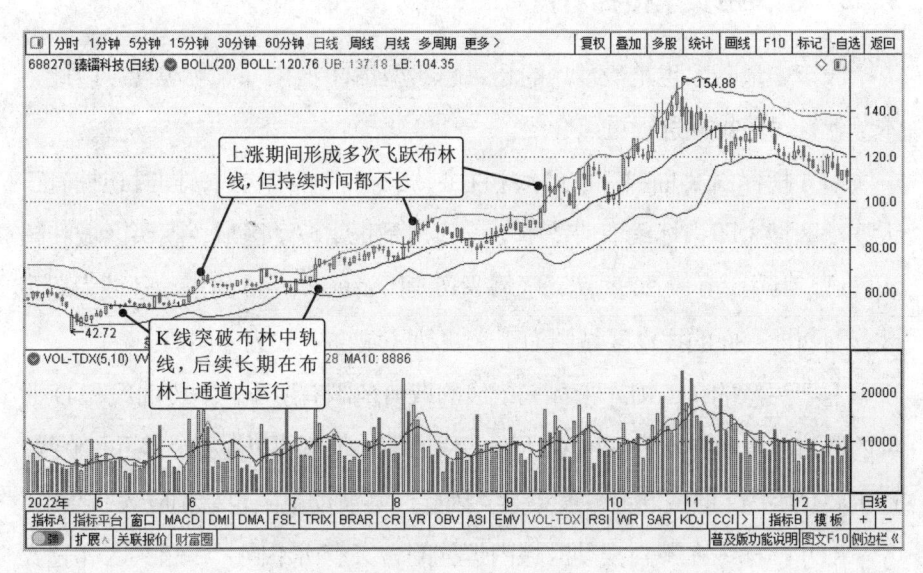

图 3-37　臻镭科技 2022 年 4 月至 12 月的 K 线图

在图 3-37 中，臻镭科技的股价长期处于上涨阶段。而在前期，K 线于 2022 年 4 月底在 42.72 元的位置触底后才开始转入上涨。进入 5 月后不久 K 线就成功突破到了布林中轨线之上，并且后续也经过了回踩确认，证明市场支撑力足够，向投资者发出了买进信号。

6 月初，K 线在成交量集中放量的支撑下形成了快速的拉涨，多根阳线成功越过了布林上轨线的限制,形成了飞跃布林线形态,预示着涨势的积极。不过这种飞跃布林线往往不能持续太长时间,若短线投资者想单纯借助该形态短期盈利,就要注意把握卖出时机。

在后续的走势中,K线长期保持在布林中轨线与布林上轨线之间运行,期间偶有震荡也都没有彻底跌破过布林中轨线。因此,短线投资者就可以借此机会进行波段操作,或持有较长一段时间后再卖出。

除此之外,K线还在整个上涨过程中形成了多次飞跃布林线的形态,虽然每次都只能持续几个交易日,但短期涨幅还是比较可观的。短线投资者若是能抓住时机,将有机会获得丰厚收益。

3.3.2 超买超卖型指标看盘

股市中最著名也是最常用的超买超卖型指标非KDJ指标莫属,因此,本节就针对该指标进行重点介绍。

KDJ指标由K曲线、D曲线和J曲线三条指标线构成,同时还拥有三大摆动区域(即指标线取值范围),分别是正常波动区域、超买区域和超卖区域。其中,0～20的摆动区域为超卖区;80～100的摆动区域为超买区;而20～80的摆动区域则为正常波动区域,50线为中间值。

需要注意的是,KDJ指标三条线的取值范围有所不同。K曲线和D曲线的取值范围都在0～100内,但J曲线的取值范围可以越过0线和100线。这主要是因为J曲线的灵敏度更高,因此,其波动范围也会相应大一些。

KDJ指标线在不同摆动区域内运行的含义有所不同,在超买区和超卖区内运行时,代表的含义如下:

- ◆ 当指标线越过正常区域运行到超买区时,就意味着股价在经过长时间或大幅度的上涨后,市场追涨情绪过分热烈,买盘数量大大增加,导致股价可能形成超涨现象,很有可能在短时间内面临下跌。
- ◆ 当指标线越过正常区域运行到超卖区,就意味着股价前期经历了一段时间的下跌,市场情绪从追涨变为杀跌。随着时间的推移,卖盘数量逐渐积累,导致股价形成了超跌现象,后市有机会出现反弹走势。

在此基础上，短线投资者就可以通过指标线的交叉形态来确定确切的买卖点。比如指标线在超买区内形成的死亡交叉被称为高位死叉，会更加强烈地预示出卖出信号；而在超卖区内形成的黄金交叉被称为低位金叉，其买进信号也会更加有效。

下面直接通过一个案例来了解 KDJ 指标的短线应用。

实例分析

先导智能（300450）KDJ 指标的短线应用

图 3-38 为先导智能 2022 年 3 月至 8 月的 K 线图。

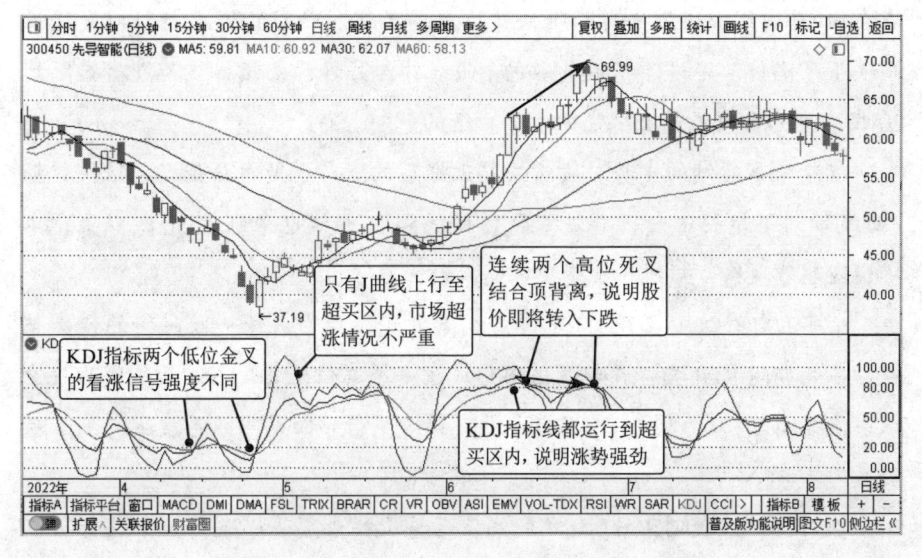

图 3-38　先导智能 2022 年 3 月至 8 月的 K 线图

从先导智能的这段走势中可以看到，该股前期的下跌速度相当快，并且还十分稳定。越到后期市场看跌的情绪越强烈，股价的跌速就越快。受此影响，KDJ 指标线跟随下行，很快便来到了超卖区附近。

4 月中旬，J 曲线和 K 曲线跌破 20 线，但很快随着 K 线的反弹而再度回升，在 20 线上形成了一个低位金叉。不过由于 K 线反弹时间太短，KDJ 指标在形成低位金叉后几日就跌回了超卖区内。这一次连最稳定的 D 曲线也落到了下方，说明市场超跌，后续可能有反转机会。

4月底，K线大幅收阳向上拉升，同时也将KDJ指标扭转上行，三线在20线之下形成了又一个低位金叉。这一次无论是从K线的涨势还是KDJ指标后续上行的角度来看，市场的推涨积极性都已经被调动了起来，后市看涨的信号明显比上一个低位金叉强，短线投资者可以迅速跟进。

随着股价的持续上升，KDJ指标也不断朝着超买区运行，不过最终只有J曲线突破到了80线之上，D曲线和K曲线都在常规运行区域内的高位稳步向上攀升。这就说明市场超涨的现象并不严重，短时间内迎来跌势强劲的反转的可能性较小，短线投资者可继续持有。

5月下旬，股价在50.00元价位线附近受阻后形成了一次小幅回调，低点在30日均线上得到支撑后很快就恢复了上涨。观察KDJ指标可以发现三线跌下了高位，不过除了最灵敏的J曲线外，另外两条指标线都没有接触到20线，可见场内还是有很强的看涨力道的。

继续来看后续的走势。股价恢复上涨后的涨势也是十分强劲，很快就将J曲线带到了超买区内。不久之后K曲线和D曲线也来到了80线以上，市场出现超涨现象，短线投资者要注意及时止盈了。

6月上旬，该股在65.00元价位线下方受阻后形成了一段时间的横盘整理。在此期间KDJ指标在超买区内形成了一个高位死叉，不过后续因为股价很快恢复上涨，所以，KDJ指标也没有持续下行，而是跟随再度上行到了超买区内。

数日后，该股创出69.99元的高价后再次横盘震荡。观察KDJ指标可以发现三条指标线的高点都有所下移，与高点上移的K线之间形成了顶背离的形态。

KDJ指标的顶背离是一种十分有效的反转预示形态，释放出的是下跌警告信号。那么当KDJ指标在后续再次形成高位死叉，K线也开始收阴下跌时，即便是惜售型的短线投资者也不能再停留了。

3.3.3 其他常见指标看盘

其他的常见技术指标还有很多，比如 MACD 指标、RSI 指标、SAR 指标、CCI 指标等，每种技术指标都有相应的特殊用法。其中 MACD 指标的应用最为广泛，有效性也经过了市场的验证，所以，本节将其作为解析对象。

MACD 指标的构成要素包括 DIF 和 DEA 两条指标线，以及 MACD 柱状线和零轴。其中 MACD 柱状线有两种表现形式，零轴以上的为红柱，零轴以下的为绿柱。

MACD 柱状线的伸缩和红绿翻转与 DIF 和 DEA 之间的位置关系有密切联系。当 DIF 位于 DEA 以上并向下靠近 DEA 时，MACD 柱状线在零轴上方呈红色，且会不断缩短；DIF 位于 DEA 以下并向上靠近 DEA 时，MACD 柱状线在零轴下方呈绿色，且同样在缩短。

而当 MACD 柱状线红绿翻转时，DIF 与 DEA 之间也形成了交叉形态。其中 DIF 自上而下跌破 DEA 形成的是死亡交叉，零轴以上的为高位死叉，预示卖出的信号更加强烈；DIF 自下而上突破 DEA 形成的是黄金交叉，零轴以下的为低位死叉，预示买进的信号更加强烈。

下面直接通过案例来了解 MACD 指标的短线应用。

实例分析

北方华创（002371）MACD 指标的短线应用

图 3-39 为北方华创 2022 年 12 月至 2023 年 5 月的 K 线图。

北方华创在 2022 年 12 月底到 2023 年 4 月中旬是处于上涨之中的，在此期间 MACD 指标给出了许多操作信号。

首先是在股价止跌回升的位置，即 2022 年 12 月底，MACD 指标在低位形成了一个低位金叉后持续上行。1 月中旬，K 线成功突破中长期均线的同时，MACD 指标线也突破到了零轴以上，预示着上涨趋势的稳定，短线投资者可介入了。

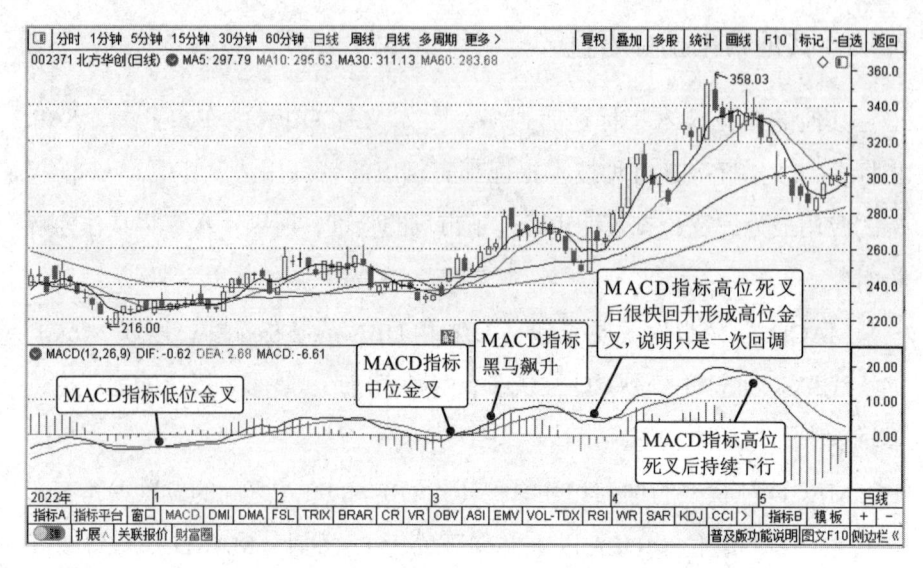

图 3-39　北方华创 2022 年 12 月至 2023 年 5 月的 K 线图

一段时间后，股价在 260.00 元价位线上受阻后横盘震荡一段时间，最终还是形成了回调下跌。不过此次回调时间不长，幅度也不大，3 月初，该股在 60 日均线下方企稳后再度形成拉升。观察 MACD 指标可以发现，指标线回落到了零轴附近，并随着股价的回升在零轴上形成了一个中位金叉。

随着股价持续上涨，DIF 与 DEA 之间的距离越来越远，导致 MACD 红柱也越来越长，最终如同支撑柱一般承托在 DIF 下方。这种形态被称为黑马飙升，预示着股价涨势积极，对于短线投资者来说是一个很好的买进信号。

在后续的走势中，股价又进行了一次快速的回调，低点在 60 日均线上得到了支撑并很快回升。MACD 指标这一次也出现了转折，不过低点比前期高了不少，说明市场还是积极看好该股的。

一直到 4 月中旬，股价上涨至接近 360.00 元价位线的位置后再次下跌，MACD 指标也给出了相应的警告信号，即高位死叉。与前期回调不同的是，这一个死叉的位置相当高，而且 DIF 与 DEA 在形成死叉后配合 K 线形成了快速的下跌。当 K 线跌破中长期均线时，MACD 指标线也已经逼近了零轴，说明股价可能已经转入了下跌，短线投资者要注意止损。

第 4 章

分时盘面短线买卖

如何分析分时盘面信息，如何根据当前的分时走势预判后市可能的走向，如何借助分时形态抓住合适的买卖点，是短线投资者需要重点关注和学习的内容。本章就从分时盘面中的各种盘口信息入手，向投资者讲解各类用法。

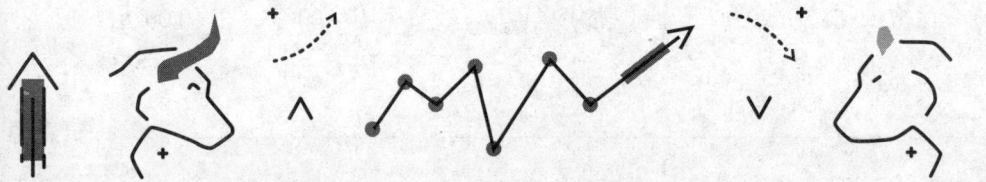

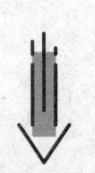

4.1 股价线走势助力黑马买卖

股价线在不同的交易时段中的不同走势,可能会在很大程度上影响到市场的态度,进而导致股价在后市发展出不同的走向。因此,抓住特殊交易时段中股价线的特有走势,短线投资者能够更好地提前分析出价格走向,从而抓住先机进行买卖。

4.1.1 高开、低开与平开

首先来看开盘时股价的情况。在个股开盘后,最先确定下来的就是开盘价,根据开盘价与前日收盘价之间的差价关系可将其分为高开、低开和平开,而确定开盘价的方式就是集合竞价。

集合竞价是指在规定时间内接受的买卖申报一次性集中撮合的竞价方式。按照相关规定,每个交易日的 9:15—9:25 为开盘集合竞价时间。其中,9:15—9:20 这 5 分钟内,投资者可以委托买卖,也可以撤销委托单;9:20—9:25 这 5 分钟内,投资者可以委托买卖,但不可以撤销委托单。至于集合竞价结束到早间开盘的时间,即 9:25—9:30 这 5 分钟内,交易所主机不对买卖单做处理,投资者可理解为冷却时间。

集合竞价时,成交价格的确定原则如下:

- ◆ 可实现最大成交量的价格。
- ◆ 高于该价格的买入申报与低于该价格的卖出申报全部成交的价格。
- ◆ 与该价格相同的买方或卖方至少有一方全部成交的价格。

两个以上申报价格符合上述条件的,使未成交量最小的申报价格为成交价格;仍有两个以上使未成交量最小的申报价格符合上述条件的,其中间价为成交价格。同时,集合竞价的所有交易以同一价格成交。

以上的原则看起来十分拗口又复杂,举个例子投资者就能明白了。如果集合竞价期间,在 20.00 元上挂着的买卖单总数量有 10 000 手,在 10.00 元上挂着的买卖单总数量有 20 000 手，那么成交价格就是 10.00 元。同时，高于 10.00 元的买单和低于 10.00 元的卖单全部成交。而在 10.00 元上挂着的买卖单中，数量少的一方全部成交。

当集合竞价成交价，也就是当日开盘价确定下来后，大量的投资者就会涌入市场中进行交易了。而这个开盘价的高低会直接影响到投资者的看涨和看跌态度，尤其是短线投资者。

高开即指个股以高于前日收盘价的价格开盘，意味着在集合竞价期间市场中参与竞价的看多力量较为强势。

如果前一个交易日的走势本就向好，那么个股在高开后的走向就更可能是上涨；如果前一个交易日的走势偏向于走平或震荡，那么当日的高开就有可能意味着变盘即将来临；如果前一个交易日的走势是下跌的，那么这时的高开说明股价可能即将反弹或转入上涨之中。

低开指的是个股以低于前日收盘价的价格开盘，意味着在集合竞价期间市场做空的力度较强。而平开则是指个股以与前日收盘价一致的价格开盘，意味着集合竞价期间多空双方不分伯仲。

与高开一样，个股的低开和平开所代表的含义依旧需要与前一日的走势结合来分析，同时也要注意 K 线的整体走向和行情的高低位置。多角度、多方面观察后，投资者才能得出最终结论，进而作出投资决策。

下面通过一个案例来分析开盘价的确定对后市走势的影响。

实例分析

万润科技（002654）不同的开盘价分析

图 4-1 为万润科技 2023 年 8 月至 10 月的 K 线图。

从图 4-1 中可以看到，万润科技正处于上涨阶段中，中长期均线长期维持在 K 线和短期均线之下起承托作用，期间股价回踩过中长期均线，但没有彻底跌破，说明其稳定性还是有保障的。

9 月下旬，股价上涨至 13.50 元价位线附近受阻后形成了一次回调整理。到了 9 月底，该股已经跌到了中长期均线上方不远处。而在 10 月 9 日，K 线大幅拉升收阳，当日直接涨停，预示着回调可能即将结束。

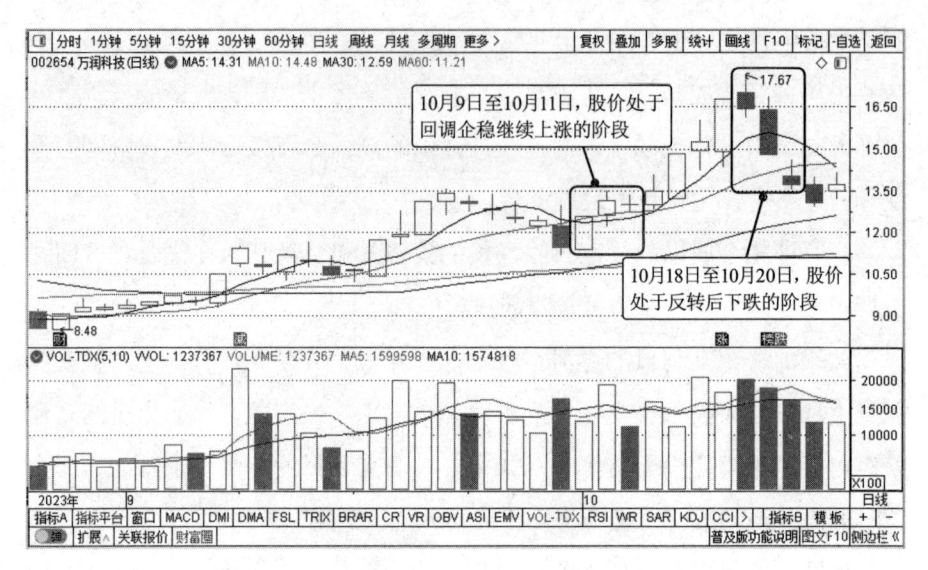

图 4-1 万润科技 2023 年 8 月至 10 月的 K 线图

下面来看该股在 10 月 10 日的开盘情况如何。

图 4-2 为万润科技 2023 年 10 月 9 日至 10 月 11 日的分时图。

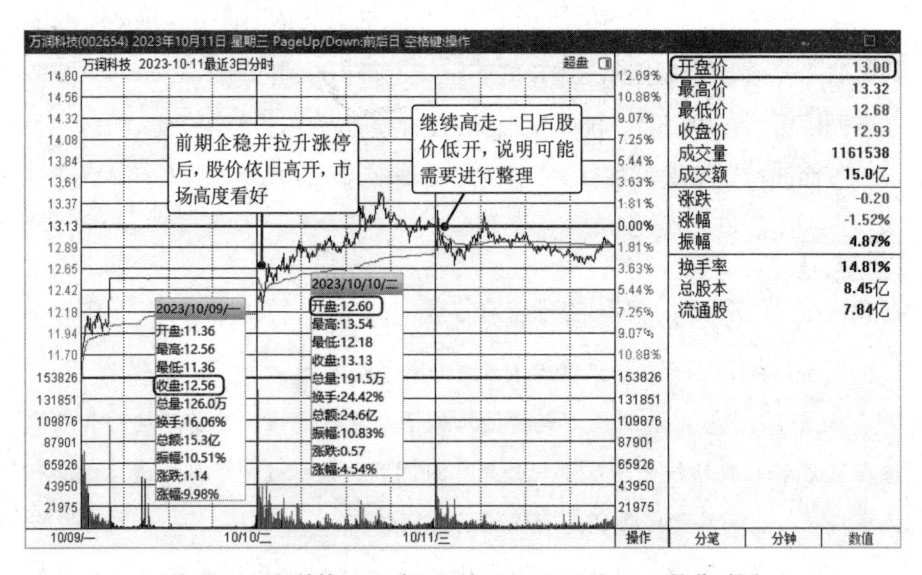

图 4-2 万润科技 2023 年 10 月 9 日至 10 月 11 日的分时图

从图 4-2 中可以看到，该股在 10 月 9 日是以 12.56 元的价格收盘的，并且收盘价即涨停价，说明当日市场看涨情绪高昂。

10 月 10 日，该股的开盘价确定为 12.60 元，稍高于前日收盘价，说明即便在前日涨停、大量获利盘涌出兑利可能导致价格走低的情况下，市场中依旧有大量买单愿意挂出高价买进，可见追涨积极性之高。因此，激进型短线投资者就可以趁着股价涨幅不大时迅速低吸跟进，谨慎型投资者则可以等待后市走势确定后再作出决策。

在开盘之后该股有过短暂的下跌，可能是市场在消化获利盘。不过几分钟后，股价就转入了强势的拉升之中，虽然涨速不如前日那般惊人，但胜在稳定性很好，当日的最高价也达到了 13.54 元，短期收益还是很不错的。

不过在临近尾盘时股价有所回落，最终以 13.13 元的价格收盘。这可能是助涨力度稍显疲软的表现，也可能是上涨到高位后场内又出现了一大批卖盘，导致价格下跌，更具体的信息还需要根据次日开盘的情况来分析。

10 月 11 日，该股经过集合竞价后最终以 13.00 元的低价开盘，延续了前日尾盘期间的弱势走势，说明市场可能需要经过整理才能继续蓄积起力量重新拉涨股价。那么此时短线投资者可以先行撤离，将前期收益落袋为安后留在场外观望。

从当日后续的走势可以看到，该股出现了反复的震荡，但整体来看是走平的，说明买卖盘正在不断交换筹码，并释放前期积累的抛压。不过根据 K 线图中股价所处的位置及前两个交易日的积极走势来看，该股后续应该还是存在上涨空间的，短线投资者可关注时机，准备下一次买进。

回到 K 线图中分析，可以看到股价在经过 10 月 11 日的整理之后就回归了上涨，并且连续数日收阳，短短四个交易日就将价格拉升到了 16.50 元价位线之上，涨幅还是很可观的，短线投资者要注意把握买进时机。

10 月 18 日，该股冲高创出了 17.67 元的新高，最终却是以低价收盘的，当日的 K 线为带长上影线的小阴线。从该股前期的波浪式上涨走势来看，这一波拉升可能到达了尽头，市场又要开始回调。此时短线投资者就要注意次日开盘的情况了。

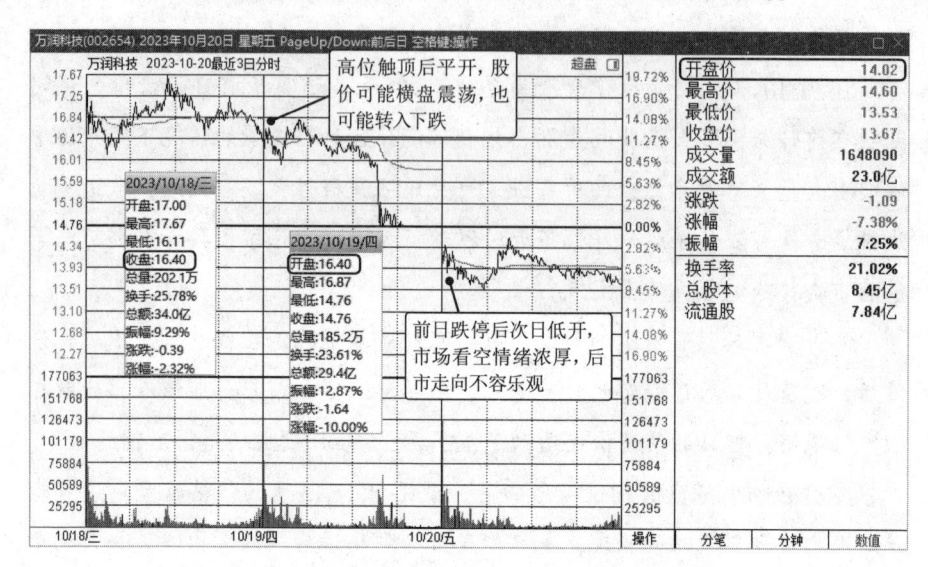

图 4-3 为万润科技 2023 年 10 月 18 日至 10 月 20 日的分时图。

图 4-3　万润科技 2023 年 10 月 18 日至 10 月 20 日的分时图

从图 4-3 中可以看到，万润科技在 10 月 18 日是以 16.40 元的价格收盘的。而在 10 月 19 日，该股仍旧是以 16.40 元的价格开盘，也就是平开。

根据前日冲高回落的走势来看，这里的平开可能是买卖盘拿不准后市走向，最终以比较稳妥的价格完成集合竞价的表现。因此，当日的走势很可能是横向震荡，但也有可能是持续下跌。短线投资者在无法确定的情况下，最好还是先行撤离观望。

在后续的走势中，该股确实进行了很长一段时间的横盘震荡，只是位置相较于前日低了一个阶梯。但在下午时段开盘后不久，股价却出现了直线的下跌，成交量也有集中放量压价的情况，最终股价落到了跌停板上并封板，以 14.76 元的跌停价收盘。

这种突兀的走势很难不让人想到是主力的手段，其目的虽然尚不清楚，但股价的跌停和对市场造成的消极影响是实打实的，因此，次日股价的走势很有可能也不太乐观。

10 月 20 日，股价果然是以低价开盘的，说明市场接收到了下跌的信号，大量卖盘涌出兑利，导致集合竞价期间挂低价单的投资者更多。当然，其中可能也存在主力挂出的大单。

开盘后，股价开始震荡下跌，在 10:00 之后形成的一次反弹也没能突破前日收盘价，后续又回归下跌了。从右侧的数据窗口中可以看到，当日的多项数据都在飘绿，可见市场情绪确实受到了不小的影响，短时间内股价的跌势可能会延续下去，短线投资者不要急于介入。

4.1.2 开盘后半个小时内的走势

开盘后半个小时内的走势是十分关键的，它能将集合竞价中潜藏的信息进行细化展示，当然也有可能走出截然相反的道路，将前期推测彻底推翻。无论如何，这半个小时内的股价线变化在很多时候都能够为后续的走势打下一个情绪基调，很多主力也会选择在这段时间内进行操作，比如快速拉涨或是放量压价等，以调动市场跟随买卖。

不过很多欺骗性信号也是在这段时间内形成的。比如股价在开盘后半个小时后迅速上升，于是投资者纷纷追涨，但在盘中交易时间内股价线突然转折下跌甚至跌停，就会将投资者直接套住，而主力却借此达到了大量出货的目的。

可见这半个小时内能发生的情形十分多变，投资者一不小心就有可能判断失误。所以，投资者在借助分时走势做短线时最好避开风险较高的区域，比如高位震荡区、连续涨停或快速上涨后的高位、下跌期间的反弹高位等。

本节重点介绍两种常见的开盘后半个小时内的特殊走势，分别是开盘天量涨停与开盘巨量推涨。

开盘天量涨停指的是在开盘后前几分钟或十几分钟内，成交量出现集中大幅放量，将股价线直线或锯齿状向上拉升，直到临近涨停时以一根天量量柱将价格一举打到涨停板上封住（有时候可能会稍微震荡后才会彻底封板），如图 4-4（左）所示。

开盘巨量推涨指的是成交量在开盘后先是放出巨量，将股价推出上涨走势后减缓放量步伐，后续再呈现整体缩减，但期间总有比较突兀的大量柱出现，一波一波逐步将股价拉升至更高的位置，如图4-4（右）所示。

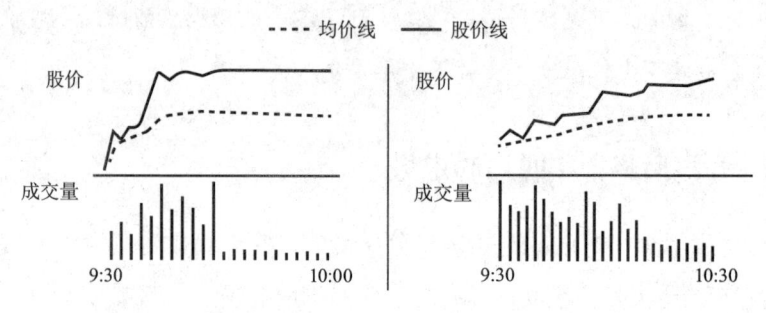

图4-4　开盘天量涨停（左）与巨量推涨（右）示意图

　　这两种走势都是股价短期内走势强劲的表现，但对于后市是否有积极预示作用还需要根据外部环境来分析。如同前面所说的，如果这两种走势是在高风险区域内出现的，就有可能是主力构筑的多头陷阱，短线投资者即便要买进抓住短期涨幅，也要时刻注意反转的到来。

　　但如果开盘天量涨停与巨量推涨是在上涨初期或是回调企稳后重新上涨的位置形成的，那么其涨势就更有可能是主力拉升的表现，看涨信号也就比较可靠了，短线投资者可尝试参与。

　　下面通过赛摩智能（300466）的上涨走势来观察这两种特殊分时走势。

实例分析

赛摩智能（300466）开盘后半个小时内的特殊走势

　　图4-5为赛摩智能2020年6月至9月的K线图。

　　整体来看赛摩智能的这段走势，可以发现该股从2020年6月底接触到4.18元的近期底部后就进入了比较稳定的上涨之中，短期均线和中长期均线先后被K线扭转向上并形成了发散。那么在此期间如果有分时开盘天量涨停与巨量推涨走势形成，买进信号会十分强烈。

　　7月1日正是K线大幅收阳彻底突破中长期均线的一个交易日，在此之前股价已经开始反转回升了，那么在当日形成的特殊分时走势就会比较有说服力。

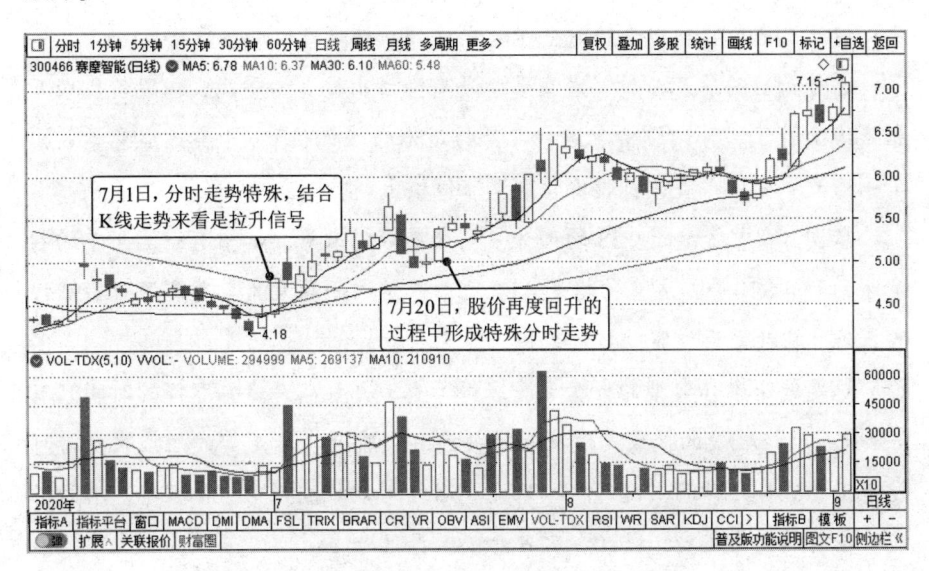

图 4-5　赛摩智能 2020 年 6 月至 9 月的 K 线图

下面来看 7 月 1 日的分时走势如何。

图 4-6 为赛摩智能 2020 年 7 月 1 日的分时图。

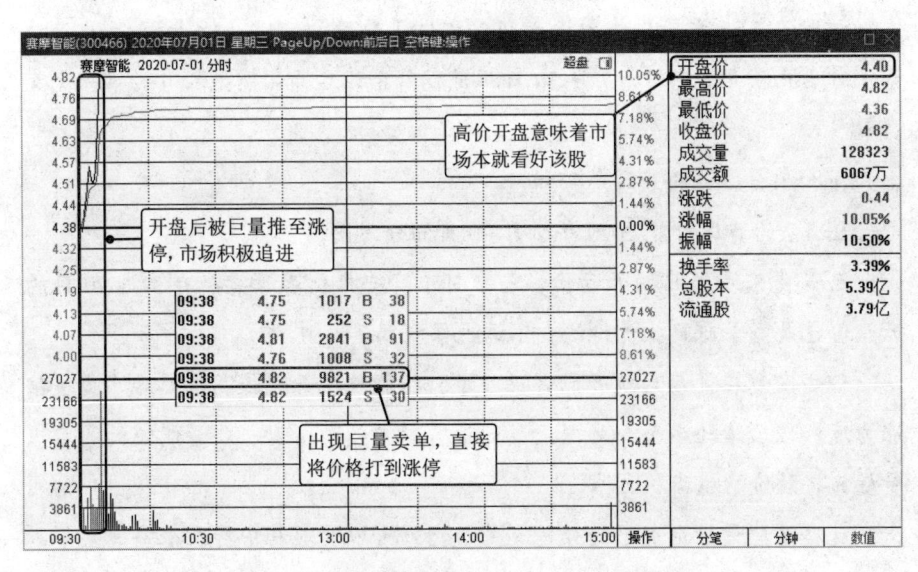

图 4-6　赛摩智能 2020 年 7 月 1 日的分时图

从当日的开盘价就可以看出，市场对于该股后续的走势还是比较看好的，所以，赛摩智能在7月1日是以4.40元的高价开盘的，虽然只高开了0.02元，但开盘之后的积极走势完全能够充分调动起市场的看多情绪。

在开盘后的前几分钟，成交量还没有释放出较大的量能，但股价已经开始直线上升了。等到股价急速拉涨至接近涨停板的位置，9:38，成交量放出了一根天量量柱，直接将股价打到了涨停板上。

从图4-6中展示的9:38的部分分笔交易数据来看，其中有一笔买单的数量达到了9 821手，成交价格是4.82元，正是这一笔大买单奠定了股价涨停的基础。在此之后该股就持续封板，直至收盘。

这是一个十分典型的开盘天量涨停形态，并且从开盘到涨停的时间只有8分钟。反应较慢的，或是没有及时关注到个股开盘后走势的短线投资者可能会错过这8分钟的买进时机，只能在后续封板的过程中尽早挂单，看能不能排在前列交易成功，或者在次日开板后再跟进。

接下来回到K线图中观察后续的走势，可以看到该股在7月1日之后小幅收阴整理了一个交易日，然后继续收阳上升，于7月上旬来到了5.50元价位线之上，短期涨幅比较可观。

该股在5.75元价位线附近受阻后形成了快速的回调，低点落在30日均线上方后止跌开始回升。7月20日正是股价企稳后开始明显拉升的第一个交易日。

下面来看当日的分时走势如何。

图4-7为赛摩智能2020年7月20日的分时图。

还是先来看当日的开盘价，与7月1日一样，赛摩智能在7月20日的开盘价也是高于前日收盘价的，不过也仅仅高了0.01元。

但成交量在开盘后就开始大幅放量，将股价推升至较高位置后才减缓推涨力度。在后续的半个小时内，成交量窗口中频繁出现一些量能较大的单根量柱，将股价呈锯齿状上推。

观察这些量柱形成时的分笔交易数据，可以发现其中存在很多大买单，投资者完全可以将其当作主力推涨的痕迹，进而借此机会迅速跟进。

该股虽然没能在开盘后半个小时内维持住完整的上涨走势，后续有小幅的回落，但均价线给予了强力支撑。股价在 10:00 之后就重拾升势，持续攀升至 5.36 元价位线以上，然后高位震荡直至收盘，单日涨幅达到了 7.80%，虽不如 7 月 1 日的涨停，但用于开启拉升也足够了。

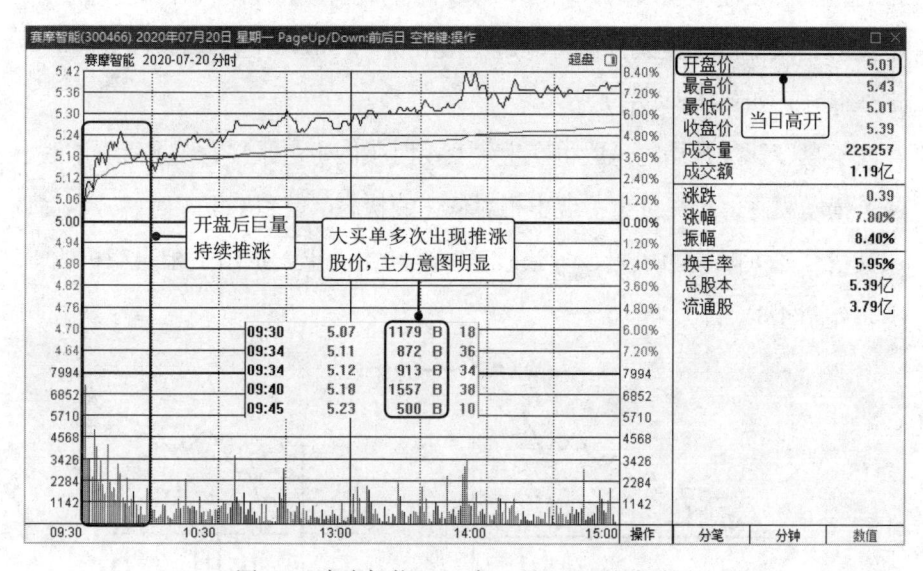

图 4-7　赛摩智能 2020 年 7 月 20 日的分时图

而从 K 线图中的后市走向来看，该股也确实进入了又一波持续的上涨之中，短线投资者若能借助开盘后半个小时内的特殊分时走势低位买进，短时间内的收益还是比较丰厚的。

4.1.3　盘中股价线涨跌趋势

关于盘中的交易时间其实没有一个十分准确的定义，有人认为盘中指的是整个交易日，有人又认为是除了开盘后半个小时和临近收盘半个小时的交易时段，有人还认为是下午时段开盘前后的交易时段等不同的认定标准下，盘中的具体交易时段始终没有统一。

不过，本节的讲解是按照开盘→开盘后半个小时→盘中→临近收盘半个小时的顺序进行的，因此，本节就将盘中认定为除了开盘后半个小时和临近收盘半个小时的交易时段。在这三个小时内，分时走势又会有哪些有助于短线投资者抓黑马的特殊走势呢？

比较常见的有两种：即盘中震荡拉升与午盘突兀拉升。盘中震荡拉升指的是股价在盘中呈震荡式上涨，成交量也缓步放量推升（不一定整个盘中交易时段都持续放大，也可能是分段放量），股价涨速可能不快，但稳定性很好，如图4-8（左）所示。

午盘突兀拉升指的是股价在上午交易时段内走势平平，或是缓慢涨跌，或是横向震荡，成交量也呈现出相对低迷的状态。但到了下午时段开盘后，成交量开始大幅集中放量，导致股价突然转折向上，走出了相当积极的上涨，如图4-8（右）所示。

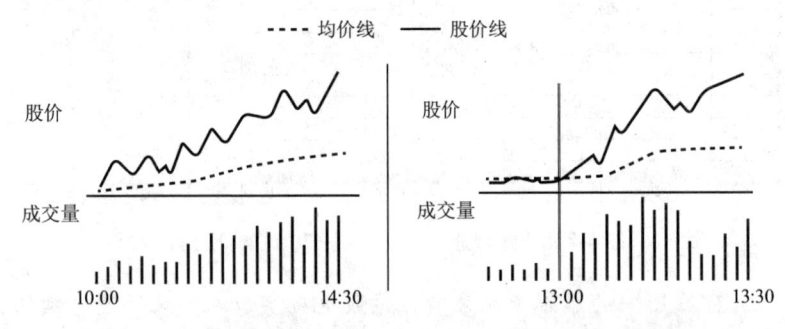

图4-8 盘中震荡拉升（左）与午盘突兀拉升（右）示意图

这两种走势形成于K线上涨初期或是回调后期时，传递出的也都是积极信号。只是午盘突兀拉升中主力参与的痕迹更加明显，市场拉升的决心也更强，因此，短线投资者可以更坚定地参与其中，但前提是能确定外部环境的相对安全。

下面直接来看案例解析。

实例分析
中贝通信（603220）盘中的股价线特殊走势

图4-9为中贝通信2022年9月至2023年2月的K线图。

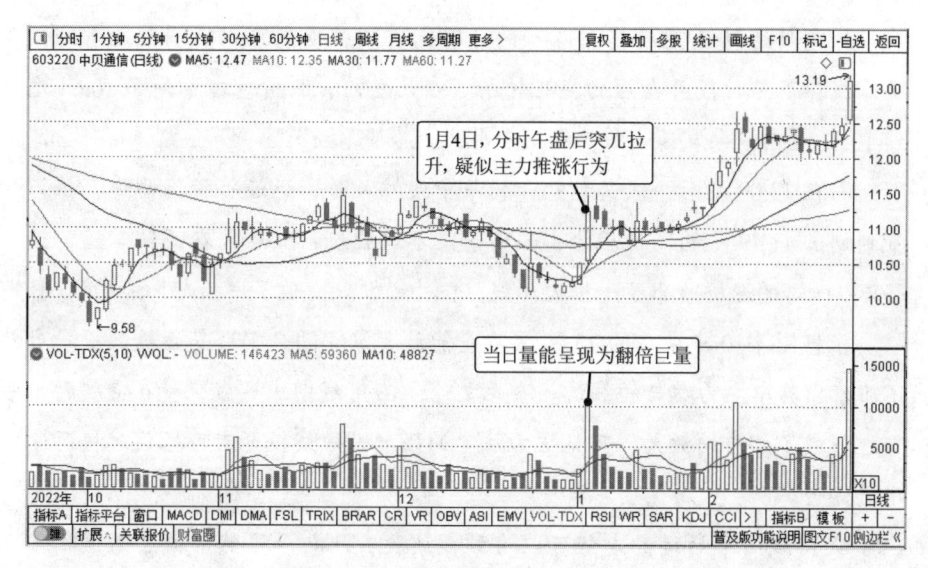

图4-9 中贝通信2022年9月至2023年2月的K线图

先来看中贝通信的上涨行情初期，从图4-9中可以看到，该股在2022年10月初触底后经历了长达数月的上涨与回调，终于在2023年1月初成功突破了中长期均线的压制，而1月4日正是突破的当日。

图4-10为中贝通信2023年1月4日的分时图。

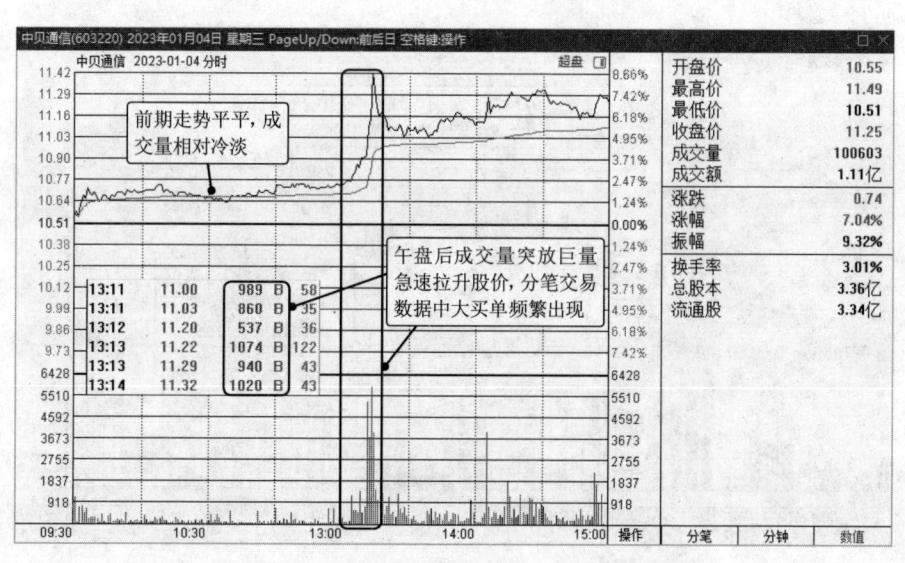

图4-10 中贝通信2023年1月4日的分时图

从中贝通信 2023 年 1 月 4 日的分时走势中投资者可以很明显地看到，股价线在下午时段开盘后的突兀转折。在此之前，股价基本都处于 10.64 元到 10.77 元内横向震荡运行，成交量也比较冷淡。

而在 13:00 之后，成交量就开始集中大幅放量，迅速将股价曲线上推，直到创出 11.49 元的高价后才小幅回落。不过股价后续也是在高位震荡，最终以 7.04% 的涨幅收出了一根大阳线，在外部彻底突破了中长期均线的压制。

根据图 4-10 中展示的 13:00 之后量能放大期间的分笔交易数据，投资者不难看出其中主力参与的痕迹。除此之外，在 K 线图中，成交量在突破的当日也形成了翻倍的放大，可见主力注资的强度，短线投资者可抓住时机迅速跟进建仓。

从 K 线图中后续的走势可以看到，该股在此之后虽然形成了回调，但低点在中长期均线上得到了明显支撑，股价最终于 1 月下旬重拾升势，并且涨速非常快，为短线投资者带来的收益也是很可观的。

下面再来看数月之后中贝通信的股价上涨到高位时，分时走势中出现的盘中震荡拉升形态。

图 4-11 为中贝通信 2023 年 8 月至 10 月的 K 线图。

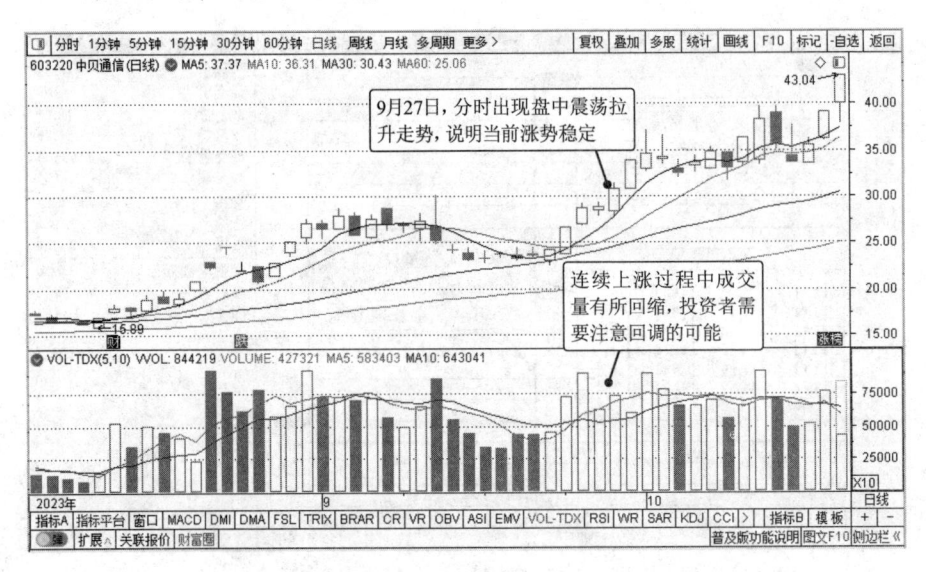

图 4-11 中贝通信 2023 年 8 月至 10 月的 K 线图

到了 2023 年 9 月初，中贝通信的股价已经上涨到了 30.00 元价位线附近，相较于前期 10.00 元左右的低位来说已经实现了翻倍。股价在该压力线下方横向震荡一段时间后开始下跌整理，低点落到 30 日均线附近后企稳走平，一直横盘到 9 月下旬才重新开始上涨。

在 K 线连续收阳的过程中，成交量也在不断放量，使得股价涨势比较稳定。9 月 27 日正是其中的一个交易日，下面来看当日的分时走势。

图 4-12 为中贝通信 2023 年 9 月 27 日的分时图。

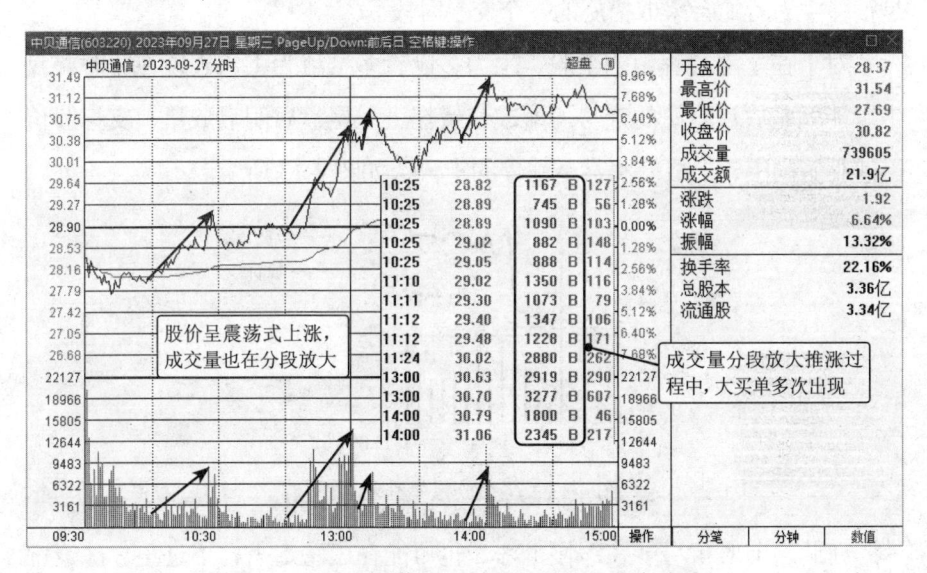

图 4-12　中贝通信 2023 年 9 月 27 日的分时图

从图 4-12 中可以看到，该股在 9 月 27 日开盘后半个小时内的表现并不强势，股价线几乎是横向震荡的，成交量也在持续缩减。不过在 10:00 之后，股价线就有了明显的拉升迹象，成交量也出现了放大推涨。

在后续的盘中交易时段中，成交量虽然没有形成整体的放大，但每一次股价明显上涨的过程中都有量能的分段放大支撑，使得量价呈现出盘中震荡拉升的走势。而在图 4-12 展示的量能放大时段的分笔交易数据中，大买单也是层出不穷，显然有主力在其中助力，买进信号很明确。

回到 K 线图中观察，投资者会发现当日的量能虽然相较于前日有放大，但相较于这一波拉升刚开始的量能来说却是缩减的。再加上股价当前涨势已高，投资者在买进后也要注意后续是否可能出现回调或下跌，进而及时卖出，止盈止损。

4.1.4 临近收盘的市场表现

临近收盘的半个小时一般被称为尾盘，它是交易日的末尾，具有承接前期走势、影响下一个交易日的集合竞价结果及市场基调的作用，因此，是很多主力可能会采取措施的一个交易时段。

对于在上涨过程中的个股，主力多以看多推涨为主，表现在分时尾盘中可能就是放量暴涨的走势。即成交量在进入尾盘后明显放量，支撑股价迅速拐头向上，形成暴涨甚至涨停的走势，如图 4-13 所示。

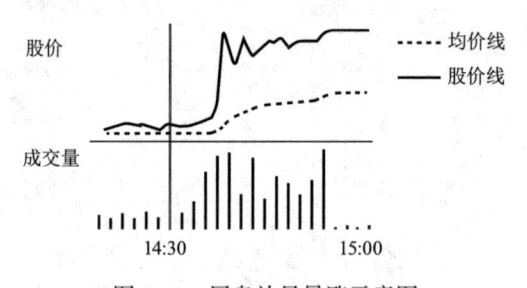

图 4-13　尾盘放量暴涨示意图

在此之前股价可能在缓慢上涨，也可能在震荡走平，不过整体涨速都与尾盘期间的暴涨有明显差别，成交量量能也是一样的。

当这种放量暴涨形成在上涨初期，尤其是刚刚筑底后的低位时，就有可能是主力迅速拉高股价、避免散户抢筹导致拉升难度增加的手段，那么后市自然是看涨的。

在持续上涨的过程中形成尾盘放量暴涨，基本上也是主力大力推涨的表现。当然，有时候主力也会以这样的形式设置多头陷阱，吸引投资者大批挂单后，自己再分批或大量散出手中筹码，达到出货目的。这样个股后续的表现可能就不会太如意，所以，投资者要注意分辨。

下面通过一个案例来解析。

实例分析

众泰汽车（000980）尾盘放量暴涨走势

图 4-14 为众泰汽车 2022 年 6 月至 8 月的 K 线图。

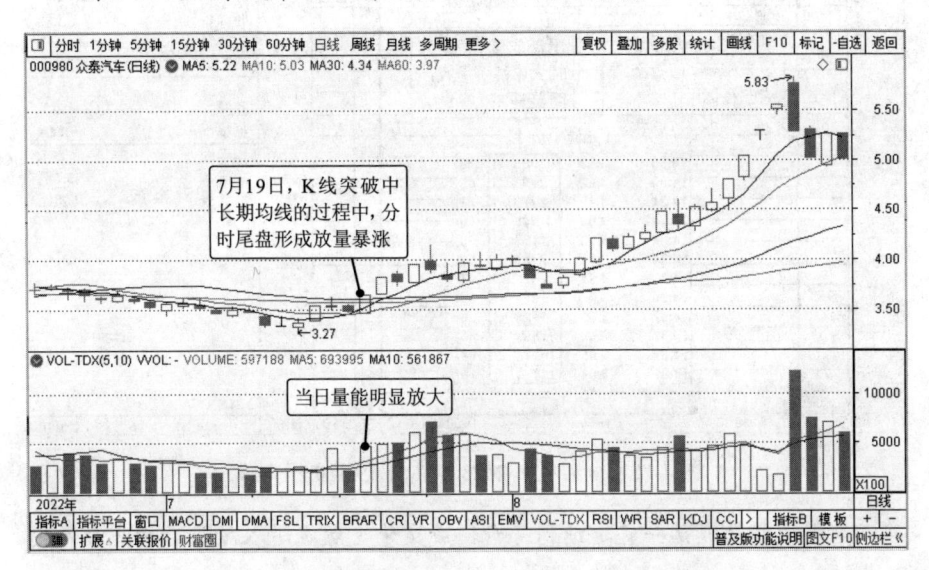

图中标注：7月19日，K线突破中长期均线的过程中，分时尾盘形成放量暴涨；当日量能明显放大。

图 4-14　众泰汽车 2022 年 6 月至 8 月的 K 线图

从众泰汽车的股价表现可以看出，主力注资大力推涨的时机更多地集中在 2022 年 7 月上旬之后，毕竟在此之后股价才开始转入上涨。7 月 19 日，K 线大幅收阳，自下而上穿越了整个 K 线组合，虽然收盘价没有突破到更高的位置，但盘中形成的尾盘放量暴涨走势已经明确了主力的态度。

下面来看当日的分时走势。

图 4-15 为众泰汽车 2023 年 7 月 19 日的分时图。

从图 4-14 中可以看到，该股在当日开盘后就出现了快速的上涨，短短数十分钟内股价线就从前日收盘价附近冲到了 3.63 元价位线上，涨幅达到了 4% 以上。不过该股并未就此继续上行，而是在该价位线的压制下形成了回调和横盘震荡，仔细观察 K 线图可以发现，这正是 30 日均线当时所处的位置。

由此可见，30 日均线的压制力还是比较强的，不过也有可能是主力在进一步调动市场情绪，吸引更多买盘介入、帮助一起推涨股价的手段。此时，

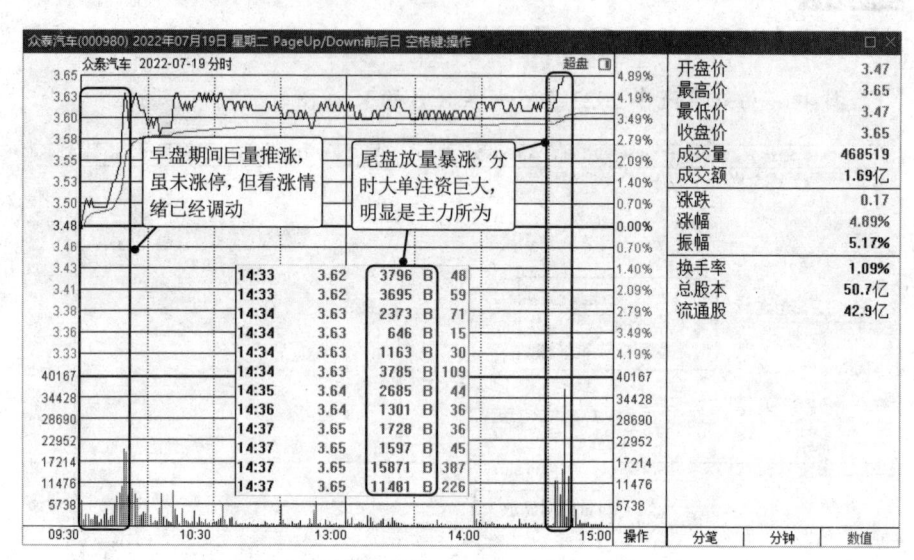

激进型短线投资者已经可以尝试着跟进了。

早盘期间巨量推涨，虽未涨停，但看涨情绪已经调动

尾盘放量暴涨，分时大单注资巨大，明显是主力所为

图 4-15　众泰汽车 2023 年 7 月 19 日的分时图

这样的横盘震荡一直延续到尾盘，成交量突然在进入尾盘后的几分钟内集中放出巨量，其中的一些大单甚至达到了 10 000 手以上。数千万的资金投入，很明显是主力才具备的实力。

而从股价迅速上升突破 30 日均线，最终以涨停收盘的走势来看，主力的意图在于拉升股价和通知市场开始追涨。此时，谨慎型投资者也要在股价彻底封板之前买进了，如果没来得及在当日介入，也可以在后续交易日开板后买进。

拓展知识　*不同类型股票的不同涨跌幅度限制*

在上个案例中，众泰汽车单日涨幅仅接近 5% 就涨停了，这似乎违背了其所处主板市场的涨跌停制度。但实际上，众泰汽车当时因为各种原因被交易所实施了风险预警，并将股票名称改为"ST 众泰"，所以，其单日涨跌幅限制被降为 5%。

除此之外，带有"*ST"字样个股的单日涨跌幅限制也是 5%。而在创业板和科创板上市的股票，单日涨跌幅限制被扩大到了 20%，主板市场上的个股单日涨跌幅限制则是常规的 10%（首日上市的情况除外）。

4.1.5 股价线多种筑顶形态

股价线的筑顶形态指的是在冲高回落的高位区域形成的、符合一定技术要求的特殊形态，能够结合外部 K 线走势形成反转预示，进而帮助短线投资者及时止盈卖出。

筑顶形态多种多样，比较常见的有双重顶、倒 V 形顶和震荡顶。

双重顶指的是股价线两次上冲，在相近的位置受阻后拐头下跌的形态，如图 4-16（左）所示。倒 V 形顶指的是股价线在一次急速上涨后迅速转折向下跌到低位的形态，如图 4-16（中）所示。震荡顶指的是股价线在上涨到某一压力线附近后反复横向震荡，但最终还是变盘下跌的形态，如图 4-16（右）所示。

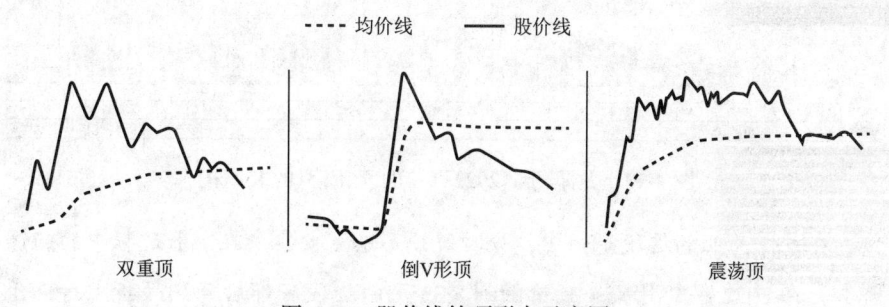

图 4-16 股价线筑顶形态示意图

单独分析这三种筑顶形态，结论都是短期看跌的信号。如果形成筑顶形态的交易日位于股价高位，并且盘面中也存在其他预警信息可供参考，那么筑顶形态的反转信号就会比较强，短线投资者也应当以谨慎为主，及时借高出货，保住前期收益。

需要注意的是，由于股价线变动十分频繁，因此，可能会在构筑筑顶形态的过程中形成很多次一级的震荡，也就是可能产生很多锯齿状的波动。不过只要这些小幅震荡不影响到整体的形态构筑，投资者就可以不予理会，仍旧针对整体的筑顶形态进行分析即可。

下面直接通过案例来解析。

实例分析

龙津药业（002750）股价线筑顶形态解析

图 4-17 为龙津药业 2022 年 9 月至 12 月的 K 线图。

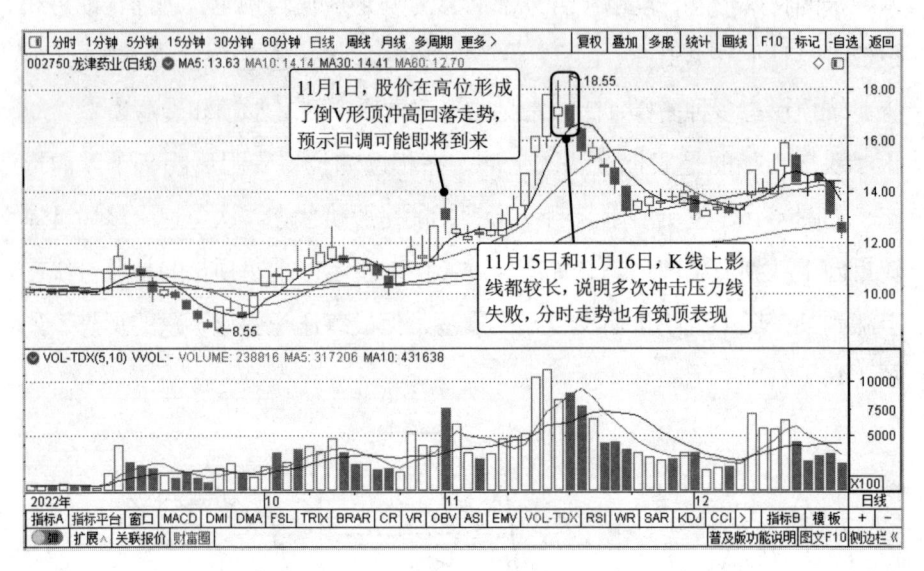

图 4-17　龙津药业 2022 年 9 月至 12 月的 K 线图

在龙津药业的这段走势中，分时筑顶形态主要集中在上涨过程中的回调前夕。在 2022 年 9 月底，股价触到 8.55 元的阶段底部后开始转折上行，于 12.00 元价位线处短暂受阻回调后很快重拾升势，并于 11 月 1 日上涨到了接近 14.00 元价位线的位置。但就在当日，股价线出现了冲高回落的走势。下面来看具体情况。

图 4-18 为龙津药业 2022 年 11 月 1 日的分时图。

从图 4-18 中可以看到，该股在 11 月 1 日开盘后就被大量能带动向上形成了急速的拉升。当股价接近涨停时，单分钟量能急剧放大至 13 万手以上，成功将股价打到了涨停，但后续却并未停留封板，而是立即转折向下形成了一个倒 V 形顶。在转折下跌的过程中，场内还出现了许多大卖单。

综合来看，主力在此急速推高，趁着市场大批挂单跟进的机会迅速出手散播筹码，将部分资金和收益收回的可能性还是比较高的。之所以不将其认定为上涨转势，是因为当前 K 线所处位置并不高，距离前期突破中长期均线的时间也不长，主力就此出货撤离的可能性比较小。

不过即便如此，短时间内的回调也是免不了的，短线投资者可以尽快借高撤离，先将前期收益落袋为安。

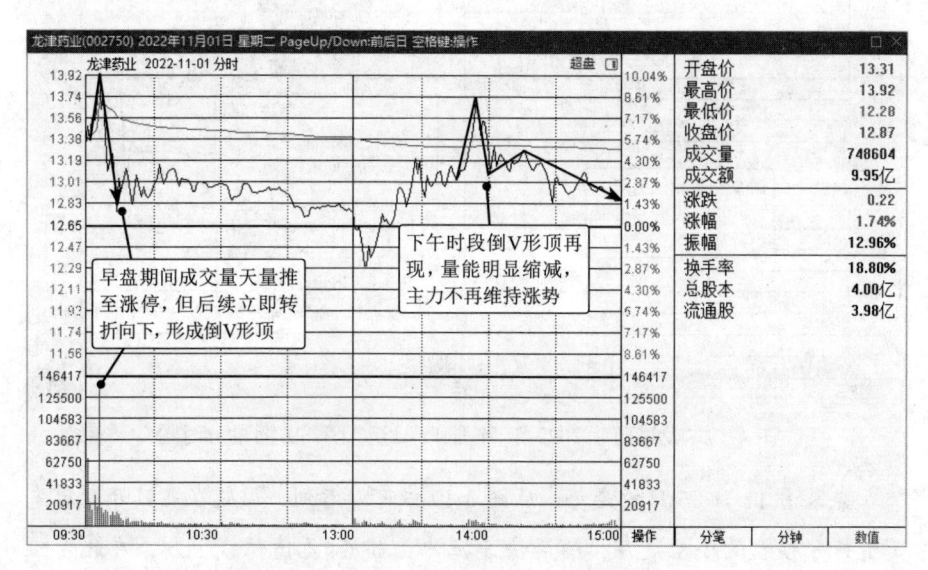

图 4-18　龙津药业 2022 年 11 月 1 日的分时图

继续来看后面的走势。该股在当日第一次冲高回落后长期下跌，直到下午时段开盘后不久才突然转折向上，形成了一波强势反弹。不过此次反弹最终也只是小幅突破到了均价线之上，后续仍旧拐头向下，形成了又一个位置更低的倒 V 形顶。

在这个倒 V 形顶的构筑过程中，量能相较于前期明显缩减，主力显然并未如往常一般花费大资金来维持股价走势，所以，该股后市继续上涨的难度也比较大，此时还未离场的短线投资者要注意及时止盈止损了。

接下来回到 K 线图中，可以看到股价在 11 月 1 日之后确实形成了一段时间的回调整理，不过回调幅度不大，持续时间也不长，K 线在 11 月上旬就开启了下一波拉升，短线投资者可重新买进。

11 月 15 日，股价涨势有了明显减缓，并且当日多次冲高回落，有筑顶迹象。11 月 16 日的价格更是转势下跌，收出了阴线。下面来看具体的分时走势。

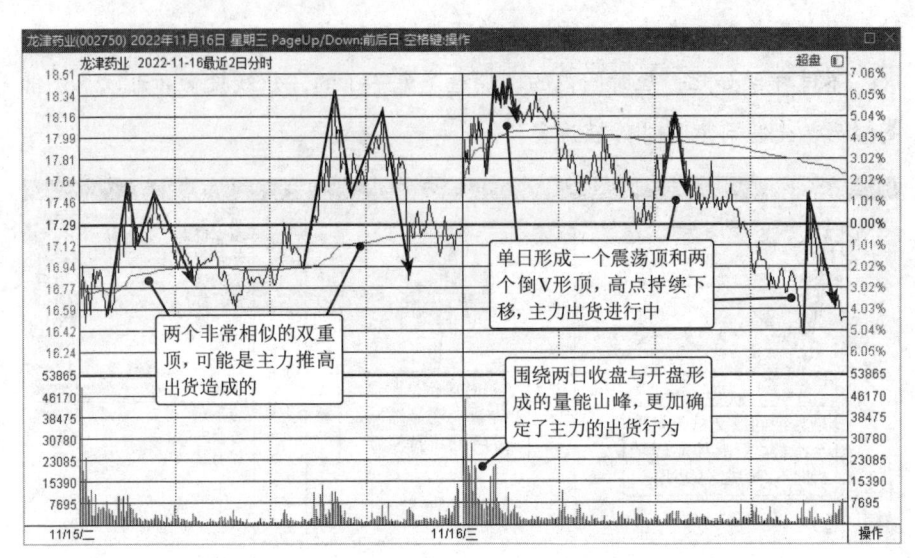

图 4-19 为龙津药业 2022 年 11 月 15 日至 11 月 16 日的分时图。

图中标注：
- 两个非常相似的双重顶，可能是主力推高出货造成的
- 单日形成一个震荡顶和两个倒 V 形顶，高点持续下移，主力出货进行中
- 围绕两日收盘与开盘形成的量能山峰，更加确定了主力的出货行为

图 4-19　龙津药业 2022 年 11 月 15 日至 11 月 16 日的分时图

先来看 11 月 15 日的走势，从图 4-19 中可以看到，该股在当日开盘后先是进行了横盘的小幅震荡，随后快速拉升至 17.64 元价位线下方，在此受阻后回落，低点在 17.12 元价位线上得到支撑后再度被拉高，第二个高点的位置稍低于前期。当这一次拉升结束股价下跌后，一个双重顶就比较清晰地展示出来了。

不过这一个双重顶构筑完成后股价并未持续下行，而是在 16.59 元价位线附近止跌后重拾升势，向着更高的位置进发。在下午的交易时段中，股价线又走出了一个基本形态与前期十分类似，但震荡幅度更大的双重顶。

单日连续形成两个形态类似的双重顶，很有可能是主力操作导致的，其目的可根据外部环境来推测。在 K 线图中，当前的价格位置已经比较高了，而且前期也经历了短时间的暴涨，主力是有理由在此位置出货的。因此，短线投资者为谨慎起见，可以将这种异常表现归结为主力出货的手段，进而跟随在高位卖出，保住收益。

继续来看次日的走势。该股在次日是以高价开盘的，开盘后也确实出现了一段时间的上涨，不过很快便在 18.51 元价位线附近受阻，形成了一个高

位震荡顶后逐步下跌。

在后续的走势中,股价线长期位于均价线之下运行,期间进行过数次反弹,最终都没能成功突破到其上方。股价线还在反弹过程中形成了两个倒V形顶,但高点一个比一个低,呈现出渐次下移的状态,跌势明显。

观察成交量也可以发现,这两个交易日的大量能基本都集中在11月15日的尾盘和11月16日的早盘期间,组合形成了一座山峰。这种量能山峰是比较典型的主力出货表现,再加上前后两个交易日中形成的数个筑顶形态及K线图中的表现,后市的走向可能会转向回调或下跌,此时还未离场的短线投资者要注意把握时机卖出了。

4.1.6 盘中筑底形态解析

筑底形态与筑顶形态对应,即在低位形成的、具有一定上涨反转预示的底部形态。比较常见的筑底形态包括双重底、V形底和头肩底等,其中双重底和V形底就是上一节介绍过的双重顶和倒V形顶的反转,如图4-20(左)和(中)所示。头肩底则是股价三次下跌又三次被拉起而形成的,左右两个低点位置相近,中间的低点位置最低,如图4-20(右)所示。

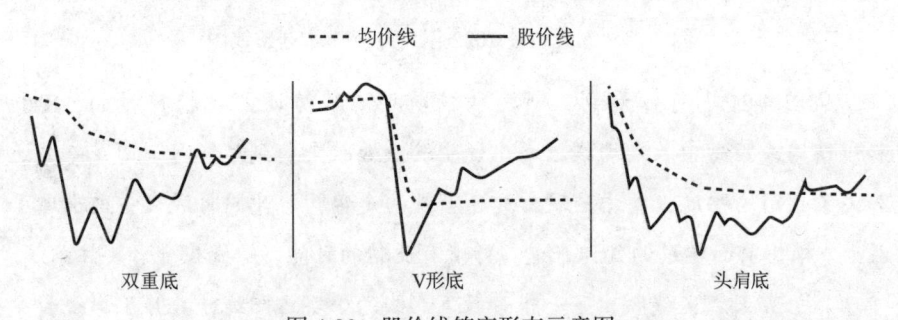

图 4-20 股价线筑底形态示意图

在行情低位或阶段低位形成的分时股价线筑底形态一般都是反转即将到来的预示。如果投资者无法单凭分时走势确定反转,就要结合多方信息来分析,比如K线图中的量价关系、K线的筑底形态等。

与筑顶形态一样,分时筑底形态在构筑过程中也可能产生许多次一级的震荡，不过只要不是特别影响形态的判定，投资者就可以不予理会。

下面直接来看案例。

实例分析
新元科技（300472）股价线筑底形态解析

图4-21为新元科技2022年3月至7月的K线图。

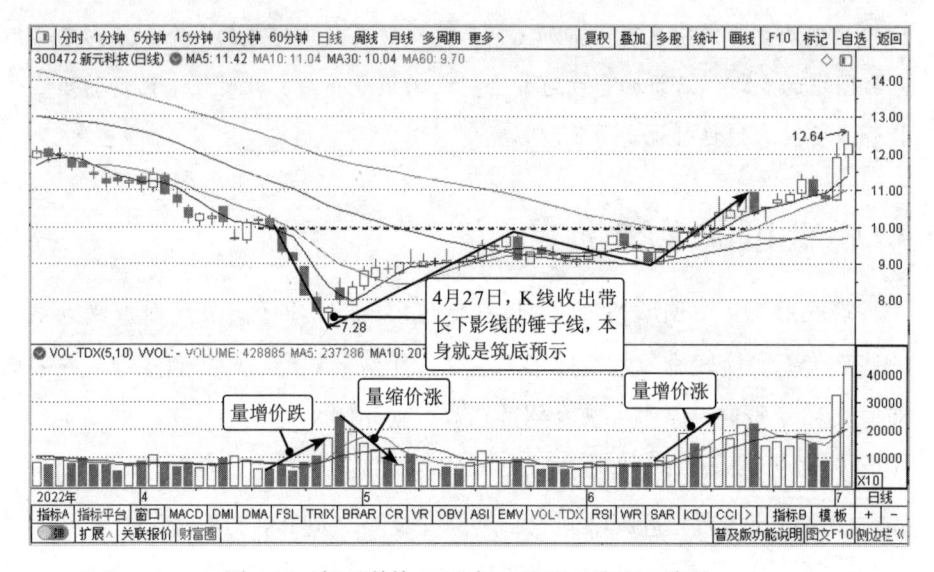

图4-21　新元科技2022年3月至7月的K线图

从图4-21中可以看到，新元科技前期的跌势还是比较持续的，K线和短期均线距离中长期均线较远，说明其跌幅较大。到了4月下旬，K线还加大了收阴的幅度，整体呈现出加速下跌的走势，与此同时成交量也出现了放大。根据前面学过的知识来看，行情有反转的可能，短线投资者要注意了。

4月27日，K线收出了一根带长下影线的小实体阳线，并且下影线长度是阳线实体的一倍以上，可见其形成的是锤子线。这是一种底部反转形态，尽管单根K线形态无法做出准确预示，但结合前期的量增价跌关系来分析，股价是有可能在此筑底的。

除此之外，投资者还可以进入当日的分时走势中进一步分析。

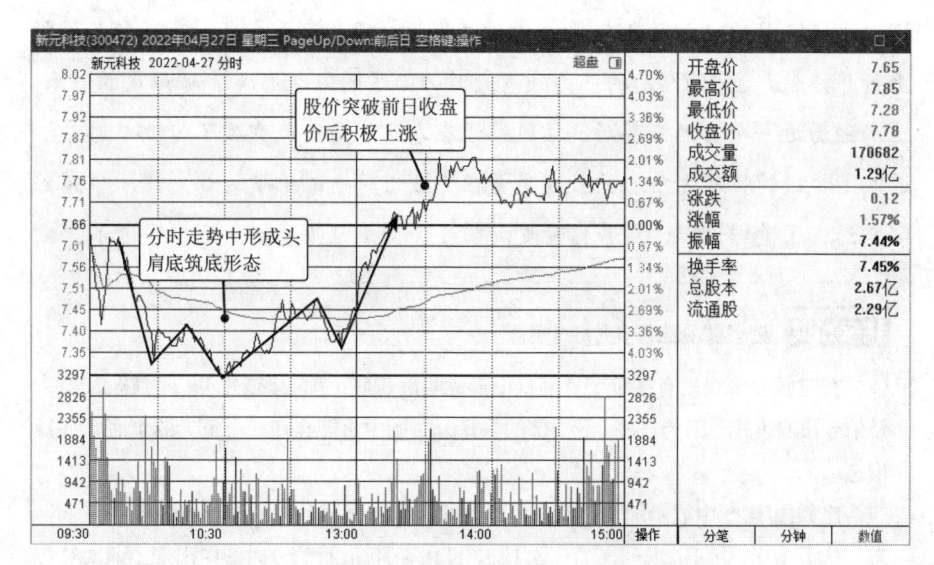

图 4-22 为新元科技 2022 年 4 月 27 日的分时图。

图 4-22　新元科技 2022 年 4 月 27 日的分时图

从 4 月 27 日的分时走势可以看到，该股在以低价开盘后就出现了快速的下跌，几分钟后虽被拉起，但也没能维持太久，最终还是下跌到了更低的位置，即 7.35 元价位线附近。

该股在此短暂企稳回升后，于 7.40 元价位线附近受阻并再次下跌，低点落在了 7.30 元价位线上。该股低位震荡了数分钟后再度向上发起冲击，这一次成功突破了均价线，但也没能维持住上涨，而是拐头向下，再次在 7.35 元价位线附近止跌企稳。

此时，三次下跌和两次拉起都已经形成，并且左右两个低点位置相近，中间的低点最低，形成了头肩底的雏形，只等最后一波的拉升了。

临近早间收盘时，股价线已经开始拉升了，只是没来得及上涨太多。下午时段开盘后，股价持续上扬，成功突破了前期高点和前日收盘价，并在后续积极上涨，头肩底筑底形态彻底成立。结合外部情况分析，激进型短线投资者已经可以入场建仓了。

回到 K 线图中观察后续的走势，可以发现股价在 4 月 27 日之后开始明显上升，成交量却有所缩减。结合前期量增价跌的情况来看，这可能是主力锁定筹码的表现。

进入 5 月后，该股在 9.00 元价位线附近横盘整理了一段时间，随后继续上行并接触到了 10.00 元的压力线。此时，K 线图中也形成了 V 形底的雏形。

经历近一个月的震荡后，该股终于在 6 月中旬彻底突破了 V 形底颈线，进入了积极的拉升之中。并且成交量在突破当时也给予了放量支撑，与 K 线配合形成了量增价涨，看多信号更加明显，谨慎型投资者也可以买进了。

拓展知识 *股价线顶底形态的特殊情况*

有时候股价线没有在单个交易日中形成明确筑底（顶）形态，并不意味着反转信号没有发出，因为在底（顶）部的多日分时图中可能存在一个更大的筑底（顶）形态。

比如图 4-23 中展示的就是某只股票阶段底部的多日分时图中形成的双重底形态。从图 4-23 中可以看到，除了 4 月 27 日和 4 月 28 日的分时图中出现了两次筑底走势以外，其他的分时图中都没有比较特殊的形态。但当多个交易日联合起来观察，就能看出一个明显的双重底，并且双重底的颈线和突破位置都很清晰。因此，如果短线投资者找不到单日分时筑底（顶）信号，还可以通过这样的方式来分析。

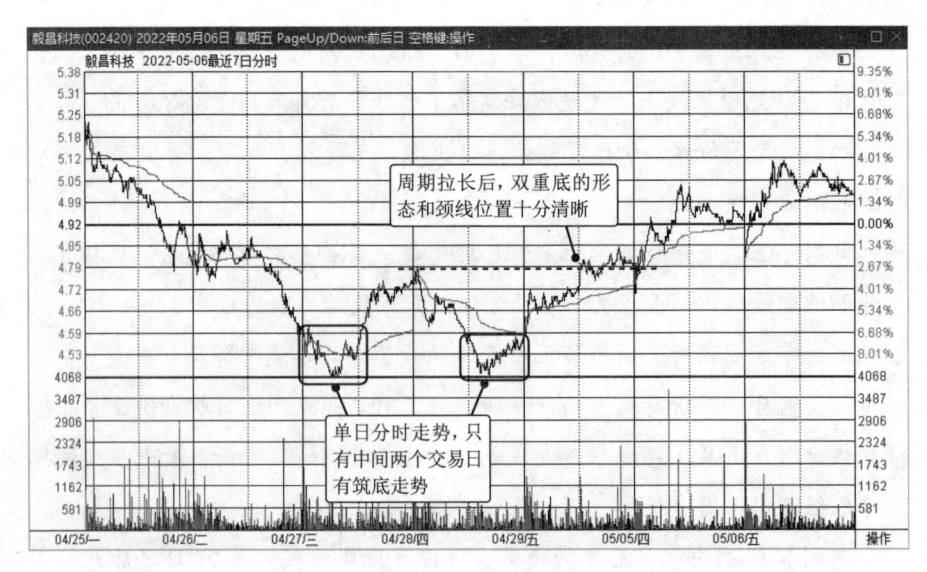

图 4-23　多日分时图中的双重底形态

4.2 均价线的支撑与压制

均价线的支撑与压制作用与 K 线图中的移动平均线十分类似，由于它们的设计都是以股价为基础，并且增加了"移动平均"的概念，所以，均价线会跟随股价的涨跌而有所变动，但又会比股价稳定得多。

根据均价线与股价线之间的位置关系和交叉形态，投资者能够大致分析出个股短时间内可能的走向，对于买卖点的确定还是很有帮助的。当然，短线投资者需要先行确定外部的买卖范围。

4.2.1 均价线与股价线的交叉

股价线与均价线形成的交叉在很多时候都意味着均价线的支撑与压制作用的转变。当股价线自下而上突破均价线并回踩不破，那么均价线的压制作用就会转化为支撑作用；反之，均价线就会对股价线形成压制，如图 4-24 所示。

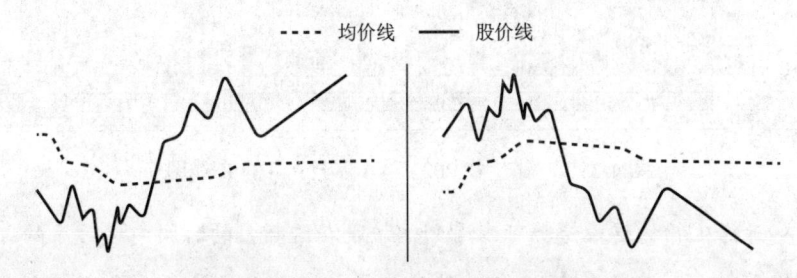

图 4-24　股价线与均价线的交叉形态示意图

如果短线投资者已经通过 K 线图中的走势确定了买卖的位置，或是需要更多的信息来辅助验证自己对后市走向的判断，以上两种交叉形态就是很好的分析对象。

需要注意的是，投资者要学会分辨真突破（跌破）和假突破（跌破）。因为有些时候股价线越过均价线后会在短时间内穿越回原有的区域，这种形态释放出的信号就不能帮助投资者确定买卖点了。要避免这种情况，投资者只需要在股价线穿越过均价线后等待一段时间,或者等到回踩(回抽)完成后再买卖。

下面来看一个具体的案例。

实例分析

三诺生物(300298)股价线对均价线的穿越

图 4-25 为三诺生物 2022 年 4 月至 9 月的 K 线图。

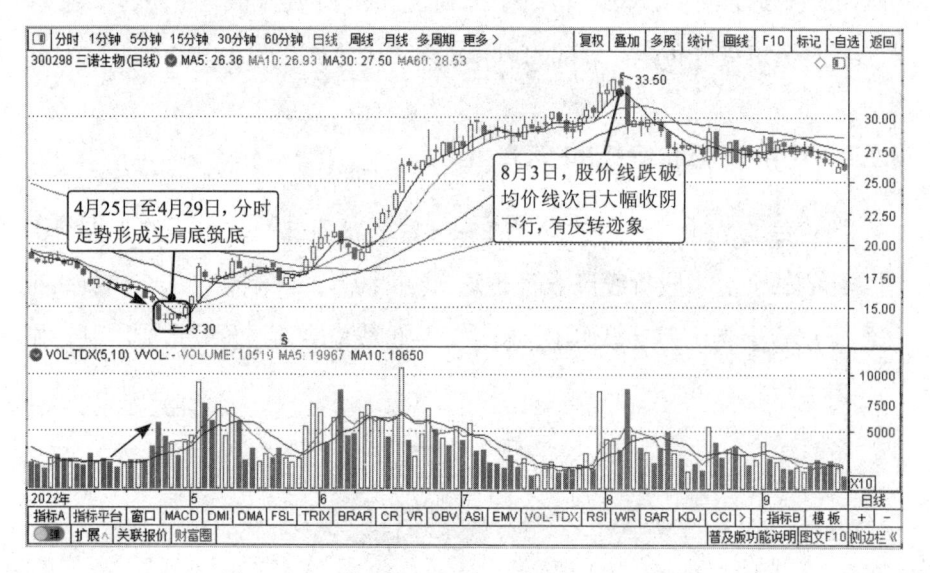

图 4-25 三诺生物 2022 年 4 月至 9 月的 K 线图

从三诺生物的这段走势可以看到,该股在这数月的时间内经历了两次比较大的反转,一次是在 2022 年 4 月底,另一次是在 8 月初。而在每一次反转的过程中,该股的分时走势都会有怎样的表现呢?下面来逐一观察。

先来看 2022 年 4 月底的反转。这是股价由下跌转为上涨的过程,K 线先是在成交量放大压制的情况下收阴快速下跌,来到 14.00 元价位线附近后走平震荡,期间收出的都是实体较小的 K 线。

4 月 27 日,股价明显向下探底,当日以一根带长下影线的小实体阳线报收,K 线形态属于锤子线。结合前期的量增价跌走势来分析,行情有筑底的可能,投资者可进入当日的分时走势来进一步观察。

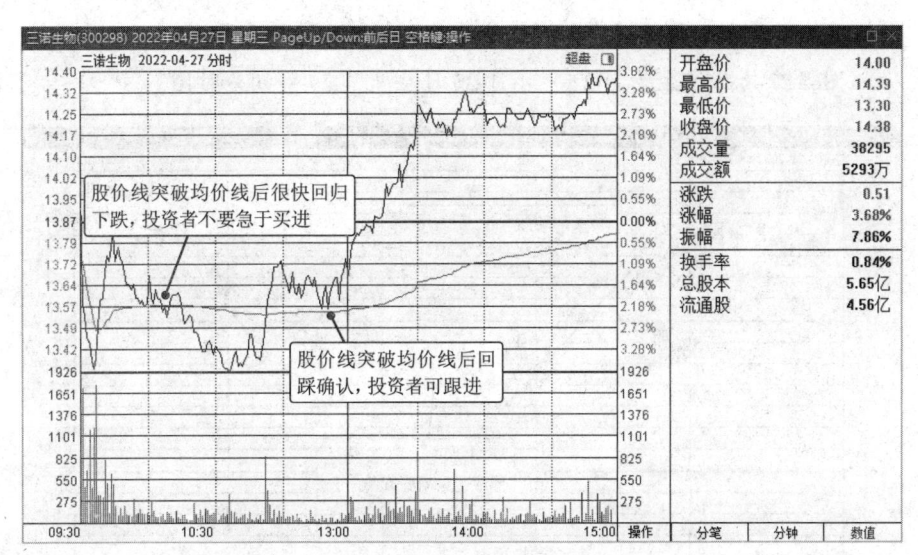

图4-26为三诺生物2022年4月27日的分时图。

图中标注：
- 股价线突破均价线后很快回归下跌，投资者不要急于买进
- 股价线突破均价线后回踩确认，投资者可跟进

图4-26　三诺生物2022年4月27日的分时图

从图4-26中可以看到，三诺生物在4月27日虽是以高价开盘的，但在开盘后就立即被压制向下，一直跌到13.30元价位线上方才止跌，随后又立即被拉升向上，强势突破均价线后持续上行。

单从这段走势来看，其实市场探底意图还是比较明显的，但股价后续的涨势却不能保证，因为股价线没有回踩验证均价线的支撑性，短时间内的涨速也太快了，价格很可能在不久之后又被压下来，投资者最好不要急于买进。

果然在几分钟后，股价的快速上涨就受到了抑制，很快便拐头向下跌到了均价线附近，在此震荡一段时间后又将其跌破，回到了原来的低位区域内，可见前期的突破并不属于有效突破。

不过该股在10:30之后于13.30元价位线附近止跌企稳，随后形成了再次的上涨。这一次股价的涨速就没有前期那么夸张了，股价线呈锯齿状上升，突破均价线后很快形成了回踩确认，并在后续持续上扬，意味着一次有效的突破形成了。这时看涨该股的投资者就可以介入了。

除了这些信息以外，一些细心的投资者还发现该股当日的两次下跌低点都处于相近的位置，如果前日的尾盘期间股价线是持续下行的，就有构筑出

多日分时双重底形态的可能。那么接下来投资者就可以将分时周期拉长，观察股价线在底部震荡的这段时间内会不会有明显的筑底走势。

图 4-27 为三诺生物 2022 年 4 月 25 日至 4 月 29 日的分时图。

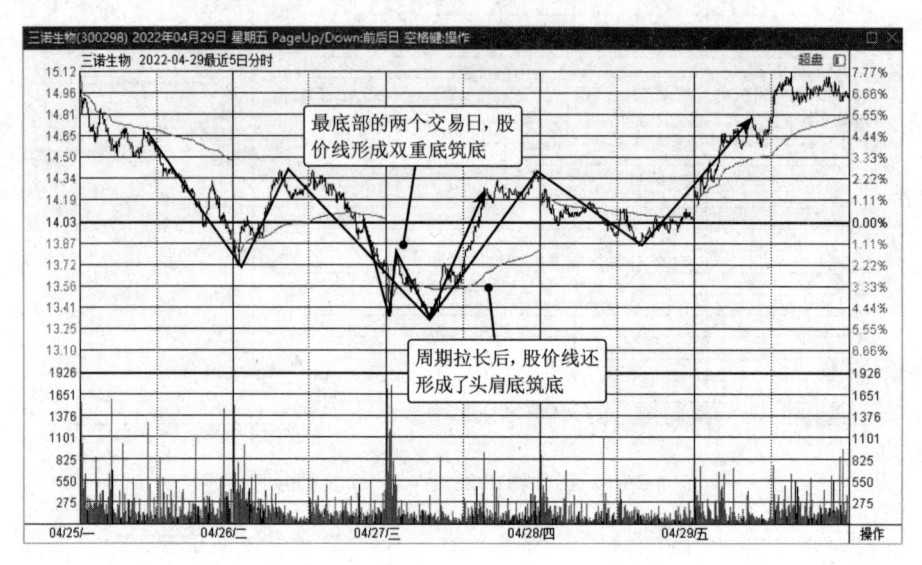

图 4-27　三诺生物 2022 年 4 月 25 日至 4 月 29 日的分时图

如果单纯观察 4 月 26 日和 4 月 27 日的分时走势，投资者可以发现两日的股价线确实形成了一个双重底形态，并且 4 月 27 日后续的上涨也成功突破了颈线，形态是成立的。

但如果投资者再等待两个交易日股价明显向上拉升后再进入多日分时图中查看，就会发现股价线在 4 月 25 日到 4 月 29 日形成了一个更大的头肩底形态，且形态颈线（即两个高点的连线）在 4 月 29 日开盘后不久就被彻底突破了，头肩底也是成立的。

此时盘中已经形成了包括外部下跌后期量增价跌形态，以及内部双重底、头肩底、股价线有效突破均价线在内的多种筑底或上涨信号，该股后市应当是高度看好的，那么还未入场的投资者就可以迅速跟进，抓住后续涨幅。

下面回到 K 线图中观察在 2022 年 8 月初形成的第二次明显转折。

在图 4-25 中，该股于 7 月初上涨到了 30.00 元价位线下方，在此减缓涨势横盘震荡近一个月后于 7 月底成功向上突破，来到了更高的位置。但在

8月3日，分时走势中却出现了看跌形态。

图4-28为三诺生物2022年8月3日的分时图。

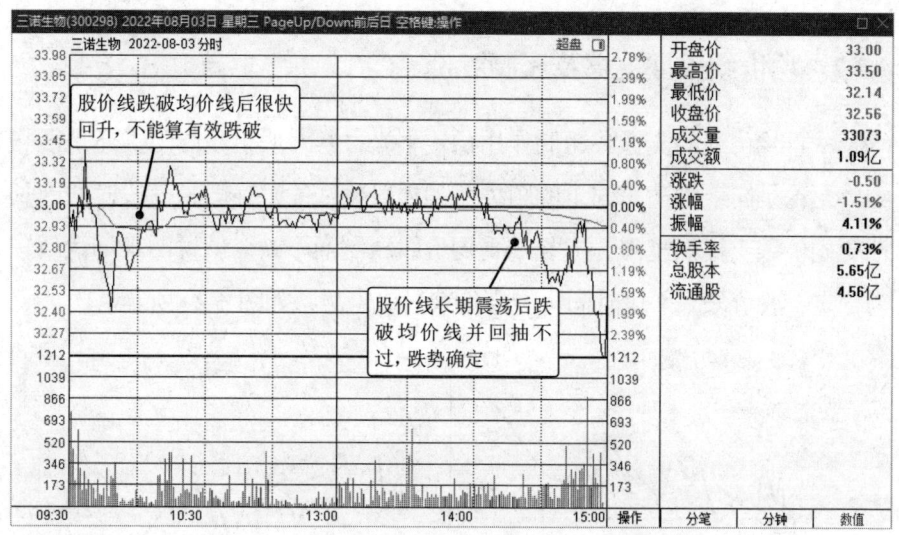

图4-28　三诺生物2022年8月3日的分时图

从8月3日的分时走势可以看到，三诺生物在开盘后半个小时内的震荡幅度比较大，而且规律性也不强。在急涨急跌的情况下，股价线与均价线之间的突破关系也始终无法确定下来，投资者需要继续观望。

10:00之后，股价线的运行稍微稳定了一些，但还是长期围绕均价线横向震荡，期间有多次穿越，不过信号强度都不大，投资者还是需要耐心等待变盘的到来。

14:00之后，股价线跌破均价线后没有立即回升，而是持续下行，并在短时间内形成了回抽不过的走势。这就意味着这一次大概率是有效跌破，而且股价线后续的走势也证实了这一点，短时间内该股是看跌的。

不过，单从这一个交易日的表现投资者还看不出明显的下跌迹象。等到次日，投资者就会发现价格在成交量的放量压制下形成了快速的下跌，当日最低价已经跌破了30日均线，发出危险信号。

而股价在后续的几个交易日内也没有形成回升迹象，反而于8月上旬彻底收阴跌破 30 日均线，意味着下跌即将到来，短线投资者要注意及时止损出局。

4.2.2 均价线长期支撑及压制股价

一旦均价线的支撑或压制作用稳定下来，其对股价线的阻力还是很强的，无论是向上的还是向下的阻力。如果股价线能够在较长一段时间内长期受均价线支撑而上涨，或长期受均价线压制而下跌，就说明市场情绪较为稳定，股价未来一段时间可能会延续当前走势，如图 4-29 所示。

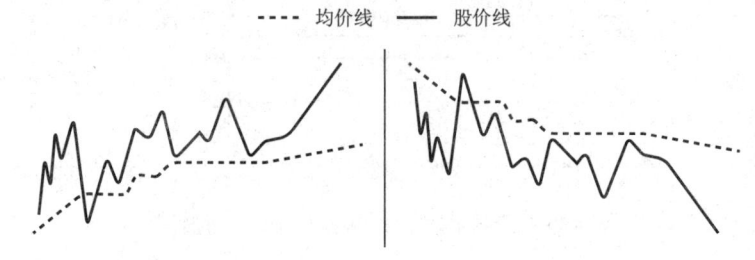

图 4-29 均价线长期支撑（左）或压制股价线（右）示意图

当然这也不是绝对的，如果场内有主力参与并在某一时刻发力推涨股价或集中力量出货，就可能导致股价线出现不可预知的变化，均价线的参考价值也会降低。因此，投资者在预判股价走势时还是需要经过多方信息结合分析后再确定买卖点。

下面通过一个案例来了解。

实例分析

中孚信息（300659）均价线对股价线的支撑与压制

图 4-30 为中孚信息 2022 年 9 月至 11 月的 K 线图。

从 K 线图中可以看到，中孚信息从 2022 年 10 月初开始上涨后一直在向着中长期均线发起冲击。股价在 10 月上旬成功突破了 30 日均线，在其上方横盘整理一段时间后于 10 月 26 日再度大幅拉升上冲。

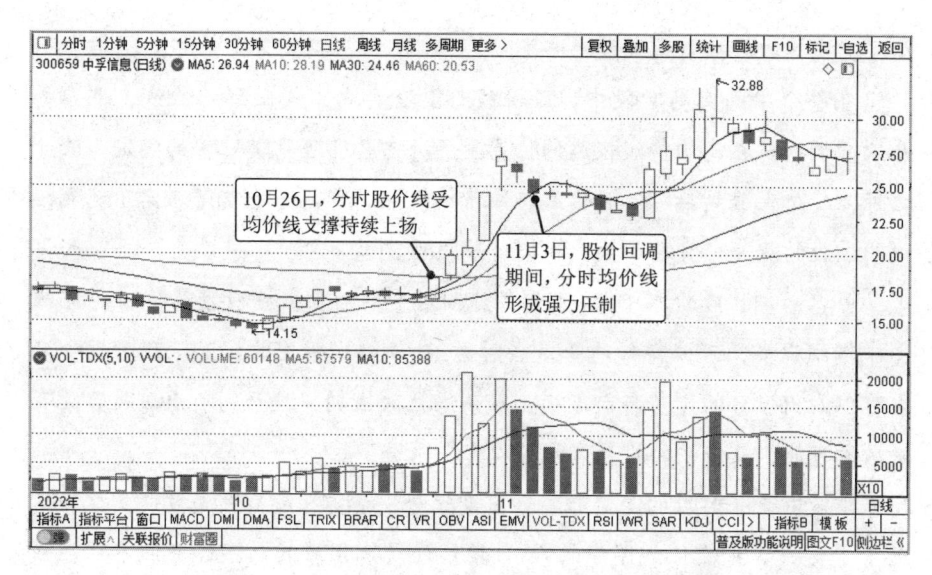

图 4-30 中孚信息 2022 年 9 月至 11 月的 K 线图

下面来看 10 月 26 日的分时走势。

图 4-31 为中孚信息 2022 年 10 月 26 日的分时图。

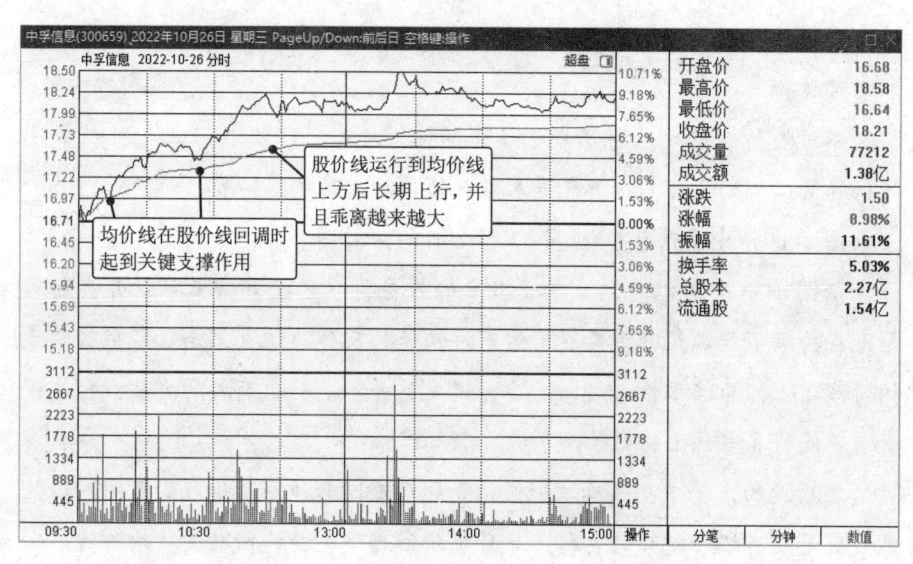

图 4-31 中孚信息 2022 年 10 月 26 日的分时图

观察 10 月 26 日的分时走势可以发现，该股在开盘后就形成了比较积极的上涨。股价线很快运行到了均价线之上，并且在数分钟后的回踩过程中确认了其支撑力，接着就继续上涨了。

在整个早间交易时段中，股价线都没有再向下接触到均价线，偶尔的几次回调也是在离均价线较远的位置企稳并回升，可见其涨势的稳定。除此之外，越是上涨到后期，股价线与均价线之间的乖离（也就是距离）越大，说明该股的涨速一直在加快，积极信号明显。

早盘后期，股价在18.24元价位线附近受阻后形成横盘震荡，回到K线图中仔细观察，可以得知这正是当时的60日均线所处的位置。此时投资者也可以看出当日的走势与前期横盘震荡的巨大区别，进而判断出该股后续有突破的可能，反应快的投资者就可以立即跟进了。

该股在下午时段的走势并不如前期强势，毕竟在没有巨大量能支撑的情况下，要一举突破K线图中的60日均线还是有困难的。不过即便不存在强势的推涨动力，股价线也没有与均价线产生接触，其支撑力还是有效的，投资者依旧可以继续看多、做多。

下面回到K线图中观察后市走向。在10月26日之后，K线形成了连续收阳的涨势，短短数个交易日后就突破到了27.50元价位线附近，短期涨幅非常可观。

不过股价在此之后也形成了快速的回调整理，11月3日正是K线收阴下行的第二个交易日，接下来进入当日的分时走势观察细节。

图4-32为中孚信息2022年11月3日的分时图。

从图4-32中可以看到，该股当日的开盘价就已经非常低了，开盘后股价也在持续下行。几分钟后股价线有过快速的反弹，但也只是短暂突破到了均价线之上，后续很快又跌回下方，可见这并不是一次有效的突破，短线投资者不能将其当作上涨信号而买进。

在后续的走势中，股价跌到低位企稳后有回升冲击均价线的意图，但显然成交量没有给予充分的支撑，导致股价线后续也没能成功突破均价线。一直到收盘，股价线都只是小幅突破过均价线，但始终都没有有效突破，最终以低价收盘。这就说明到了此时该股的回调仍在继续，并且短时间内回升难度较大，短线投资者在撤离后不可轻易介入。

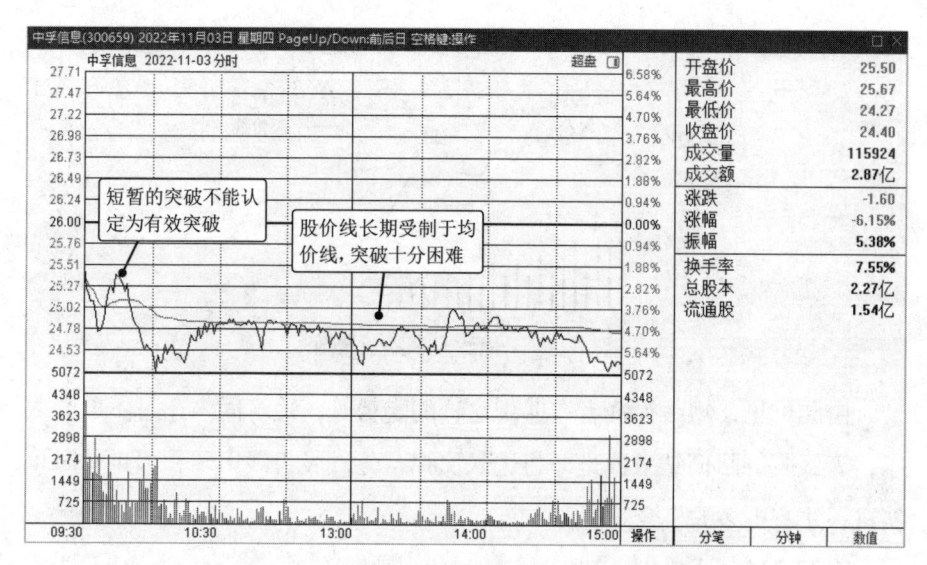

图 4-32　中孚信息 2022 年 11 月 3 日的分时图

4.3　分时量价关系短线应用

　　分时图中的量价关系也是投资者需要特别关注的部分，前面的内容已经对其中一些特殊时段中的量价关系进行了分析，比如开盘巨量涨停、盘中放量推涨等。除此之外，常规交易时段中还存在一些常见的、但可能不太受投资者重视的量价关系，本节会对其进行详细地解析。

4.3.1　缩量下跌走势

　　缩量下跌的走势放到 K 线图中对应的就是量缩价跌的配合形态。如果在一个交易日的大部分时间内股价线与成交量柱都呈现出缩量下跌的走势，后市反转的可能性就比较低了，如图 4-33 所示。

　　这种情况比较常见于上涨回调及行情反转后下跌的过程中。在缩量期间，成交量柱可能是持续缩减，也可能是呈波浪式缩减，还有可能在回缩到一定程度后不再缩减，而是横向走平。但无论如何，股价下跌的稳定程度会比较高，这也进一步证实了市场卖盘的看跌决心之强，买盘很难挽回跌势。

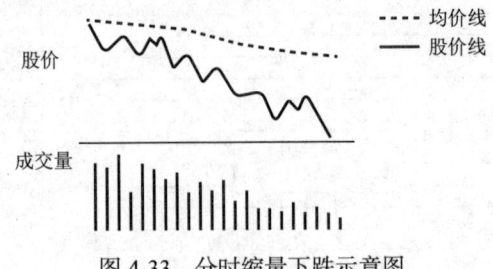

图 4-33　分时缩量下跌示意图

由此可见，短线投资者在遇到这样的走势时，短时间内还是不要介入了，等到股价回调结束或是即将进入反弹，分时股价线出现积极走势时再买进，才有更多的机会获利。

下面通过一个案例来解析。

实例分析
唐德影视（300426）分时缩量下跌解析

图 4-34 为唐德影视 2023 年 3 月至 7 月的 K 线图。

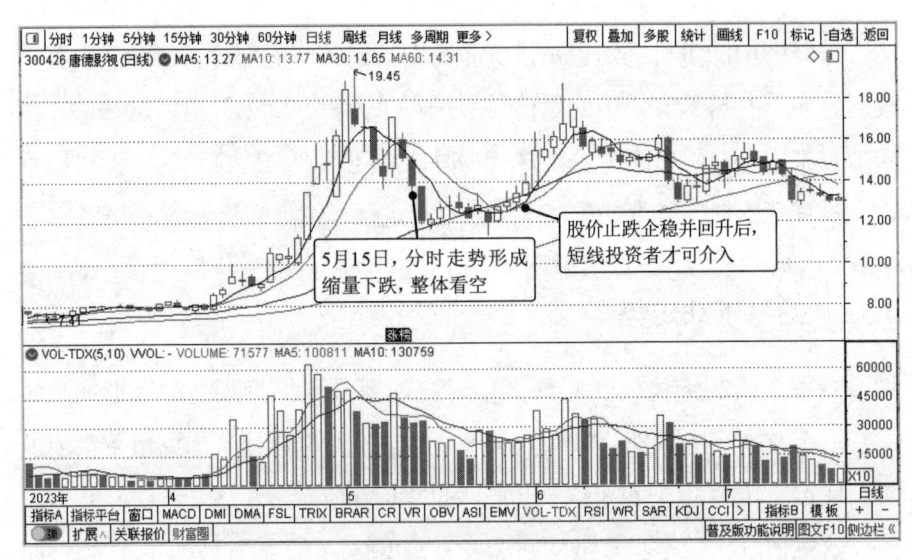

图 4-34　唐德影视 2023 年 3 月至 7 月的 K 线图

从图 4-34 中可以看到，唐德影视前期的涨势可谓十分强劲，经过一个月左右的时间，股价就从 8.00 元价位线附近上升到了 18.00 元价位线以上。也正是因为涨速太快，涨幅太大，盘中会积累大量亟待兑现的获利盘，因此，一旦股价开始下跌或回调，其跌速可能也是比较快的。

事实也确实如此，该股在创出 19.45 元的阶段新高后就迅速拐头向下，很快便跌破了短期均线。5 月 15 日，股价彻底落到了短期均线之下，而其分时走势中也出现了看空预示。

下面来看该股在 5 月 15 日的分时走势。

图 4-35 为唐德影视 2023 年 5 月 15 日的分时图。

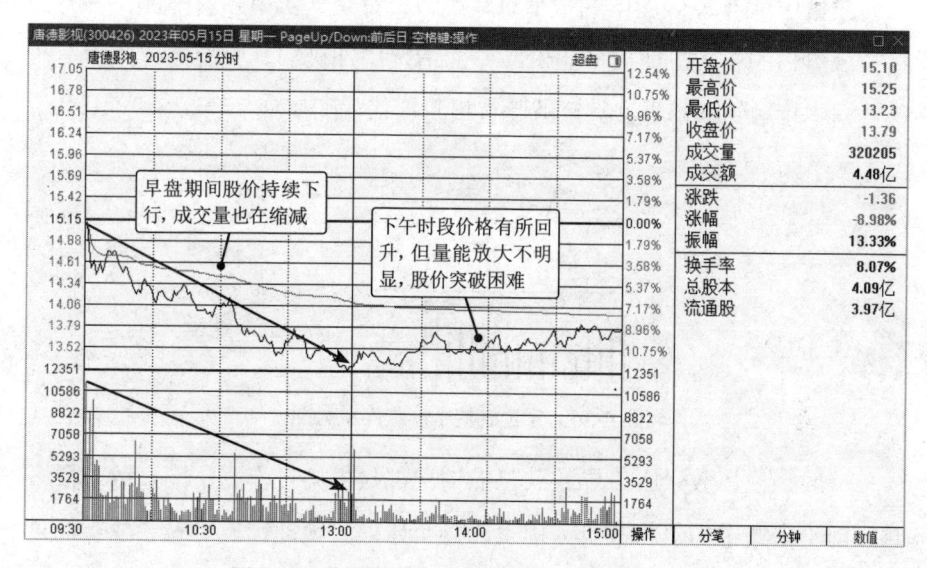

图 4-35　唐德影视 2023 年 5 月 15 日的分时图

该股在当日开盘后就出现了快速的下跌，股价线落到均价线之下后就再也没能回归上方，后期形成的多次反弹甚至都没能向上接触到均价线。与此同时，成交量也从开盘之后持续缩减，与股价线配合形成了缩量下跌的走势，一直延续到早盘结束。

这时该股单日的跌幅已经超过 10% 了，最低价也落到了 13.23 元上，K 线图中已经有了大阴线的雏形。因此，即便下午时段股价可能还会回升，短线投资者都不能轻易买进。

从后续的走势可以看到，该股在下午时段开盘后有小幅的回升，但上涨速度比较慢，而且成交量也没有明显放大支撑，因此，当日实现突破的可能性很小，投资者还应留在场外观望。

从 K 线图中的股价走向来看，该股在 5 月 15 日后还进行了一日的快速下跌，低点落在 30 日均线上才止跌横盘。半个月后，该股在 12.00 元价位线上企稳并开始逐步向上拉升，这时才是短线投资者的买进机会。

4.3.2 放量压价跌停

放量压价与 K 线图中的量增价跌类似，都是大卖单频繁出现，主力快速拉低价格的表现。而放量压价跌停的情况更加极端，股价会在持续下跌的过程中接触到跌停板，甚至就此直接封板，如图 4-36 所示。

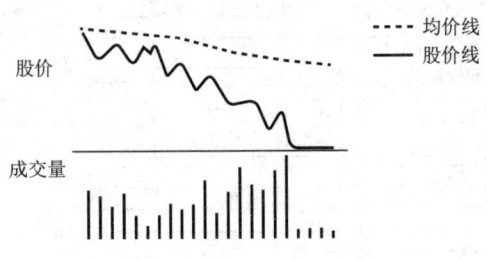

图 4-36　分时放量压价跌停示意图

一般来说，放量压价导致跌停的情况都是主力在作为，毕竟散户很多时候都不会集中力量将股价大幅下压甚至压停。因此，投资者要注意通过当前行情位置和 K 线表现来分辨主力意图。

不过在大多数情况下，这种放量压价跌停都是短时间内后市看空的预示，无论主力是想震仓还是出货，股价后市继续下跌的概率很大。所以，短线投资者还是先及时撤离后再仔细分析，不要错过卖出时机被套场内。

下面通过一个案例来解析。

实例分析

迎驾贡酒（603198）分时放量压价跌停解析

图 4-37 为迎驾贡酒 2021 年 5 月至 9 月的 K 线图。

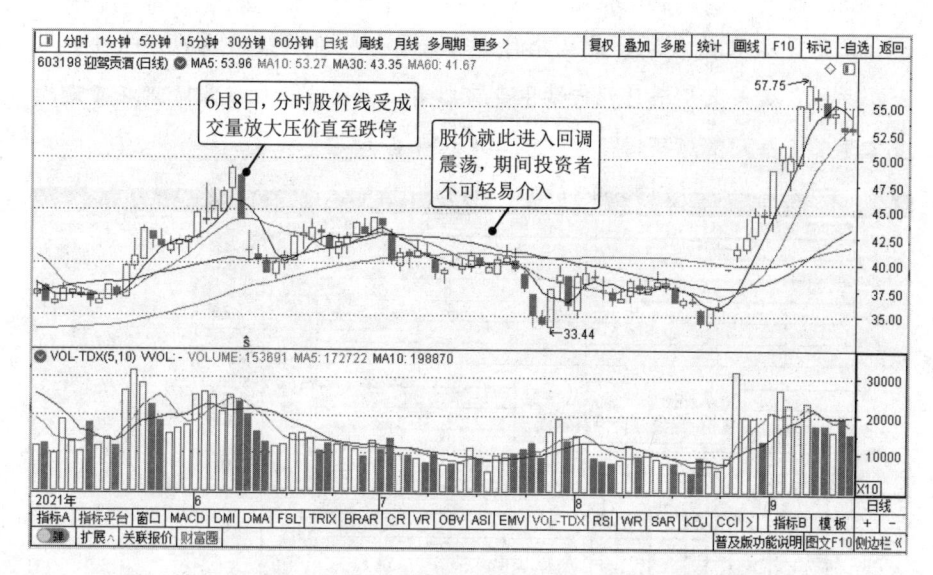

图 4-37　迎驾贡酒 2021 年 5 月至 9 月的 K 线图

根据迎驾贡酒这段走势中中长期均线的表现，投资者可以看出该股在 2021 年 5 月及以前是处于上涨状态的，只是上涨趋势不太稳定，K 线和短期均线始终与中长期均线有交叉，这也意味着股价很可能随时产生回调。

6 月初，该股经过半个月的强势上涨来到了 50.00 元价位线下方，并在 6 月 8 日大幅收阴下行，直接跌破了 5 日均线。这就是一个很明显的回调预示，下面来看当日的分时走势中有何信息。

图 4-38 为迎驾贡酒 2021 年 6 月 8 日的分时图。

从图 4-38 可以看到，该股在当日开盘后就出现了快速的下跌，当时的量能还没有明显放大。直到一次反弹突破均价线失败后股价回归下跌的过程中，成交量才开始迅速放大，很快便将股价下压到跌停板上。

不过这一次该股并未直接封板，而是立即被拉起反弹，说明场内多方还是有反抗的。但放量压价跌停的形态已经出现，意味着主力有震仓的决心，因此，后续走势不容乐观，短线投资者最好及时撤离。

从后续的走势也可以看到，成交量在股价反弹后又进行了多次放量压制，数次将股价拉到跌停板上，并最终在临近早间收盘时彻底将其压制封板直至收盘，当日以跌停大阴线报收。

无论是从K线表现还是从分时走势来看，股价后续回调的可能性都很大。这一点从未来几个月的行情中也可以看出，因此，短线投资者在此期间就不要急于介入了，等到股价企稳再度拉升后再买进不迟。

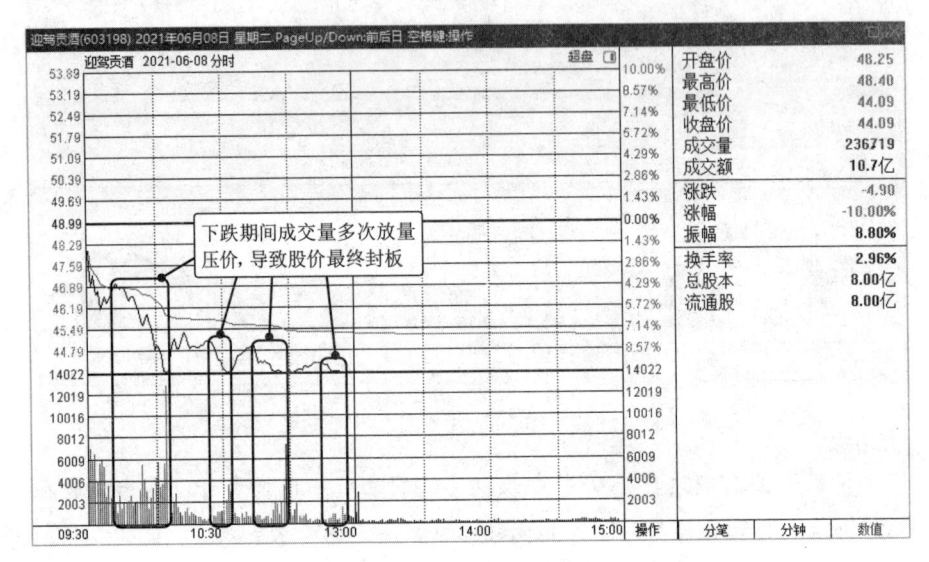

图 4-38　迎驾贡酒 2021 年 6 月 8 日的分时图

4.3.3　单根大量柱

单根大量柱在分时走势中还是比较常见的，若单根大量柱在单日频繁出现，就有可能是主力在进行对倒（有时也称对敲），如图 4-39 所示。

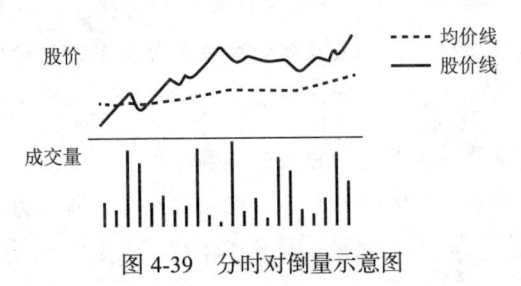

图 4-39　分时对倒量示意图

对倒形态放量指的是成交量时常单根突兀放大，但没有持续性，一根量柱放大，下一根就立即缩小的形式。它们通常是单一的、前后关联性不强的孤独型量能，可出现在主力操盘的各个阶段，而出货阶段尤其常见。

在对倒过程中，主力可能会时不时放量推升股价，营造交投活跃的气氛吸引跟风盘涌入，随后再不断对倒进行买卖操作，达到快速出货目的，这也使得股价可能出现不同程度的震荡。这个过程可能会在一天之内完成，也可能持续数日。因此，短线投资者在股价高位遇见这种情况时，最好及时卖出，保住前期收益。

下面来看一个具体的案例。

实例分析
天马科技（603668）分时对倒量解析

图 4-40 为天马科技 2022 年 11 月至 2023 年 3 月的 K 线图。

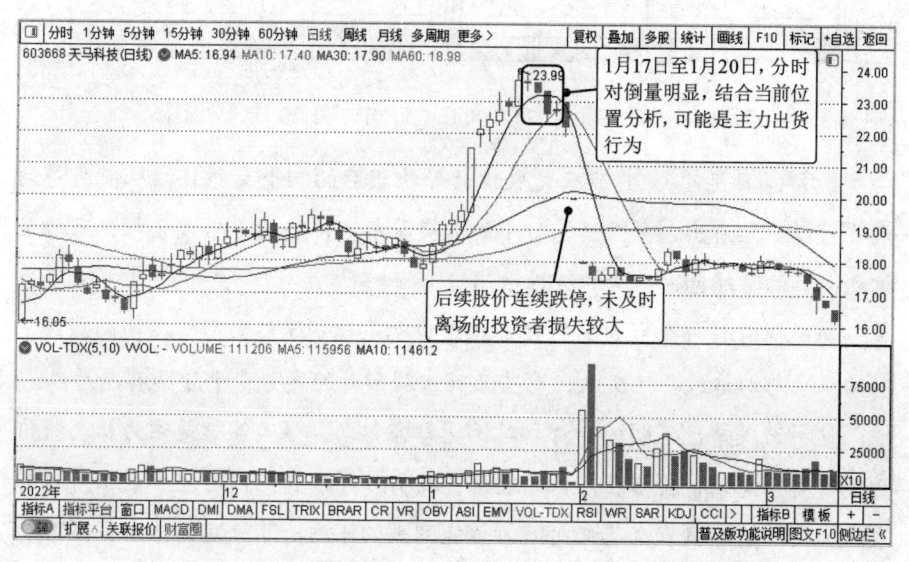

图 4-40　天马科技 2022 年 11 月至 2023 年 3 月的 K 线图

先来观察天马科技的外部环境，从图 4-40 中可以看到，该股在 2023 年 1 月上旬经历了一波急速的拉升，相较于前期来说涨速极快，短期涨幅也非常大。这种走势少不了主力的推动，短线投资者要随时注意止盈。

1 月中旬，股价在靠近 24.00 元价位线后明显减缓涨势，随后开始收阴缓步下跌，这时投资者进入分时图中就能发现主力的出货意图。

图 4-41 为天马科技 2023 年 1 月 17 日至 1 月 20 日的分时图。

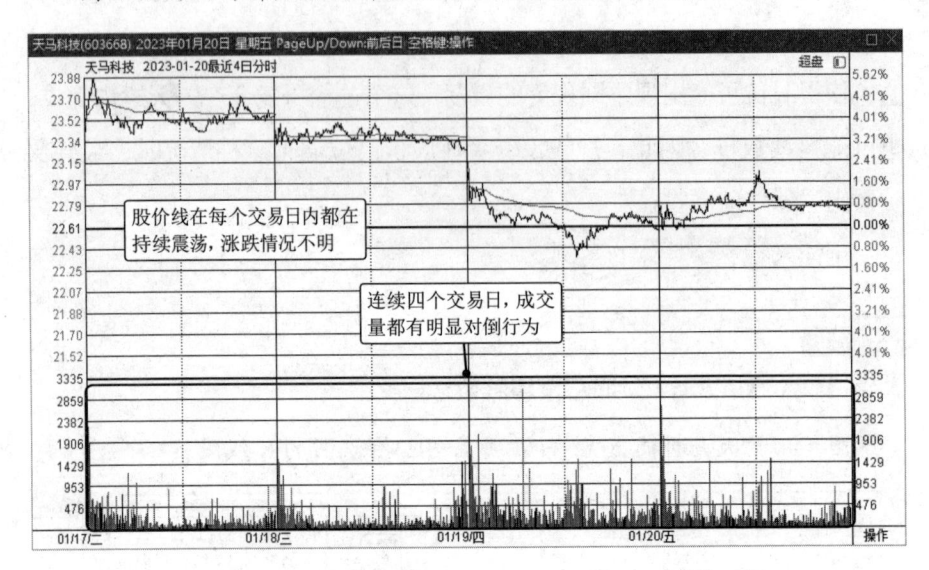

图中标注：
- 股价线在每个交易日内都在持续震荡，涨跌情况不明
- 连续四个交易日，成交量都有明显对倒行为

图 4-41　天马科技 2023 年 1 月 17 日至 1 月 20 日的分时图

1 月 17 日至 1 月 20 日正是股价开始收阴后的四个交易日，从成交量的表现可以明显看出，每个交易日中的成交量都有许多的单根大量柱，有的呈红色，有的呈绿色，买卖积极性很高。

与此同时，每个交易日的股价线走势也是扑朔迷离，有些在横向震荡，有的多次与均价线产生交叉，有些又有止跌回升的走势，十分具有迷惑性。

这种涨跌情况不明的走势和对倒量结合起来，很可能就是主力拉高股价后反复对倒来维持价格在高位的震荡，吸引外界注资的同时逐步散出筹码的表现。由于前期投资者已经对随时可能到来的下跌有了一定的准备，因此，在发现这种走势后就可以比较从容地先行撤离，避开后市的下跌了。

第 5 章

盘口信息应用实战

在学习了大量关于盘口信息应用的理论知识后，投资者还要学会将其应用到实战中去，及时抓住短线黑马的起涨点，同时借助各种预警信号规避股价回调或下跌带来的损失。本章就选取走势各异的三只股票，向投资者展示具体的应用和分析技巧。

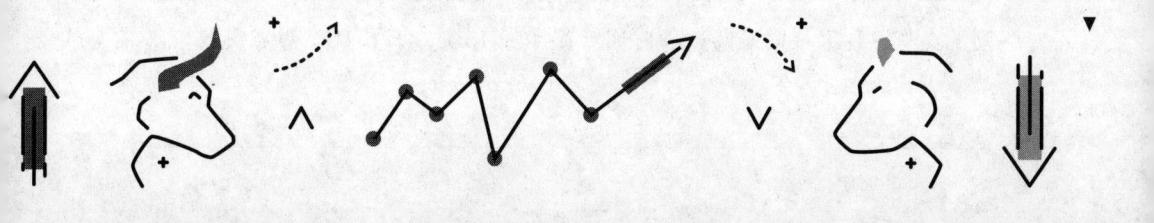

5.1 短线捕获黑马起涨点

捕获短线黑马的起涨点是投资者实现盈利的第一步,但要做到这一点,投资者需要对各种预示起涨的盘口信息十分熟悉,并且能够从当前的走势中迅速观察到这些信息,然后综合判断出合适的买点。

下面就以安井食品(603345)的一段上涨行情为例,详细解析其中存在的一些起涨标志和盘口信息。

5.1.1 横盘震荡后期的突破

安井食品曾经经历过很长时间的牛市行情,而长期的走牛必然会伴随着多次的回调或横盘整理,否则场内抛压始终得不到释放,股价也无法实现长久的上涨。

那么当股价横盘整理到后期,市场准备再次拉升时,盘面中就可能形成各种标志性的起涨形态。只要多个指标或多种盘口信息都发出了上涨信号,短线投资者就可以尝试着跟进。

下面来看一下安井食品一段横盘震荡后期的突破。

> **实例分析**
> **横盘后期K线对中长期均线的突破**

图5-1为安井食品2019年6月至11月的K线图。

从图5-1中可以看到,安井食品于2019年6月持续上扬,来到接近55.00元价位线的位置后受阻下跌,落到60日均线上企稳后就进入了长期的横盘震荡之中。在此期间,短线投资者在没发现明确上涨信号的情况下就不要轻易买进了。

一直到9月上旬,股价才有了变盘的趋势,但刚开始的变盘方向是向下的,股价还小幅跌破了前期低点。不过好在该股很快在45.00元价位线上得到了支撑,再次横向震荡一段时间后终于在10月9日出现了明显突破迹象。

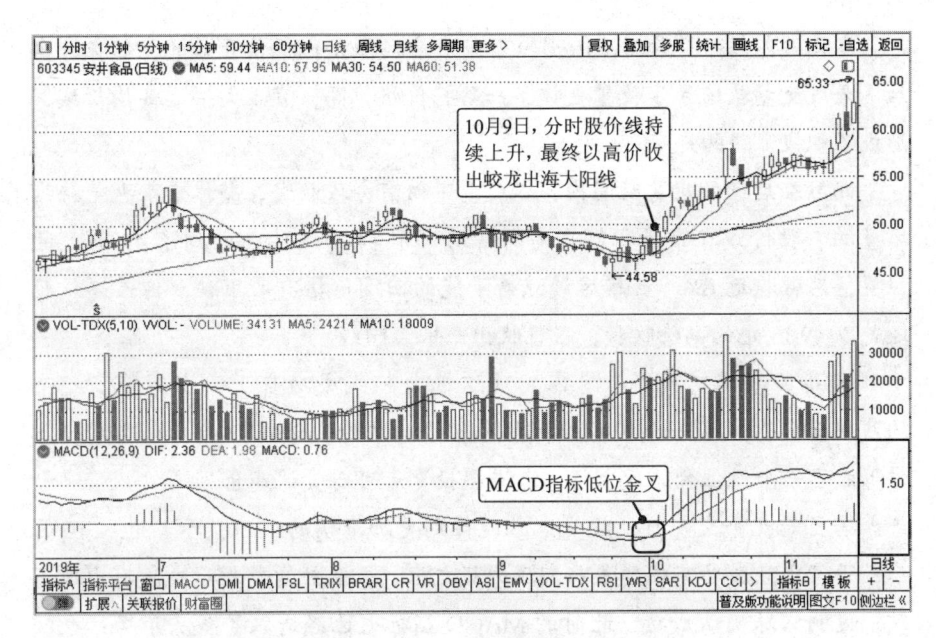

图 5-1 安井食品 2019 年 6 月至 11 月的 K 线图

下面来看 2019 年 10 月 9 日的分时走势情况。

图 5-2 为安井食品 2019 年 10 月 9 日的分时图。

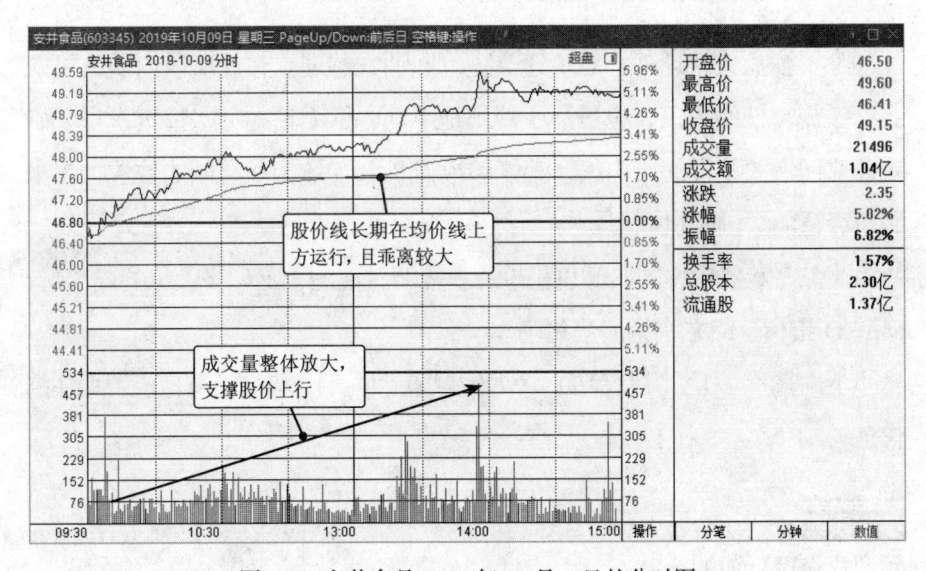

图 5-2 安井食品 2019 年 10 月 9 日的分时图

从图 5-2 中可以看到，10 月 9 日安井食品虽是以低价开盘的，但在开盘后不久成交量就给予了放量支撑，一路将价格推高，直至大幅远离均价线，形成了积极上涨的走势。

而且在后续的交易时间内，成交量不仅有分段放大，整体看来也是持续增量的。股价线在市场积极交易的带动下于 14:00 左右上涨到了 49.60 元的位置，涨幅接近 6%。虽然后续随着量能的回缩价格有所下跌，但最终该股还是以 49.15 元的高价收盘，当日收出一根大阳线。

回到 K 线图中观察，可以发现这根大阳线成功自下而上穿越了整个均线组合，形成了一个蛟龙出海形态。除此之外，MACD 指标也在零轴下方形成了一个低位金叉后上行，激进型投资者可以尝试建仓。

若再等几个交易日，投资者就能得到更加准确的上涨预示。进入 10 月后，股价已经成功突破到了前期压力线之上，并且短暂整理后也没有出现下跌，说明回踩确认成功。此时的 MACD 指标也已经进入了多头市场，也就是零轴之上，看涨信号更加明显，谨慎型投资者也可以跟进了。

5.1.2 回调整理结束后量能的异动

除了横盘式整理外，股价还会进行回调式整理。在此阶段内股价可能会产生规律性的震荡，也可能不规则地下跌，但无论如何，投资者只要确定造成回调式整理的压力线，就能够根据 K 线与压力线之间的位置关系来判断合适的买进时机。

当然，其他指标的异动也是投资者需要关注的，比如突破位的成交量、MACD 指标、KDJ 指标的变化等。

下面来看一下安井食品的一次回调式整理后期，盘面中有何值得关注的信息。

实例分析
回调式整理后期的突破

图 5-3 为安井食品 2019 年 11 月至 2020 年 3 月的 K 线图。

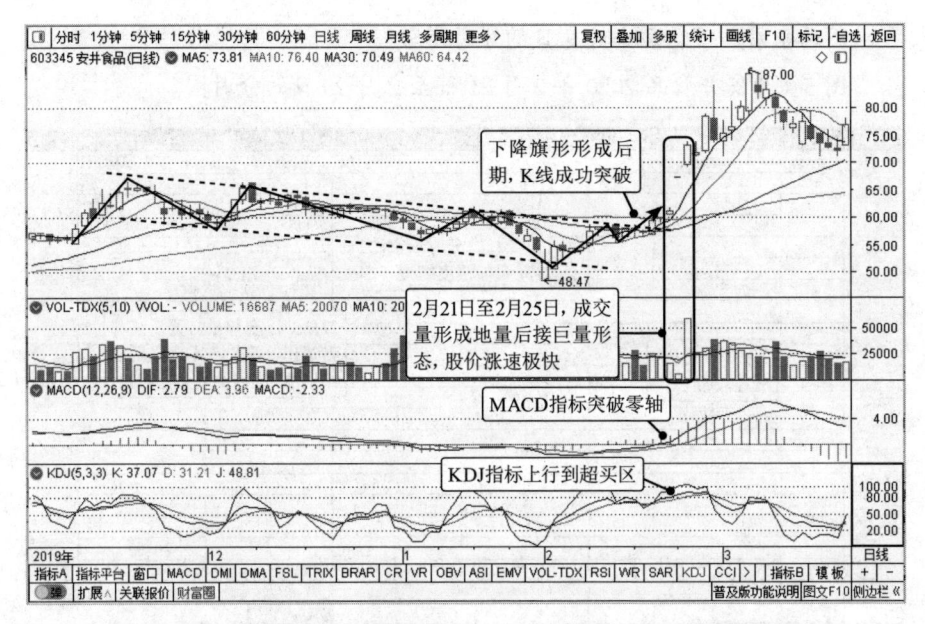

图 5-3　安井食品 2019 年 11 月至 2020 年 3 月的 K 线图

从图 5-3 中可以看到，安井食品在 2019 年 11 月中旬已经上涨到了 65.00 元价位线附近，随后便开始回调整理。该股第一次的低点落在了 30 日均线上，但随着时间的推移，30 日均线和 60 日均线都逐渐被跌破，股价有规律地震荡下行，形成了一个下降旗形形态。

虽然这个下降旗形并没有特别规整，但其压力线还是很清晰的，可以看到 K 线在很长一段时间内都无法实现突破这条线。因此，短线投资者也不必急于买进，避免被套。

进入 2020 年 2 月后，股价震荡的低点出现了上移，并且 K 线多次冲击压力线，说明有突破的可能。数日之后，K 线成功收阳突破了下降旗形压力线，发出了买进信号。除此之外，MACD 指标和 KDJ 指标也在同一时间发出了看涨信号，MACD 指标线运行到了零轴之上，KDJ 指标线则接近了超买区。

而在后续几个交易日中，成交量还有更加明确的看涨表现。2 月 24 日和 2 月 25 日，K 线分别形成了一字涨停和开板拉升走势，成交量由地量转变为巨量，充分证明了市场交易的积极性。

下面来看一下这几个交易日的分时走势。

图 5-4 为安井食品 2020 年 2 月 21 日至 2 月 25 日的分时图。

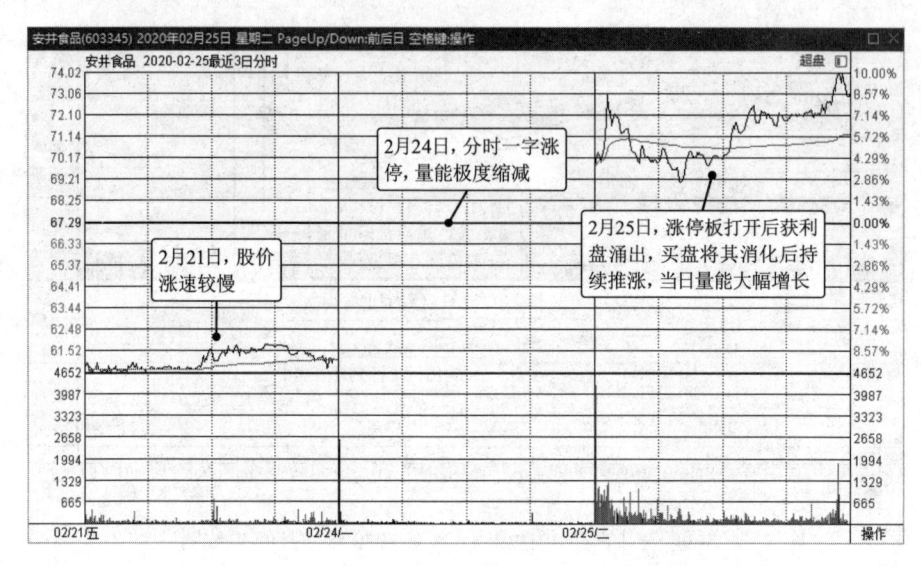

图 5-4　安井食品 2020 年 2 月 21 日至 2 月 25 日的分时图

2 月 21 日是 K 线突破下降旗形压力线的第二个交易日，从图 5-4 中可以看到，该股当日的涨速并不快，成交量表现也一般。但在 2 月 24 日，K 线突然收出一根一字涨停，导致成交量极度缩减的同时，股价也急速上涨。

再往后一个交易日，股价开板交易后第一分钟就出现了巨大量柱，显示买卖盘的活跃度极高。不过在早盘期间，由于希望立即卖出兑利的投资者较多，卖盘力道强劲，股价有所下跌。但在下午时段开盘后买方开始发力推涨，股价又实现了积极的上涨，最终以较高的价格收出一根大阳线。

而回到 K 线图中观察，可以发现此时的 MACD 指标正在持续上行，DIF 与 MACD 红柱配合形成了黑马飙升形态。KDJ 指标线也运行到了超买区内，显示出市场追涨的热情，买进信号十分强烈。

5.1.3　持续上升过程中的买入点

在牛市行情中，股价有时候会呈现出持续上扬的走势，具体表现可能为上山爬坡、逐浪上升、K 线在布林指标上通道内运行等形态。在这种稳定的上涨过程中，短线投资者完全可以借助股价的规律震荡进行波段操作，甚至将持有时间稍微拉长，以获得更高的收益。

下面来看一下安井食品的一段上山爬坡走势。

实例分析
持续上山爬坡走牛

图 5-5 为安井食品 2020 年 2 月至 9 月的 K 线图。

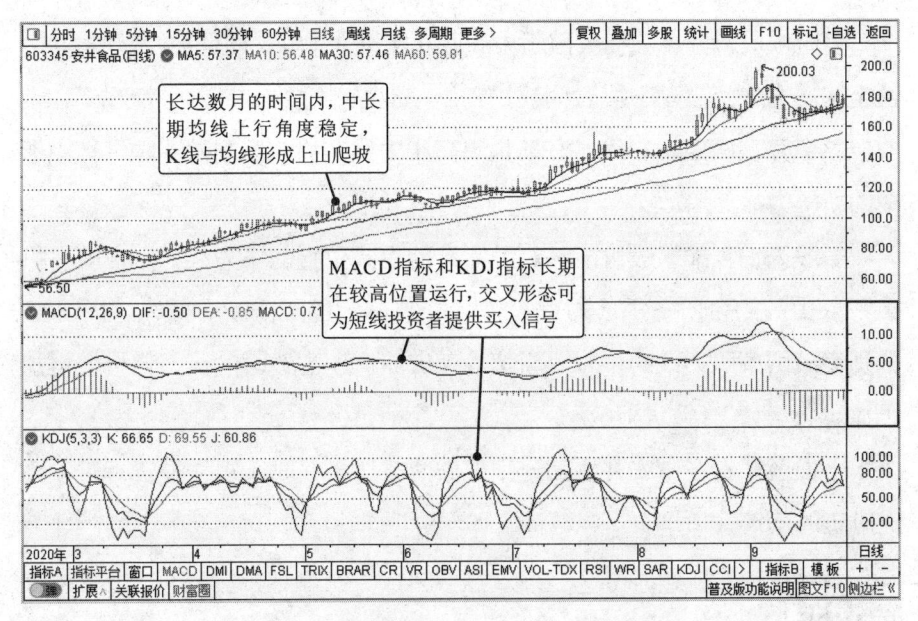

图 5-5　安井食品 2020 年 2 月至 9 月的 K 线图

到了 2020 年 3 月，股价已经上涨接近了 80.00 元价位线，相较于 2019 年 9 月的 45.00 元左右已经有了几乎翻倍的涨幅，可见牛市行情的强势和市场注资的稳定性。

不过即便是上涨到了如此高位，安井食品的股价也没有停滞的迹象，反而在后续的走势中越发坚定，甚至走出了上山爬坡的形态。

从 3 月中旬开始，该股就进入了极为稳定的上涨走势中，中长期均线被扭转向上后就长期维持着稳定的上扬。K 线和短期均线更是在其支撑下稳步上行，期间几乎没有经历过幅度太大的下跌，更多的是横向震荡，被动等待中长期均线的靠近。

这种走势应当是稳健型短线投资者比较青睐的行情。虽然 MACD 指标和 KDJ 指标在此期间的信号参考价值会有所下降，但投资者依旧可以利用指标线之间的交叉形态及均线的被动修复来确定合适的建仓和加仓点，进而分段将上山爬坡的涨势收入囊中。

5.1.4　突破后回踩确认再跟进

有时候股价并不会在突破压力线后立即进入上涨，而是会回踩压力线，甚至在压力线上震荡一段时间才进入下一波拉升之中。在这种情况下，个股中就会存在两条压力线，一条是原有压力线，另一条则是回踩过程中形成的新压力线。

一般来说，如果股价能够突破原有的更高位置的压力线，后市就有机会跨入更高的台阶。那么短线投资者能够确定的买点就有两个，即 K 线分别突破两条压力线的位置。当然，突破原有压力线时的买入信号会更加可靠。

下面就来看一下安井食品连续突破两条压力线时，短线投资者对于买进时机的确定。

实例分析

K 线连续突破两条压力线

图 5-6 为安井食品 2020 年 8 月至 2021 年 3 月的 K 线图。

从图 5-6 中可以看到，安井食品在 2020 年 9 月初于 200.00 元价位线附近滞涨回调，落到了 175.00 元价位线附近横盘震荡。这样的走势持续数月后，终于在 11 月底和 12 月初迎来了转机，K 线开始连续收阳上升，成功突破到了 175.00 元价位线之上。

与此同时，MACD 指标也形成了一个低位金叉，结合 K 线同步放出看涨信号，激进型短线投资者可在此跟进了。

不过此次股价的上涨并未持续太长时间，该股很快便在前期高点，即200.00元价位线上受阻再次回落，但低点落在了上一条压力线上。这就说明下方支撑力足够，股价还是有上涨机会的，投资者可继续关注。

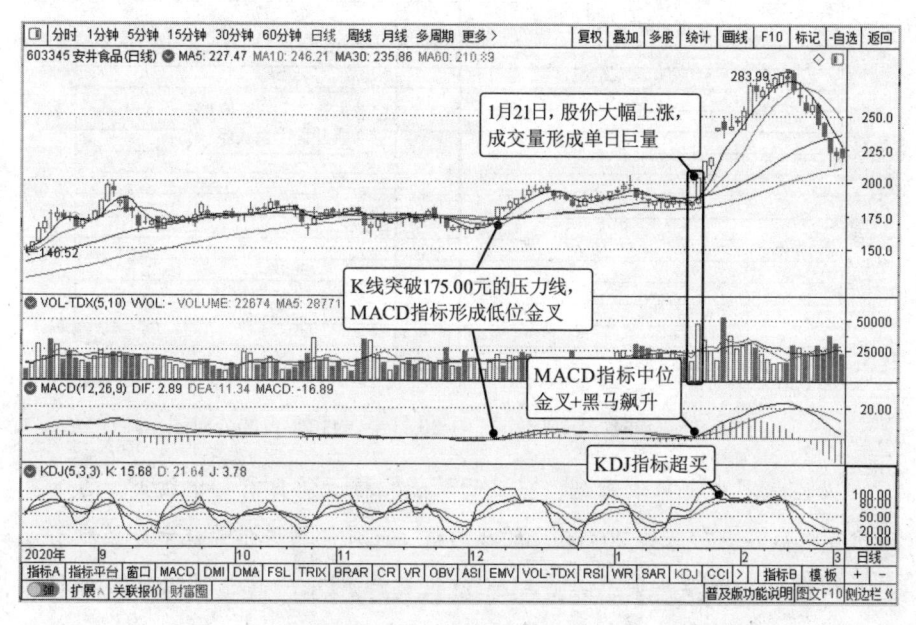

图5-6　安井食品2020年8月至2021年3月的K线图

震荡近一个月后，该股在2021年1月下旬出现了急速的拉升，并成功突破了200.00元的压力线。

下面来看突破当日和前一日的分时走势对比。

图5-7为安井食品2021年1月20日至1月21日的分时图。

从图5-7中可以看到，在1月20日也就是突破的前一个交易日，无论是股价线还是成交量的表现都比较一般。

但在1月21日开盘后，盘中突然出现大量买单迅速将股价直线推高，使其在早盘期间就实现了涨停。虽然股价在后续有开板交易，但成交量在10:30之后再度放量，使得股价彻底被封到了涨停板上直至收盘，当日收出一根涨停大阳线。

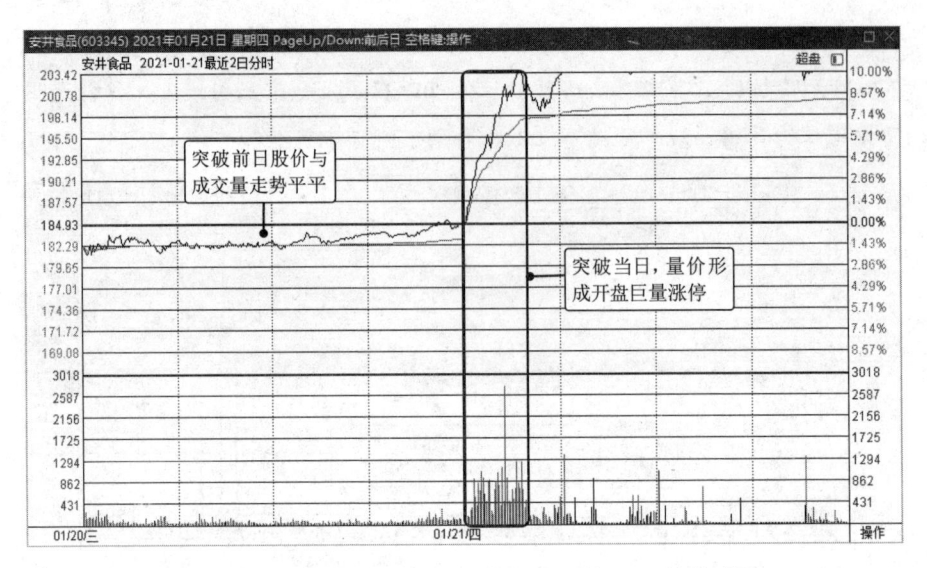

图 5-7　安井食品 2021 年 1 月 20 日至 1 月 21 日的分时图

从 K 线图中也可以看到，当日的量能相较于前日有翻倍放大，再加上股价在收盘后成功突破 200.00 元的压力线，此处的买进信号就十分强烈了。

在当时和后续的走势中，MACD 指标和 KDJ 指标也有相应的看涨预示。MACD 指标形成一个中位金叉后继续上行，DIF 与 MACD 红柱配合形成了黑马飙升；KDJ 指标则是运行到了超买区内并形成了高位钝化，意味着行情涨势稳定且强势，投资者可抓住时机介入。

5.2　黑马拉升及时止盈

及时止盈一般是指在股价进入下跌之前及时借高出货，保住前期收益的行为。相比在股价下跌之后才卖出的操作来说，投资者及时止盈所面临的风险显然要低许多，但有时候也正因为股价还没有出现下跌，所以，投资者也可能因为提前离场而踏空后市行情。

因此，短线投资者要注意衡量风险与收益之间的平衡，并随时关注自己的资金状况，避免对自己的风险承受能力形成错误认知，最终导致损失过大的情况出现。

本节就以天华新能（300390）的一段上涨走势为例，向投资者展示如何判断止盈时机，又该在何时止盈出局。

5.2.1 压力线清晰后的止盈

在上升过程中，压力线的存在是必然的，而如何判断股价是否到达压力线附近，主要看其前期高点及多次上冲未能突破的位置。若股价在震荡过程中形成了特殊的中继形态，那么压力线就会更加明显，投资者也要更加及时地在股价二次上冲突破失败的位置止盈出局。

下面来看一下在天华新能一段上涨整理走势中，投资者对压力线的认定。

> **实例分析**
> **通过横盘震荡期间的压力线止盈**

图 5-8 为天华新能 2020 年 12 月至 2021 年 6 月的 K 线图。

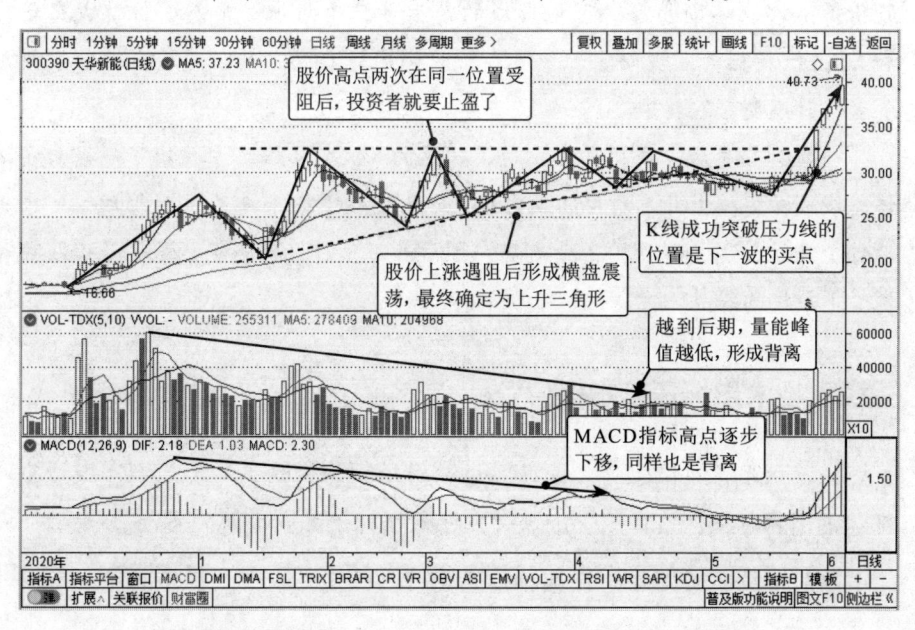

图 5-8　天华新能 2020 年 12 月至 2021 年 6 月的 K 线图

先来看天华新能在 2020 年的走势，从图 5-8 中可以发现该股在前期是处于横盘结束回归上涨过程中的，一直到 2020 年 12 月底，股价上涨至 27.50 元价位线附近才暂时滞涨回调。

进入 2021 年 1 月后，该股逐步落到了 60 日均线附近，在此受到支撑后形成了第二次拉升。这一次股价上涨超越了前期高点，来到了 32.50 元价位线附近，并进行了二次回调。

二次回调的低点也是高于前期的，说明该股近期并没有转势下跌的迹象。但当股价止跌后第三次上涨时，投资者就可以发现其高点停滞在了与前期十分相近的位置，似乎遇到了压力线。

除此之外，观察下方的成交量和 MACD 指标也可发现，股价第二次和第三次拉升时量能的峰值都在逐步降低，呈现出背离状态；而 MACD 指标的高点也是在渐次下移，同样与 K 线形成了背离。

这时投资者就应当及时发现股价走势和技术指标的异常，进而迅速在股价明确遇到压力回调的位置止盈卖出，先保住前期收益再说。

从后续的走势也可以看到，32.50 元价位线确实是一条关键压力线，因为 K 线在其下方形成了长期的横向震荡，高点长期受制于该压力线。不过股价低点却在不断上移，可见形成的是上升三角形中继形态。但就成交量和 MACD 指标的表现而言，该股在短时间内变盘向上的难度较大，短线投资者暂时不要介入其中。

一直到 5 月底，成交量才出现了明显的放大，K 线终于收出了一根长实体阳线成功突破上升三角形的压力线。而且 MACD 指标也在同时形成了一个低位金叉后接黑马飙升的上升走势，预示着变盘时机来临了，这也是短线投资者下一波的买点。

5.2.2 技术指标预示卖出信号

借助技术指标的交叉形态或其他特殊形态来判断买卖点是很多投资者都会采用的方式，将其用于止盈时，技术指标也能有很好的表现。

不过需要注意的是，在使用技术指标判断止盈点时，投资者不能片面地关注单个指标，或仅关注技术指标不分析 K 线或分时走势。只有将多项盘口信息结合起来观察，投资者才能更加准确地分析出未来股价可能的走向，进而及时止盈撤离。

下面来看一下天华新能在上涨到一定程度后技术指标会给出怎样的预示。

实例分析
技术指标的止盈信号

图 5-9 为天华新能 2021 年 5 月至 8 月的 K 线图。

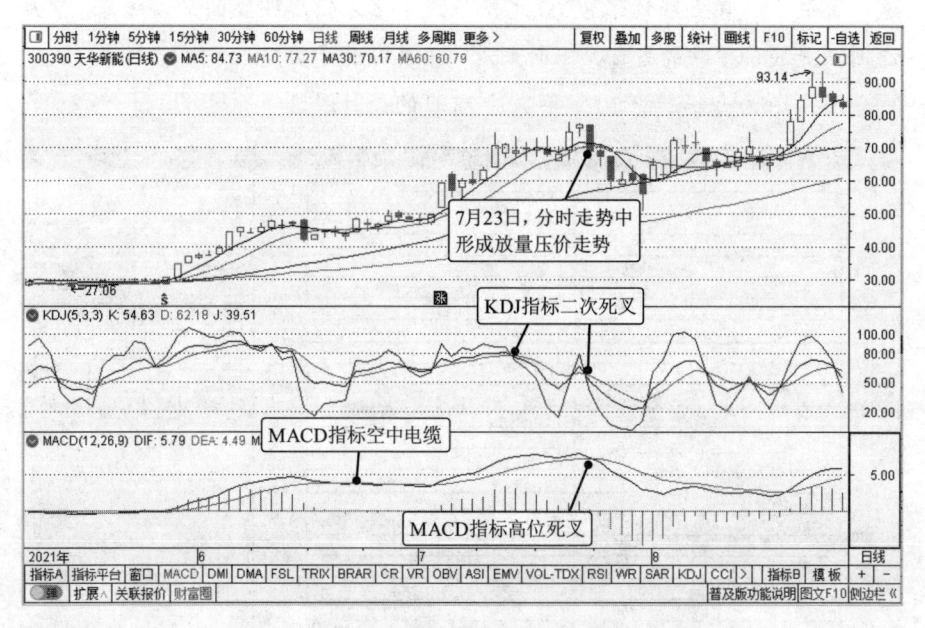

图 5-9　天华新能 2021 年 5 月至 8 月的 K 线图

观察天华新能在 2021 年 6 月的价格位置，会发现该股从突破前期压力线，也就是上一个上升三角形的上边线后，形成了一波十分强劲的拉涨，价格一路飙升至 50.00 元价位线附近后滞涨横盘。

在横盘滞涨之前，KDJ 指标和 MACD 指标都跟随积极运行到了比较高的位置，尤其是 KDJ 指标，三线都进入了超买区。这也提示了市场短期超涨，股价后续可能迎来回调整理。

该股确实在 6 月上旬形成了小幅的回调，KDJ 指标明显跌下超买区。但观察 MACD 指标可以发现，DIF 只是向下靠近了 DEA，并未彻底将其跌破，而是形成了一段空中电缆走势（即两指标线重合并同步走平），说明市场并没有明显的压价意图。

回到 K 线窗口中，股价也确实没有继续下跌，而是在 42.50 元价位线附近横盘震荡，并且在数日后就有了上涨的迹象。在这种情况下，如果投资者已经卖出，则可以静待二次介入的机会；如果投资者始终处于场内观望，那么也可以继续持有。

该股在 7 月初完成了对 50.00 元价位线的突破，很快进入了下一段上涨。这一次该股一直上涨到了 80.00 元价位线下方才出现明显的回调迹象。7 月 23 日正是股价下跌的当日，下面来看一下其分时走势。

图 5-10 为天华新能 2021 年 7 月 23 日的分时图。

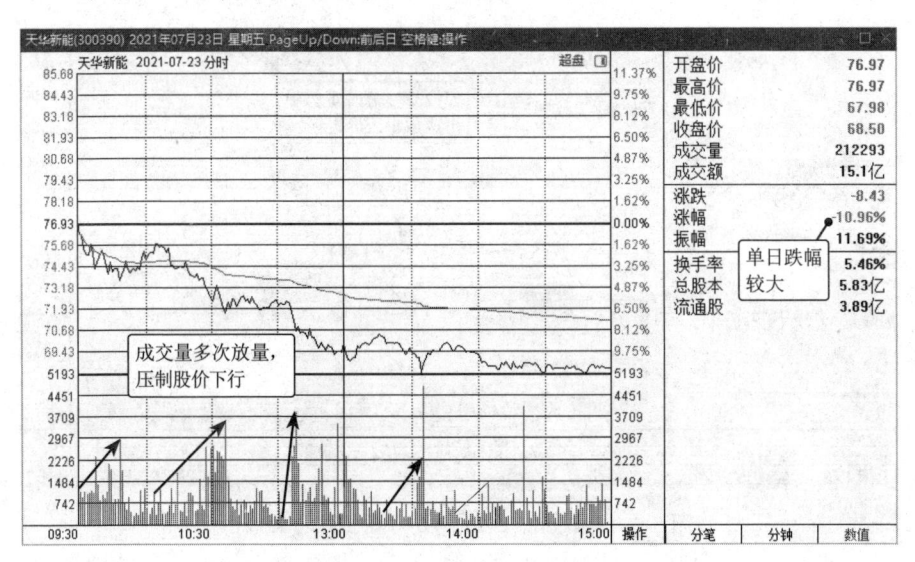

图 5-10　天华新能 2021 年 7 月 23 日的分时图

从图 5-10 中可以看到，该股在当日开盘后就形成了震荡式的快速下跌，并且长期保持。在整段交易时间中，几乎每一次股价的明显下跌都对应着成交量的放量，说明盘中存在一股力量在将价格持续下压，不排除是主力的可能。

从 K 线图中股价的涨势来看，如果主力想要在此进行一次压价震仓也是比较合理的，将不坚定的浮盘清理后，后续的拉升将更加迅猛有力。因此，当该股当日收出大阴线后，投资者就要考虑及时止盈撤离了。

除了分时图中的放量压价走势外，K 线图中的 KDJ 指标和 MACD 指标也有相应的看跌预示。首先是 KDJ 指标的二次死叉，它是因为股价连续两次滞涨整理而形成的；MACD 指标则在高位形成了一个明确的死叉，加强了卖出信号的可靠性。

从后续的走势也可以看到，该股在此之后确实形成了回调，并且跌幅还不小，最低点几乎落到了 50.00 元价位线上。不过回调持续时间不长，数日后股价就踩在 30 日均线上继续上升了，当 K 线突破前期高点时，投资就可以再次跟进。

5.2.3 上涨高位注意反转

在经历了长期、大幅的上涨后，股价位置越来越高，反转的可能性也越来越大。到了这种高位区域，投资者就要特别注意 K 线和成交量的异常情况及主力可能在其中表现出的操盘痕迹。

下面就来看一下天华新能运行到行情高位时主力会有怎样的异动。

实例分析
上涨高位震荡区的止盈策略

图 5-11 为天华新能 2021 年 7 月至 12 月的 K 线图。

从图 5-11 中可以看到，天华新能在突破前期回调高点后的上涨幅度也是比较大的。到了 9 月上旬，股价已经上涨到了接近 135.00 元价位线的位置，短期涨幅相当可观。

不过在 K 线大幅收阳接触到该价位线的次日，股价就出现了震荡式的小幅下跌，并且在后续的两个交易日中都是如此，低点不断下移，整体有转势的可能。

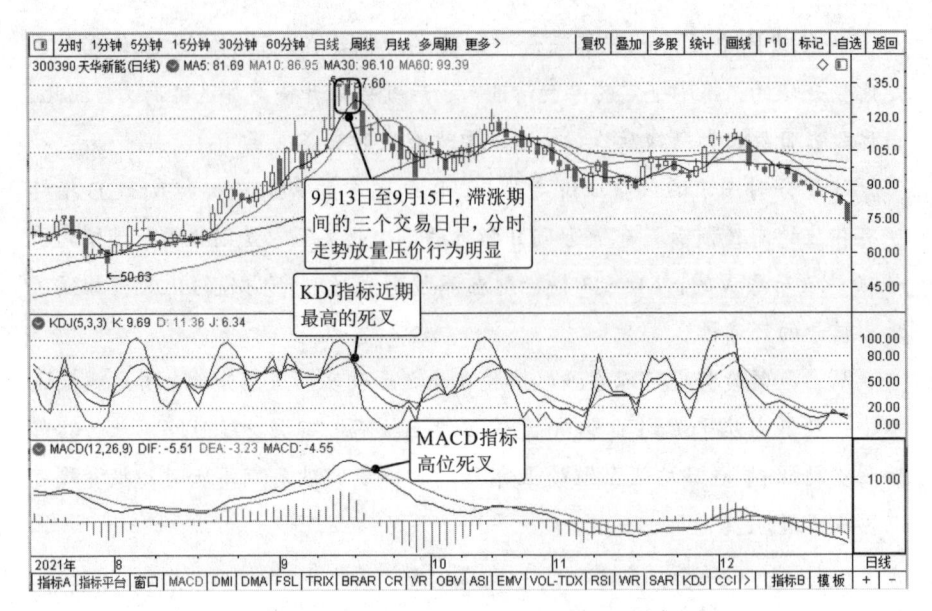

图 5-11　天华新能 2021 年 7 月至 12 月的 K 线图

下面来看一下这三个交易日的分时走势情况。

图 5-12 为天华新能 2021 年 9 月 13 日至 9 月 15 日的分时图。

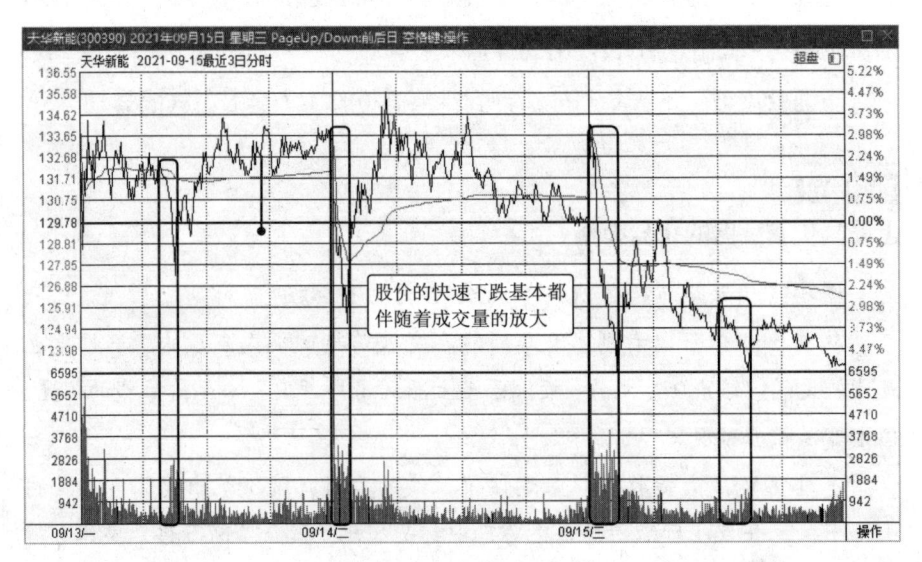

图 5-12　天华新能 2021 年 9 月 13 日至 9 月 15 日的分时图

在这三日中，股价线几乎都形成过十分突兀且快速的下跌，并且都在短暂下跌后被迅速拉起，底部十分尖锐。从 K 线位置来看，这不太可能是 V 形底筑底形态，那么其含义可能就要从主力意图方面来解释了。

来看成交量表现，可以发现几乎在每次股价明显下跌的同时，成交量都有放量的情况，与前期回调期间的分时走势十分类似，比较符合该主力的操作风格。

除此之外，股价被放量快速压低后再被拉起的走势也很像是主力在大批卖出后及时注资维持，使股价不至于立即转入下跌，导致卖价降低，收益受限的表现。因此，无论后市的走向是否会转向下跌，谨慎型投资者都应以及时止盈卖出为佳，将前期收益落袋为安。

后续的走势也证实了这一推测，该股在此之后就进入了持续的下跌之中。KDJ 指标和 MACD 指标纷纷在下跌过程中形成高位死叉后向下运行，看跌信号十分强烈。当 K 线彻底跌破中长期均线时，下跌行情也逐渐清晰了起来，后续阶段就不太适合谨慎型短线投资者操作了。

5.3 见顶下跌及时止损

及时止损一般是惜售型投资者会采用的离场方式，止损的位置也通常在股价已经转入下跌后出现明确看跌标志的位置。当然，一些没来得及跟进股价变动情况或是高位介入的被套投资者，也需要用到这样的策略来降低损失。

对于短线投资者来说，果断、及时的止损可能比判断买进时机更加重要，毕竟买进位置决定的是获利空间，止损位置则决定投资者是否还有获利的可能。

下面以天齐锂业（002466）的一段震荡走势为例，向投资者展示及时止损的位置和对时机的把握。

5.3.1 错过高位卖点后的二次卖点

在很多时候，投资者的二次卖点都定位于下跌之后的反弹高点，因为如果股价二次上涨没能突破前期高点，后市就可能进入深度回调或是下跌行情之中。对于短线投资者来说，无论哪种情况都应当及时避开。

除此之外，中长期均线与 K 线之间的位置关系及成交量、KDJ 指标、MACD 指标的表现也能提供一定的信息。惜售型投资者或被套投资者若错过了最佳的高位卖点，就要及时抓住下一个卖点止损。

下面来看一下天齐锂业在上涨到高位后盘面中会有怎样的表现。

实例分析
反弹高点的止损位置

图 5-13 为天齐锂业 2020 年 11 月至 2021 年 4 月的 K 线图。

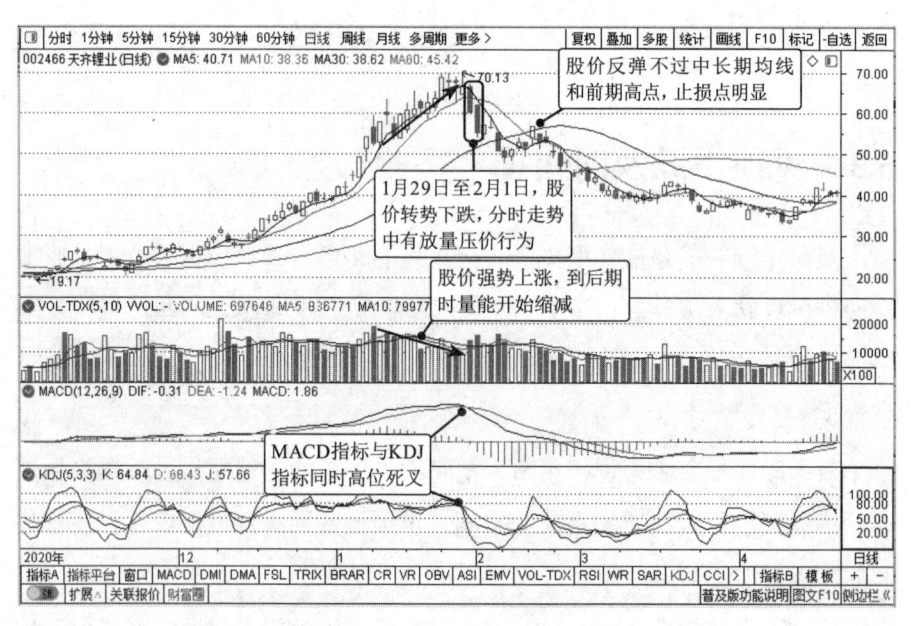

图 5-13 天齐锂业 2020 年 11 月至 2021 年 4 月的 K 线图

从天齐锂业前期的走势可以看出该股的涨势非常强劲，成交量也有一波一波的放量支撑。但当其上涨越过 30.00 元价位线之后，成交量就没有继续放大了，而是维持着走平的状态。

这时的量能走平还能支撑住上涨，但当股价越过60.00元价位线，量能开始明显缩减后，股价的涨势就有所减缓了。这无疑是一种止盈的警告，说明市场的注资力度明显下降，反转随时可能到来。

当然，接收到这种警告信号的只是盘中投资者中的一部分，并且也不会全部就此撤离，因此，场内交易依旧是比较活跃的。

股价接触到70.00元价位线后形成了滞涨震荡走势，在连续收出多根带长上影线的小实体K线后，该股终于在1月29日和2月1日大幅收阴下滑，向下靠近了30日均线。

下面来看一下这两个交易日的分时走势。

图5-14为天齐锂业2021年1月29日至2月1日的分时图。

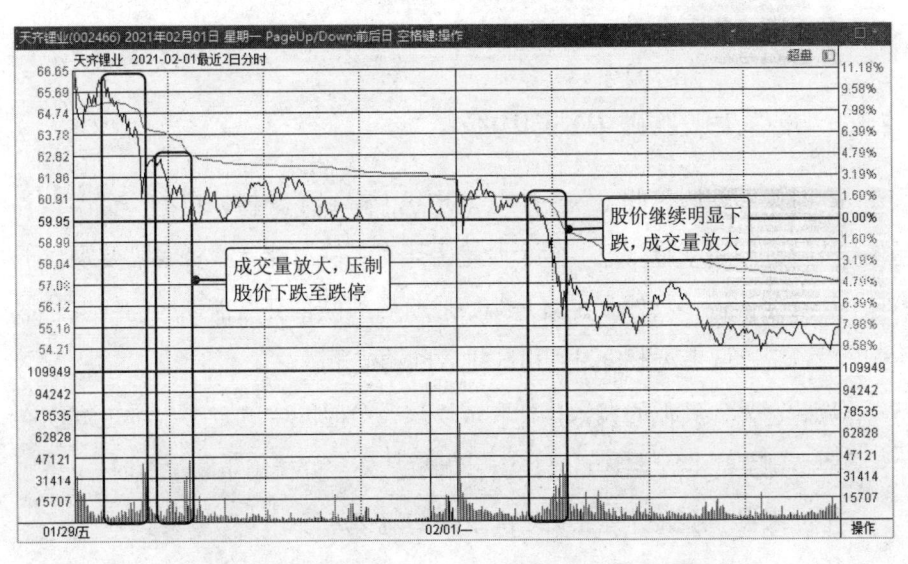

图5-14　天齐锂业2021年1月29日至2月1日的分时图

从图5-14中可以看到，1月29日的天齐锂业最终是跌停的。股价线在盘中向着跌停板下跌靠近的过程中，成交量有过数次明显的放量压制走势，证明盘中有巨大卖单正在交易，结合当前股价的位置来看，很可能是主力出货的行为。

再看2月1日，主力发力压价的行为更加明显了，该股在几分钟内就下跌了近7%，可见其卖出信号的强烈。而到了当日收盘时，股价已经跌到了55.00元价位线之下，相较于高位的70.00元价位线，跌幅约为21.43%。除此之外，MACD指标和KDJ指标也已经形成了高位死叉下行，证实了下跌信号。

对于短线投资者来说，21.43%的跌幅已经是比较大的损失了，因此，到此时就应该及时止损撤离。但一些惜售型投资者可能还希望等待股价接触30日均线，看后续有没有止跌回升表现。

下面继续来观察。

该股在靠近30日均线后确实收出了一日小阳线，但并未持续，而是继续下跌并直接跌破了30日均线。后续形成的回抽也没有成功越过该压力线，更别说越过前期高点了，股价彻底转入下跌。尤其是当30日均线也被扭转向下时，还未离场的投资者要及时止损卖出了。

5.3.2 反弹失败跌破中长期均线

有时候即便股价的下跌在中长期均线上得到了支撑，也不一定代表着下一波拉升即将来临。还要看个股是否还有上涨可能，投资者需要观察下一个高点的位置，具体来说就是观察股价后续能否突破前期压力线。若不能，投资者就要考虑股价是否可能进入回调或下跌之中。

除此之外，其他的技术指标和成交量及分时图中的走势也是短线投资者需要特别关注的，尤其是当投资者无法从外部分析出下跌位置时。

下面来看一下天齐锂业又一次下跌的前夕走势。

实例分析
反弹结束后跌破均线支撑

图5-15为天齐锂业2021年6月至11月的K线图。

从图5-15中可以看到，天齐锂业到2021年6月早已恢复了上涨，并且还在后续突破到了前期的70.00元价位线以上。不过观察成交量就能发现，量能从8月初开始就出现了明显的缩减，市场追涨积极程度开始下降，谨慎型投资者此时要注意及时止盈。

在一次回调踩在 30 日均线上成功回升并突破压力线后，该股来到了 135.00 元价位线以上。9 月 1 日，K 线收出大阴线下行，单日跌幅较大，下面来看一下当日的分时走势如何。

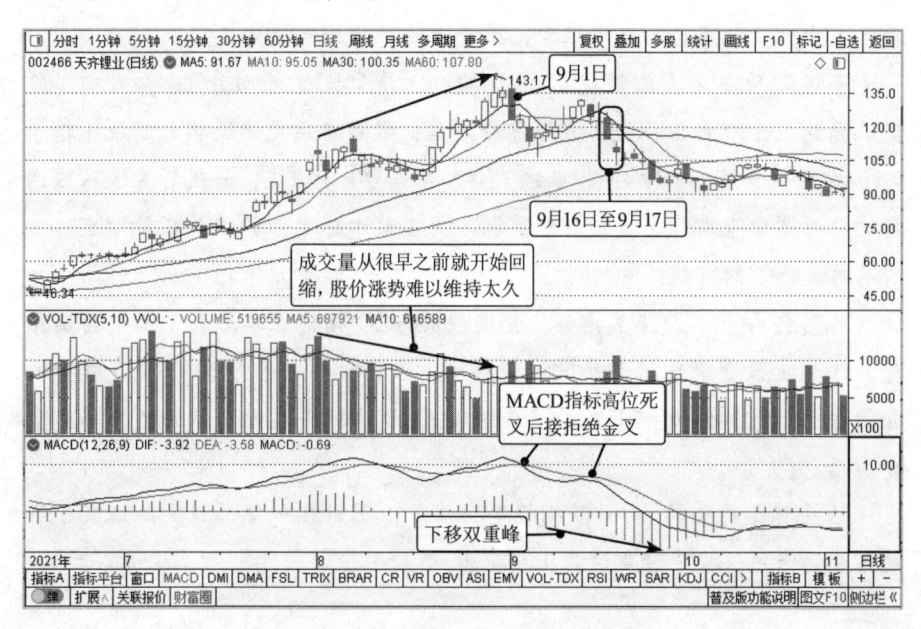

图 5-15 天齐锂业 2021 年 6 月至 11 月的 K 线图

图 5-16 为天齐锂业 2021 年 9 月 1 日的分时图。

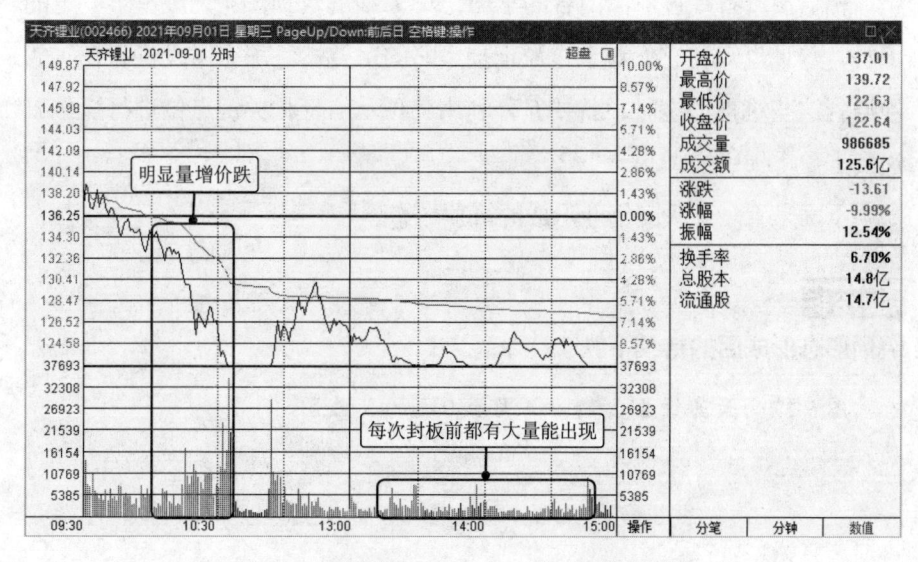

图 5-16 天齐锂业 2021 年 9 月 1 日的分时图

从图 5-16 中可以看到，当日开盘后股价线的走势十分不乐观，到了 10:00 之后更是被明显放大的量能压制向下，直至跌停。并且在下午交易时段内的每一次股价震荡封板前，量能都有明显放大。根据前期操盘的经验来看，主力出货或震仓的概率很大，投资者此时就应当撤离了。

不过此后不久，该股就在 30 日均线上得到支撑并回升了。9 月初，股价上涨到 135.00 元价位线下方滞涨并横盘，数日之后更是连收大阴线下跌。9 月 16 日和 9 月 17 日的两根阴线直接跌破了 30 日均线，若投资者进入这两日的分时图中查看，会发现其中有与 9 月 1 日十分类似的放量压价形态，主力有再度出货的可能。

此时再看下方的技术指标，会发现 MACD 指标连续形成了三个卖出信号，分别是投资者比较熟悉的高位死叉、DIF 欲要上穿 DEA 但没有成功的拒绝金叉及指标线回归下跌后造成的 MACD 绿柱再度向下延伸的下移双重峰形态。

这些都是典型的 MACD 指标卖出信号，同时在一处形成更加证实了下跌信号的强烈，投资者要注意止损卖出。

5.3.3 筑顶形态助力止损

相信投资者经过前面内容的学习，对 K 线的筑顶形态已经有了一定的了解，并且也知道它们对于止盈止损策略的重要性。那么当投资者在实战中遇到这些筑顶形态时，就要充分利用其预示信息和关键点位进行操作，达到止盈止损目的。

下面来看一下天齐锂业形成的筑顶形态。

实例分析

筑顶形态形成后的持续下跌

图 5-17 为天齐锂业 2022 年 5 月至 9 月的 K 线图。

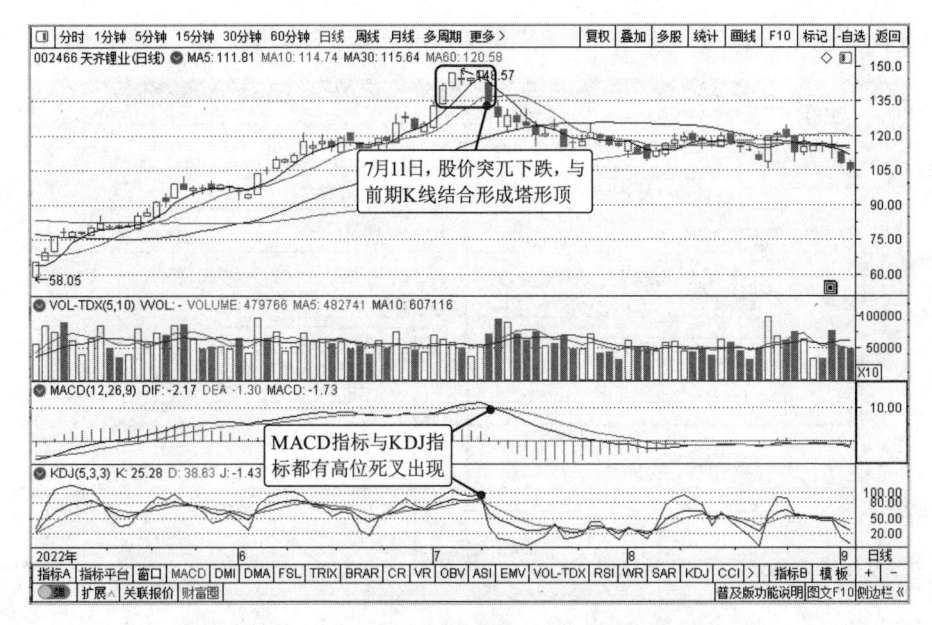

图 5-17　天齐锂业 2022 年 5 月至 9 月的 K 线图

经过近一年的下跌与回升后，天齐锂业于 2022 年 6 月再次来到了高位，股价持续上行，朝着前期高点 135.00 元价位线进发。

7 月初，K 线收出连续长实体阳线上行，终于突破到了 135.00 元价位线之上，不过后续也没有更好的表现，而是在 148.00 元价位线附近横盘震荡，K 线收出数根小实体阴阳线。

数日后股价突然大幅下跌，K 线在 7 月 11 日以长阴线报收，价格跌到了 135.00 元价位线附近。投资者仔细观察就会发现，当日的大阴线与前期的小 K 线和长阳线结合起来构成了塔形顶的形态。这显然是一种预示反转的筑顶形态，那么在当日的分时走势中成交量会不会有什么异动呢？

图 5-18 为天齐锂业 2022 年 7 月 8 日至 7 月 11 日的分时图。

通过震荡期间的小 K 线与下跌当日大阴线的分时走势对比，投资者能够很清晰地看到突兀的价格下跌。在 7 月 8 日，股价线和成交量的走势都比较平淡，没有太大的参考意义。但在 7 月 11 日开盘后，成交量和股价线都表现出了明显的异动，股价线在巨量的压制下迅速下行并跌停。

在后续的交易时间中股价虽有开板，但几乎都是幅度极小的倒 V 形开

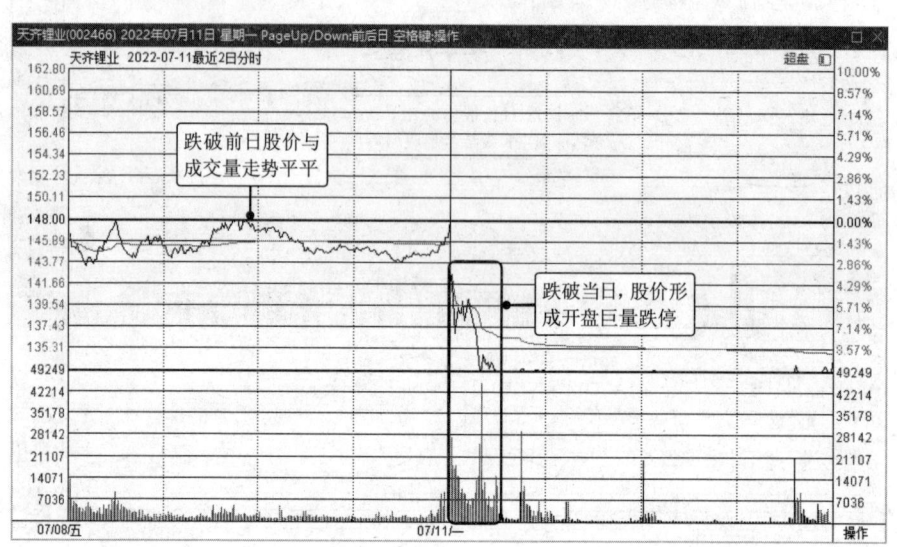

板，整体完全没有回升迹象，主力出货或震仓的可能性极大。

图 5-18　天齐锂业 2022 年 7 月 8 日至 7 月 11 日的分时图

这时回到 K 线图中观察，会发现 KDJ 指标先行形成了一个高位死叉，MACD 指标紧随其后转势下行，也形成了高位死叉。多方信息结合来看，该股可能又要进入下跌行情，那么短线投资者也要注意及时撤离了。

而一些仍在等待 30 日均线发挥支撑力的投资者，在发现股价很快便彻底跌破 30 日均线甚至 60 日均线后也需要迅速止损卖出，避开后市下跌。

本书关于利用各类盘口信息抓短线黑马及及时止盈止损的知识点就介绍到这里，希望投资者能够有好的收获。同时需要注意，当理论知识应用到实战中时需要结合个股实际进行灵活分析，不可盲目按照某一案例所述的策略进行。